人力资源管理专业应用型本科教材

员工关系管理

孙兆刚　主编

中国劳动社会保障出版社

图书在版编目(CIP)数据

员工关系管理 / 孙兆刚主编. -- 北京：中国劳动社会保障出版社，2023
人力资源管理专业应用型本科教材
ISBN 978-7-5167-5944-8

Ⅰ. ①员… Ⅱ. ①孙… Ⅲ. ①企业管理－人事管理－高等学校－教材
Ⅳ. ①F272.92

中国国家版本馆 CIP 数据核字（2023）第 133562 号

中国劳动社会保障出版社出版发行
（北京市惠新东街 1 号　邮政编码：100029）
*
三河市潮河印业有限公司印刷装订　　新华书店经销

787 毫米 ×1092 毫米　16 开本　19.25 印张　261 千字
2023 年 8 月第 1 版　　2023 年 8 月第 1 次印刷
定价：57.00 元

营销中心电话：400-606-6496
出版社网址：http://www.class.com.cn

内容提要

《员工关系管理》共分为9章，包括员工关系管理导论、合同管理、其他用工方式、员工纪律管理、劳动权益保护、特殊员工关系管理、沟通与满意度管理、员工离职管理、劳动争议的预防和处理。本书在内容上注重人力资源管理的“知识”“技能”“实训”三位一体，在理论上实现“新趋势”“新方法”合理运用。

本书既适合高等院校人力资源管理专业及其他相关专业的师生教学使用，也能够满足不同层次的企业管理者，以及对人力资源管理感兴趣的人士、研究者、咨询师和培训师的学习、借鉴需要。

序

随着信息化和大数据的发展，人力资源管理有着很大的变化与发展，尤其是新趋势、新技术在人力资源管理中的应用，对于人力资源管理专业的学习有着更高的要求。我国高等学校管理科学的人力资源管理专业领域的科研、教学和应用等方面都取得了长足进步，培养了一大批优秀人才，但由于各所高等学校在相关专业的发展历史、特点和背景上的差异，以及企业对人才需求的多样化、实务化，使我国人力资源管理专业教育面临着机遇和挑战。

“人力资源管理专业应用型本科教材”以人力资源管理专业学科体系为依托，涉及人力资源规划、工作分析、招聘与配置、培训与开发、绩效管理、薪酬管理、人员素质测评、劳动关系管理等方面的内容。本系列教材包括《人力资源管理概论》《工作分析》《人员招聘与配置》《人力资源培训与开发》《绩效管理》《薪酬管理》《人员素质测评》《员工关系管理》《人力资源服务概论》和《职业生涯规划》共10本，特色归纳如下：

第一，呈现了最新的理论和系统性的知识。本系列教材在整个高等学校人力资源管理专业设计过程中，不仅强调基础理论知识的学习，而且从整套教材体系的搭建到各书种内容的安排，系统性地呈现了人力资源管理的理论知识。

第二，提供了实务操作技能的方法和工具。本系列教材从方法、工具到所选择的各个模块，充分反映了人力资源管理专业的技能运用，为读者提供了全方位的人力资源管理教学指导与依据，是人力资源管理专业教师开展教学和学生在学习、工作中必不可少的参考书。

第三，增加了课程实训的演练内容。本系列教材在“学习目标”和“本章自测题”的基础上，增加了在人力资源管理实践中的“课程实训”模块内容，增强了教材的实用性，以期辅助读者更快地领会与掌握人力资源管理的基本理论以及技术方法。

当然，本系列教材还有许多可以不断完善和修改的地方，我们殷切希望广大读者能够在使用过程中，给我们提供好的意见和建议，使之日臻完善，共同为中国的人力资源管理事业添砖加瓦。

编者

2023 年 5 月

前言

随着改革开放的不断深入和经济的迅速发展，企业的竞争越来越激烈，这对企业人力资源管理提出了新的要求和挑战。企业如何成功地吸引、激励和保留优秀的人才，如何立足于竞争激烈的市场，唯一的途径就是掌握最新的人力资源管理知识，利用高效的技术、方法和工具，对组织内部的人力资源进行充分的开发和科学的管理。其中，员工关系管理是实现企业人力资源管理目标的重要手段之一。

《员工关系管理》共分为9章，包括员工关系管理导论、合同管理、其他用工方式、员工纪律管理、劳动权益保护、特殊员工关系管理、沟通与满意度管理、员工离职管理、劳动争议的预防和处理。

如何将员工关系管理理论与实践进行有效结合？如何精准掌握企业与员工的劳动合同签订与用工方式？如何把握员工管理纪律？如何在掌握员工劳动权益保护的基础上，预防和处理劳动争议、正确认识员工离职？本书将系统指导、逐一呈现。

本书具有以下鲜明特点：

1. 知识、技能、实训，三位一体。本书以管理的工作过程和工作内容为导向，深入剖析企业在实际人力资源管理工作中遇到的相关问题，并提出有针对性的解决方案和方法，包括文书、计划、表单、流程、技巧、模型、工作标准、案例等，帮助读者了解基础理论、有效地操练技术并提供有实用价值的参考借鉴。

2. 新趋势、新方法，合理运用。全书多层次、多维度地阐述了人力资源管理的内容，尽可能地针对企业实践吸收了人力资源管理领域的新思想、新理论、新方法，如特殊员工关系、心理契约、压力管理等。

在本书编写过程中，特别感谢人力资源管理专业领域一些杰出学者和企业界人士所提供的评论以及建议，他们的许多专业知识、独到见解和体会很值得我们学习。同时，我们还要感谢在高校管理学教学一线的教师们，他们投入了大量时间和精力，通过各种渠道给我们提供了高校科研、教育教学、在校学生方面对于教材颇有价值的信息反馈。

本书既适合高等院校人力资源管理专业及其他相关专业的师生教学使用，也能够满足不同层次的企业管理者，以及对人力资源管理感兴趣的人士、研究者、咨询师和培训师的学习、借鉴需要。

2023 年 5 月

目　　录

第一章　员工关系管理导论

学习目标

- 掌握员工关系的概念以及员工关系管理的内容
- 了解员工关系的实质
- 了解员工关系管理的相关理论
- 掌握影响员工关系管理的环境要素

引导案例

A公司董事会讨论关闭公司下属的一家直营店铺，理由是这家直营店铺已经连续亏损3个月，不能给A公司创造利润。这个决议执行的话，将会导致近100名员工失业，这对于只有500人的A公司而言，将会引起员工的恐慌，从而造成更大的损失。

人力资源总监提议让员工自己决定自己的命运，于是在直营店铺中由董事长主持召开了一次员工大会，主要是宣读董事会的想法和倾听员工的意见。果然，关闭直营店铺的提议一经宣读，会场便人声嘈杂起来。董事长希望大家踊跃提建议，帮助直营店铺降低成本、增加利润以摆脱被关闭的命运，并给大家一周的时间，用书面报告的形式直接向董事长办公室反映。董事长强调，直营店铺的命运掌握在店铺员工手上，即员工失业与否，由员工自己决定。

一周以后，董事长办公室收到了来自直营店铺员工的很多份报告，其中有店铺的一线销售人员、采购人员、财务人员等。董事长办公室将几份重要的报告呈给了董事会，主要内容包括以下几点：

（1）店铺直接采购，采购成本过高，对店铺的利润造成影响；

（2）店铺的销售人员销售技能水平参差不齐，一部分销售人员急需销售技巧培训，以提升销售能力；

（3）店铺防损管理由理货员兼职，无专人负责，造成防损工作实际上处于无人问津的状态，店铺货物丢失问题严重；

（4）销售提成激励制度不完善，干好干坏一个样，无法起到好的销售业绩激励作用。

这些问题在报告中有详细的实例，在董事会引起了很大的震动，人力资源总监被指派协助营销总监解决以上问题。

人力资源总监与营销总监根据以上问题，有针对性地健全了直营店铺的管理制度：一是实行公司统一招标采购、店铺订单管理，避免采购成本过高的问题；二是建立销售人员岗前培训考核制度和销售任务考核制度，考核合格者方可上岗，同时所有销售人员签订销售任务书，根据任务完成情况计发销售提成，连续3个月完成不了目标任务的将被调岗或辞退；三是设置专职的防损人员。

两个月后，该店铺扭亏为盈。

此案例中，通过员工参与组织的管理决策，改善人际关系，发挥员工的自我价值，同时达到了提升组织效率，增长组织效益的目标。

第一节　员工关系简介

一、员工关系及相关概念

员工关系是指劳动力的提供者与劳动力使用者（包括各类企业、事业单位等）在实现劳动过程中建立的社会经济关系，其中劳动力的提供者一般称为“劳动者”“劳工”“员工”“雇员”，劳动力使用者一般称为“雇主”，在我国常称为“用人单位”。

员工关系是以员工为主体和出发点的企业内部关系，注重个体层次上的关系和交流，以及和谐与合作的精神。

（一）员工关系的概念

一般而言，生活在城市和农村的所有劳动者与任何性质的用人单位之间因从事劳动而结成的社会关系都属于员工关系的范畴。在理解员工关系的概念时，应把握以下两点内容：

一是员工关系以劳动过程为形成和展开的基础，劳动过程的实现，必须以劳动力和生产资料（土地、资金、管理、技术等）两个要素相结合为前提。一定质、量的劳动力和生产资料是员工关系构成的基本要素。

二是员工关系的基本性质是社会经济关系。劳动者向用人单位提供劳动力并获得劳动报酬，用人单位支付劳动报酬来雇佣劳动者。

（二）与员工关系相关的概念

在不同的国家或不同的体制下，员工关系有不同的称谓，如劳资关系、劳雇关系、劳工关系、劳使关系等。

1. 劳资关系

该称谓是指受雇佣劳动者和资本所有者之间的关系，这一称谓在市场经济条件下被广泛使用，该关系既包括劳动者与雇主的关系，也包括工会与雇主或雇主团体的关系。

2. 劳雇关系

该称谓强调受雇者与雇主之间基于个体雇佣合同的关系，重点在于权利义务结构，并表明受雇者与雇主之间的雇佣关系包含法律维度。

3. 劳工关系

该称谓强调劳动者和雇主间的关系是以劳动者为中心而开展的，强调劳动者的地位，也比较注重工会和雇主之间的互动过程。

4. 劳使关系

该称谓是指生产经营活动中劳动者与劳动力使用者之间形成的既对立又合作的关系，这一关系的形成和存在以资本所有权和经营权的分离为基础。

（三）员工关系管理

员工关系管理是指企业各级管理人员和人力资源职能管理人员，通过拟定和实施各项人力资源政策，完善人力资源管理体系，来调节用人单位与劳动者、劳动者与劳动者之间的相互联系和影响，以实现组织目标。

为了让员工全身心地投入工作，员工关系管理有很多具体工作可以开展，涉及员工的衣、食、住、行、娱乐等。员工关系管理的重点是人际关系管理、劳动关系管理、沟通和交流管理、民主管理、企业文化和企业精神管理等。从人力资源部门的职能看，员工关系管理主要包括如下七大内容。

1. 合同管理

根据国家相关法律法规，结合企业的实际情况，做好本企业的劳动合同管理、集体合同管理、培训协议等方面的工作。

2. 沟通管理

建立健全利益诉求和表达机制，健全沟通机制，畅通沟通渠道，做好员工的情绪管理工作。

3. 内部劳动规则与民主管理

根据企业内外环境，依据相关法律法规制定符合本企业的内部劳动规则，制定符合企业的民主管理制度。

4. 纪律管理

凭借奖励和惩罚措施来纠正、塑造以及强化员工行为，维持组织内部良好秩序。

5. 特殊员工关系管理

做好本企业女职工、未成年工、农民工、残疾员工等的员工关系管理工作。

6. 和谐劳动关系管理

做好劳动争议预防与处理，做好企业员工冲突管理，规避劳动关系风险等。

7. 企业文化建设

建设企业文化，引导员工有意识地发扬积极的、优良的文化，维护企业良好形象。

二、员工关系的实质

用人单位和劳动者之间的矛盾和问题是普遍存在的，虽然员工关系管理所涉及的内容非常复杂，但最终都可以归结为冲突和合作两个方面的内容。

员工关系与其所处的环境因素之间存在着复杂的相互关系，保持员工关系系统与员工管理环境的互动平衡，实现员工关系与环境的和谐统一是各用人单位实现可持续发展的主要动力。

冲突是指在用人单位与劳动者劳动关系存续期间，双方由于利益、目标和期望的差异而出现的分歧、矛盾等。合作是指用人单位与劳动者要共同生产产品和服务，并在很大程度上遵守一系列既定的制度和行为规则。

（一）冲突的根源

冲突的根源可以分为“根本根源”和“背景根源”两种，其中“根本根源”是指由员工关系的本质属性造成的冲突，“背景根源”是指由更加可变的，取决于组织、产业、地域、国家等因素的属性造成的冲突。

1. 冲突的根本根源

冲突的根本根源主要来自以下三个方面。

（1）异化的合法化。大部分劳动者并非为自己劳动，劳动者在法律上既不拥有生产资料、产品及生产收益，也不能控制生产过程，从而造成了劳动者与这些生产特征的分离。由于生产资料、生产过程、产品、收益等在法律上不归劳动者所有，致使劳动者缺乏努力工作的客观理由。

（2）客观的利益差异。对利润的追求意味着用人单位和劳动者之间的利益存在本质的冲突，用人单位的利益在于给付劳动者报酬最小化，劳动者的利益在于工资福利的最大化。

（3）雇佣关系的性质。在崇尚民主及个人价值实现的社会，劳动者不愿意处于从属地位。而在实际工作中劳动者真正行使参与管理的权利是很小的，更为重要的是，管理权利的分布不是劳动者的利益所在，而是用人单位的利益所在。

2. 冲突的背景根源

冲突的背景根源主要来自以下四个方面。

（1）广泛的社会不平等。经济增长的成果被少数人所占有，使得少数人变得越来越富有，而多数劳动者却越来越看不到生活的改善。

（2）劳动力市场状况。在劳动力市场上，失业率不断上升使得劳动者找工作更加困难，而用人单位却因拥有过多的选择机会而更加挑剔。

（3）工作场所的不平等。表现为垄断与非垄断行业工作场所之间的不平等、不同地区和部门工作场所之间的不平等、性别的不平等，这些不平等都会致使冲突不断激化。

（4）工作本身的属性。劳动者工作过度紧张和超负荷工作、工作内容单一等也会造成冲突的激化。

（二）合作的根源

合作的根源主要有两个方面，即“被迫”和“获得满足”。

被迫是指劳动者由于谋生、个人发展等压力不得不合作。在各种压力下，劳动者愿意与用人单位建立劳动关系，并愿意通过提高自身工作的稳定性，来获得加薪、增加福利、职位晋升等机会。

获得满足主要建立在劳动者对用人单位信任的基础上，这种信任来自对立法公正的理解和对当前管理权利的限制措施。另外，用人单位也会采取灵活多变的“人性化”策略来提升劳动者的满意度，从而使劳动者更加自觉地加强合作意识。

三、员工关系管理相关理论

西方国家的学者从不同立场、理念等对员工关系进行了研究，得出了不同的结论，形成了具有代表性的五大理论学派，即新保守派、管理主义学派、正统多元论学派、自由改革主义学派、激进派。

（一）新保守派

新保守派基本由保守主义经济学家组成，该学派对于经济效率的最大化给予了极高的关注，主要研究、分析了市场力量的作用，并认为市场力量能够使企业的经济效率达到最大，而且也能使劳动者在劳动市场上得到公平合理的待遇。对于劳动关系的认识，新保守派认为它是具有经济理性的劳资双方之间的自由、平等的交换关系，且劳资双方具有不同的利益和目标。

他们还认为，劳动力市场自身所具备的制度和管理能够保证劳资双方利益的实现，即使劳资双方出现了利益冲突，概率也是极其微小的。如果劳动者对于其所处的劳动关系不满意，可以自由地辞职和寻找新工作，如果雇主对其所处的劳动关系不满意，也可以自由地替换劳动者。因此，工会在劳动关系中的作用不是很大，有时候甚至还会起负面作用。

新保守派主张将市场的“规律和准则”应用到劳动者的工资和福利制度上，对劳动者采用额外支付计划，使其收入和工作绩效挂钩。新保守派认为理想的劳动法应该使工会难以生存，或即使有工会，其所享有的权利也是很小的，这样会使得劳动力市场和企业在资源配置上更加灵活，才能提高劳动生产率。

（二）管理主义学派

管理主义学派是由组织行为学者和人力资源管理专家组成的。他们更关注就业关系中员工的动机、员工对企业的高度认同和忠诚度问题，主要研究的是企业对员工的相关管理政策、策略及其在具体实践中的应用。在人力资源管理方面，管理主义学派主张采用新的、多样化的、弹性化的工作组织形式，重点强调企业和雇员之间的相互合作与信任。

管理主义学派认为，劳资关系双方的基本利益是一致的，劳资关系双方出现各种冲突和矛盾的主要原因，在于劳动者始终认为自己在劳动关系中处于被管理的从属地位，这种管理和被管理的关系是员工产生不满情绪的主要原因。因此，该学派认为，如果一个企业采用高工资、高福利、保证员工得到公平合理的待遇、各种岗位轮换制度等高绩效管理模式，则劳资关系之间的冲突就可以避免，从而使双方的关系趋于和谐化。

该学派对工会的态度比较模糊。由于工会的存在对企业的管理及其权利的使用在一定程度上具有威胁的作用，容易给劳资关系带来不确定性，甚至产生破坏性的影响，从这个角度出发，他们认为应尽量避免建立工会。

（三）正统多元论学派

正统多元论学派多由传统上采用制度主义方法的经济学家和劳动关系学者组成，该学派非常关注经济体系中对效率的需求与劳动关系中对公平的需求之间的平衡，主要研究劳动法律、工会、集体谈判制度等。正统多元论学派认为，劳动者对公平、公正待遇的关心，与管理方对经济效率和组织效率的关心是相互冲突的，但这些冲突一般是可以通过双方之间存在的、共同的根本利益加以解决的。

该学派的核心假设是，通过劳动法和集体谈判确保公平与效率的和谐发展是建立最有效的劳动关系的途径。该学派强调弱势群体的工会化，强调更为集中的、在产业层次上的集体谈判，反对因任何偏见开除罢工工人，还提出了用工人代表制度等形式来保证劳动标准的推行。

（四）自由改革主义学派

自由改革主义学派积极主张改革，非常关注如何减少或消灭劳动者受到的不平等和不公正待遇。该学派认为劳动关系是一种不均衡的关系，管理方凭借其特殊权利处于主导地位，为了确保劳动者获得公正平等的待遇，必须加大政府对经济的干预。

自由改革主义学派提出了“结构不公平理论”，将经济部门划分为“核心”部门和“周边”部门。其中，核心部门是指规模较大、资本密集且市场上处于主导地位的厂商，周边部门是指规模较小、劳动密集且处于竞争性更强的市场上的厂商。该学派认为，由于核心部门经济实力强，其消化和转移附加成本的能力也强，与周边部门相比，核心部门更能够为劳动者提供优越的劳动条件。对于结构不公平的研究表明，工会的存在和集体谈判的开展是十分有必要的。

（五）激进派

激进派主要由西方国家的马克思主义者组成，该学派更关注劳动关系中双方的冲突及对冲突过程的控制。该学派认为，在经济中代表劳动者的“劳动”利益，与代表企业所有者和管理者的“资本”利益，是完全对立的。该学派还认为，其他学派提出的“和谐的劳动关系”只是一种假象。尽管工会可能使工人的待遇得到某些改善，但这些改善是微不足道的，只要资本主义经济体系不发生变化，工会的作用就非常有限。

第二节　员工关系管理环境

一、员工关系管理的内外部环境

对员工关系管理产生影响的环境主要包括内部环境、外部环境两个方面。

（一）员工关系管理的内部环境

员工关系管理的内部环境包含组织结构、工作环境、管理者和管理方式、企业文化等。

1. 组织结构

不同的组织结构直接影响员工关系管理的方式方法以及调整模式，组织结构的功能在于分工和协调，是保证战略实施的必要手段。通过组织结构，企业的目标和战略转化成一定的体系或制度，融合进企业的日常生产经营活动中，发挥指导和协调的作用，以保证企业战略的完成。

2. 工作环境

工作环境主要是指员工工作岗位所处的劳动场所的外部工作条件。工作环境对员工的生理和心理状态都产生直接的影响。

3. 管理者和管理方式

管理者是企业各项事务管理行为的主体，拥有相应的权力和责任，具有一定管理能力。管理方式是实现管理目的而采取的手段、方法、途径和程序的总和。

4. 企业文化

企业文化是企业全体人员在长期生产经营实践中形成的普遍认同和共同遵守的企业精神、价值观、思维模式和行为模式，是以价值为核心的独特的管理模式。

（二）员工关系管理的外部环境

影响员工关系管理的外部环境主要有经济因素、技术因素、法律因素、政治因素、社会文化等。这些外部因素通过对员工任务环境的作用而间接地、全程地对员工关系的发展和企业的发展产生影响。

1. 经济因素

宏观经济的趋势与微观经济的效益都对员工的工作心理产生着重要的影响，经济增长率、通货膨胀率、利率、汇率等反应经济环境的指标都对企业的经营发展产生着影响，如金融危机对企业员工关系管理的影响。

2. 技术因素

生产力技术、信息技术、生物技术、能源技术、管理技术以及行业内部出现的重大专业技术成果，都可能会直接影响甚至改变企业的经营发展计划，员工关系也不可避免的被影响，如自动化、机器化所带来的人员缩减对企业员工关系的影响。

3. 法律因素

国家的各项法律法规，涉及国际业务的其他国家和国际的法律法规都是重要的影响要素，包括劳动保护、环境保护、社会保障等。例如，劳动合同法对员工权利的保护，是制约企业与员工之间关系的法律保障。

4. 政治因素

一个国家政党的执政能力和服务水平决定了政局的稳定程度，和平的发展环境要依赖良好的政治环境。

5. 社会文化

社会文化是指由广大群众创造的，具有地域、民族或群体特征的，与人民群众生产和生活紧紧相连的，并对社会群体施加广泛影响的各种文化现象和文化活动的总称。社会文化的结构表现为以社会意识形态为主要内容的观念体系的基本结构，社会文化广泛地影响着企业发展和员工的工作，更是员工关系管理的底层意识形态基础。

二、员工关系管理环境的新变化

在我国从传统的计划经济体制向社会主义市场经济体制转变的过程中，处于不同所有制经济中的各种劳动关系也变得越来越复杂，特别是近二十年，交通业、信息与通信技术的快速发展，使得员工关系管理的环境有了新的变化。

（一）员工关系管理环境的变化趋势

1. 国际化、自由化与全球化

由于交通业、信息与通信技术的发展，过去不能自由流动的生产资料（如资本、技术、劳动力），现在可以快速、低廉地在全球各地自由流通，这造成了全球经济的自由化、国际化，形成了国际分工。中国借助经济全球化实现了国内市场和国际市场的连接相通，实现了国内和国际两种资源的结合。现今中国企业的生存环境也发生了根本性的变化，它们面对的不仅仅是国内市场，还必须面对国际市场。

2. 产品需求的多元化

随着经济的发展和人民生活水平的提高，人们的生活理念、思想境界与需求发生了根本性的改变，人们的需求不再是满足基本生存条件的衣食住行，而是变得更加多样化。这给企业带来了新的压力，企业必须生产多样化、个性化的产品，以满足人们的需求。

3. 产业结构的合理化

信息和通信技术的发展，促使了产业结构的合理化，制造业和服务业有整合的趋势。由于信息和通信技术的发展，服务业改变了过去生产与消费不可分割的情况，并使有形产品的重要性下降，而无形资产的重要性大幅上升。这种情况直接影响了劳动关系的构成和特点。

4. 政治民主化

经济发展提升了人们的教育程度和收入水平，高知识和高收入的人们对政治民主化提出了更高的要求，政治民主化带来了产业民主化，会引起企业管理方式的改变，同时也会使得员工关系与人力资源管理发生重大变化。

5. 法律不断完善

我国加强劳动法制和劳动标准体系建设，使劳动关系调整初步纳入法制化轨道。目前，已形成了以《中华人民共和国劳动法》（以下简称《劳动法》）为主体，有关劳动合同、集体合同、工资分配、工时休假、劳动争议处理等相配套的劳动关系调整法律、法规体系，建立了内容比较完善的劳动标准体系，初步实现了劳动关系调整的法制化、规范化。

（二）员工关系管理环境的变化对员工关系的影响

1978 年 12 月，党的十一届三中全会确立了将党的工作重心转移到经济建设上来的战略，制定了改革开放的方针。党的十一届三中全会以来，我国进行了深刻的经济体制改革和劳动管理体制改革，改革的目的是建立社会主义市场经济体制。经济体制改革，使我国的员工关系处于历史的转换时期，从与计划经济体制相适应的员工关系转换为与市场经济体制匹配的员工关系，即从利益一体型的员工关系转变为利益协调型的员工关系。

自改革开放以来，我国的国民经济保持了快速发展的势头，员工关系总体上是稳定的。但随着多种经济成分的出现和发展，我国劳动关系类型呈现出了多样化，员工关系主体不断明确化、员工关系运行不断市场化、员工关系的利益协调机制趋向法制化、员工关系的管理趋向国际化。

1. 员工关系类型多样化

我国处于社会主义初级阶段，坚持公有制为主体、多种所有制经济共同发展的基本经济制度。所以员工关系在其基本类型上除公有制的员工关系外，私营经济、外资经济、股份制经济的员工关系也在不断发展。

2. 员工关系主体明确化

员工关系的主体，一方为用人单位，另一方为劳动者。法人财产权及劳动力产权的逐渐形成和明确必然使员工关系的主体明确化。

3. 员工关系运行市场化

在向市场经济转变的过程中，员工关系是一种以员工关系主体的各自利益为基础、以雇佣为基本形态的经济关系，员工关系的运行机制逐步由以政府为主体的行政手段的控制转变为以企业为主体的市场机制的调节。

4. 员工关系的利益协调机制趋向法制化

利益协调型员工关系是基于多元化观点对员工关系运行和利益调整理论的概括。员工关系双方客观上存在矛盾，矛盾的原因在于双方的利益差异，解决双方利益差异的根本方法是劳动关系双方依据一定的程序，以共同的规则来协调双方的矛盾，从而保证劳动关系的和谐运行。社会主义市场经济体制改革的本身以及员工关系类型的转变，创造了物质利益原则得以发挥作用的条件，同时物质利益原则为利益协调型劳动关系奠定了基础。

在劳动方面，劳动合同制度、集体合同制度作为国家基本劳动制度已经得到确立，基本劳动条件的确定贯彻政府、企业、工会三方性原则，企业具体劳动条件可以通过集体协商，订立集体合同来确定。上述劳动制度建设充分体现了物质利益原则的根本要求。

5. 员工关系的国际化

在经济全球化的背景下，员工关系在主体结构、劳动标准、调整方式等方面，已经出现了国际化倾向，为使员工关系的管理更加国际化、柔性化，我国会更多地借鉴通行的国际惯例来协调员工关系。

本章自测题

1. 员工关系的两大要点分别是什么？
2. 员工关系的不同称谓有哪些？
3. 简述员工关系管理的五大理论学派。
4. 简述影响员工关系管理的内外部环境要素。
5. 员工关系管理环境变化产生的影响有哪些？

第二章　合同管理

学习目标

- 了解劳动合同的概念和分类
- 熟悉劳动合同的主要内容与效力
- 了解劳动关系中的各方关系
- 熟悉劳动合同订立的主体、原则、注意事项与步骤
- 熟悉劳动合同变更与续订的条件
- 了解劳动合同解除与终止的主要情形
- 了解实行集体协商的意义
- 熟悉签订集体合同应遵循的原则与程序

引导案例

李女士是一家网络开发企业的技术经理，劳动合同期限自2019年1月1日至2021年12月31日，为期3年，月薪15 000元。2020年12月5日，李女士突然接到了企业人力资源部的解除劳动合同通知，要求其2020年12月31日离职，并在此之前办妥一切工作交接手续。

李女士接到通知后马上向人力资源部提出质疑，要求人力资源部给出解释，但是得到的答复是：双方签订的劳动合同中有一条约定，合同双方任何一方均可提前 30 天通知对方解除劳动合同，企业提出解除劳动合同的理由是李女士与竞争对手企业人员接触频繁，怀疑其泄露企业保密信息。但是企业没有出具具体的证据，也拒绝对此原因给李女士书面的说明。同时，企业表示，由于李女士已经在企业工作近 2 年的时间，可以额外给予李女士 2 个月工资作为补偿。

这家企业的做法合理吗？为什么？

第一节　劳动合同概述

一、劳动合同的概念与分类

（一）劳动合同的概念

劳动合同，是指劳动者与用人单位之间确立劳动关系、明确双方权利和义务的协议。

（二）劳动合同的分类

劳动合同可根据劳动合同期限长短、劳动合同产生方式和合同双方人数进行分类。

1. 根据劳动合同期限长短进行分类

劳动合同期限是指用人单位与劳动者在劳动合同中表明的建立的劳动关系自何时开始至何时结束。根据《中华人民共和国劳动合同法》（以下简称《劳动合同法》）有关规定，劳动合同分为固定期限劳动合同、无固定期限劳动合同和以完成一定工作任务为期限的劳动合同。

（1）固定期限劳动合同。固定期限劳动合同是指用人单位和劳动者约定合同终止时间的劳动合同。合同期满，双方当事人的劳动合同即行终止，如果双方同意，还可以续订合同，延迟期限。

（2）无固定期限劳动合同。无固定期限劳动合同是指用人单位和劳动者约定无确定终止时间的劳动合同。

有以下情形之一的，劳动者提出或者同意续订、订立劳动合同的，除劳动者提出订立固定期限劳动合同外，用人单位应当与之订立无固定期限劳动合同：

1）劳动者在该用人单位连续工作满 10 年的；

2）用人单位初次实行劳动合同制度或者国有企业改制重新订立劳动合同时，劳动者在该用人单位连续工作满 10 年且距法定退休年龄不足 10 年的；

3）连续订立二次固定期限劳动合同，且劳动者没有出现国家法律法规规定的用人单位可以单方解除劳动合同的情形，或不能胜任工作的情形，续订劳动合同的。

值得注意的是，若用人单位自用工之日起满一年不与劳动者订立书面劳动合同的，视为用人单位与劳动者已订立无固定期限劳动合同。

无固定期限劳动合同适用于技术性强的工作岗位。用人单位不能无故辞退无固定期限劳动合同的员工。

（3）以完成一定工作任务为期限的劳动合同。以劳动者所承担的工作任务确定合同期限的劳动合同。合同双方当事人在合同存续期间建立的是劳动法律关系。劳动者需要遵守用人单位内部规定，并按规定享受社会保险待遇。

2. 根据劳动合同产生方式进行分类

（1）录用合同。录用合同适用于招收普通劳动者，是用人单位为满足生产经营需要，通过公开招收、择优录取方式招收的劳动者，订立劳动关系。

（2）聘用合同。聘用合同适用于用人单位招聘有技术专长的特定劳动者，如技术顾问、法律顾问。用人单位通过向特定劳动者颁发聘书，直接与其建立劳动关系。

（3）借调合同。借调合同适用于借调单位急需使用的员工。借调合同终止后，借调员工仍然回原单位工作。借调单位、被借调单位与借调员工个人之间，对借调员工从事的某种工作应明确各方的责任、权利和义务。

3. 根据合同双方人数不同进行分类

（1）个人劳动合同。个人劳动合同由劳动者个人同用人单位签订的合同。

（2）集体合同。集体合同是由工会代表劳动者集体同用人单位签订的合同。适用于中外合资企业合同的签订。

二、劳动合同的内容

（一）必备条款

《劳动合同法》第十七条规定，劳动合同应当具备以下条款：

（1）用人单位的名称、住所和法定代表人或者主要负责人；

（2）劳动者的姓名、住址和居民身份证或者其他有效身份证件号码；

（3）劳动合同期限；

（4）工作内容和工作地点；

（5）工作时间和休息休假；

（6）劳动报酬；

（7）社会保险；

（8）劳动保护、劳动条件和职业危害防护；

（9）法律、法规规定应当纳入劳动合同的其他事项。

（二）约定事项

劳动合同除《劳动合同法》第十七条规定的必备条款外，用人单位与劳动者还可以约定试用期、培训、保守商业秘密、补充保险和福利待遇等其他事项，具体如下：

（1）试用期是指对新录用的劳动者进行试用的期限；

（2）培训是按照职业或者工作岗位对劳动者提出的要求，以开发和提高劳动者的职业技能为目的的教育和训练过程；

（3）商业秘密是不为大众所知悉，能为权利人带来经济利益，具有实用性并经权利人采取保密措施的技术信息和经营信息；

（4）补充保险是指除了社会保险以外，用人单位根据自己的实际情况为劳动者购买的保险，用来满足劳动者高于社会保险需求的愿望，包括补充医疗保险、补充养老保险等；

（5）福利待遇主要包括住房补贴、通信补贴、交通补贴、子女教育等。

三、劳动合同的效力

劳动合同的效力，是指劳动法律赋予依法订立的劳动合同，具有约束劳动关系当事人双方乃至第三人的强制力。劳动合同依法订立即具有法律约束力，当事人必须履行劳动合同规定的义务。

《劳动合同法》第二十六条规定，下列劳动合同无效或者部分无效：

（1）以欺诈、胁迫的手段或者乘人之危，使对方在违背真实意思的情况下订立或者变更劳动合同的；

（2）用人单位免除自己的法定责任、排除劳动者权利的；

（3）违反法律、行政法规强制性规定的。

对劳动合同的无效或者部分无效有争议的，由劳动争议仲裁机构或者人民法院确认。

无效的劳动合同从订立的时候起就没有法律约束力。劳动合同部分无效的，如果不影响其余部分的效力，其余部分仍然有效。

四、劳动关系中的各方关系

（一）用人单位与国际雇主组织

用人单位是指在具体劳动关系中与劳动者相对应的另一方，是代表资方或雇佣方从事管理和处理劳工事务，并向劳动者支付工作报酬的法人和自然人。用人单位在劳动关系中是生产资料的代表。在西方国家，对于劳动力的使用者一般用“雇主”这一概念进行表述。在计划经济条件下，我国没有雇主这一概念，但在中华人民共和国成立初期到三大改造完成前，由于经济发展的需要而存在依托于私营经济的雇主。

国际雇主组织（International Organization of Employers，IOE）成立于1920年，是各国国家级雇主组织组成的在社会和劳动领域代表雇主利益的国际组织。国际雇主组织是各国雇主组织发展的产物。它主要承担四个方面的任务，即在国际上维护雇主利益、促进企业自由发展、帮助建立和加强国家级雇主组织、促进雇主组织之间的信息交流和雇主之间的经贸合作。

1. 国际雇主组织建立的目的

随着国际劳工组织地位和影响的扩大，国际雇主组织在国际劳工组织中的作用也越来越大。目前在国际劳工组织中的雇主组织活动皆由国际雇主组织控制，故非国际雇主组织成员在国际劳工组织中的活动受到一定的限制。因此，国际雇主组织的建立主要有以下目的：

（1）在国际上协调各国雇主组织的立场，共同维护各国雇主的共同利益；

（2）参与国际劳工组织活动，作为三方机制的一方，代表雇主组织及雇主，参与有关活动；

（3）与国际劳工组织协调、合作，就共同关心的劳工等方面问题开展协商和合作，维护各自的利益主体；

（4）加强各国雇主组织的交流与合作，特别是在有关的立法、政策和信息等方面加强交流与合作；

（5）与各国政府建立良好关系，为各国雇主组织的建立和开展活动创造良好的条件；

（6）指导各国雇主组织开展维护雇主利益活动，使雇主组织成为雇主利益的代言人。

2. 加入国际雇主组织应具备的条件

按照国际雇主组织章程的规定，加入国际雇主组织应具备如下四项基本条件。

（1）成员必须由雇主和雇主组织构成。因为国际雇主组织是代表和维护雇主和雇主组织利益的组织，是为雇主和雇主组织服务的，因此，它必须由雇主和雇主组织构成。特别是其内部不能有工会组织，因为雇主组织是与工会组织相对立的组织，它的出发点和立场与工会有着本质的区别，甚至是背道而驰的，因此，不能有工会组织加入。

（2）成员必须代表和捍卫自主企业的原则。所有加入国际雇主组织的成员要代表和捍卫自主企业的利益，要以维护企业利益作为工作目标和出发点，并通过具体的行动加以实施，这是国际雇主组织的基本原则。

（3）成员必须是自由、独立和自愿加入的组织，不受政府或任何外部机构的任何形式的控制和干涉。也就是说，国际雇主组织的成员必须是自主、独立的组织，其成立和运作不受任何外部机构的控制和限制，特别是不受政府有关部门机构的控制和限制，这也是加入国际雇主组织的基本条件。

（4）一般加入国际雇主组织的国家级雇主联合会所属的国家必须是国际劳工组织的成员国，如果某个想加入国际雇主组织的雇主联合会不符合此项条件，则须由三分之二与会者通过，并经总理事会决定后方可接纳为会员。

如果某一国家没有这种国家级的雇主联合会，而该国又有一个或几个其他雇主联合会想要加入国际雇主组织。国际雇主组织执行委员会将综合考虑这些欲入会成员的条件，并向总理事会提交建议，最后由国际雇主组织总理事会考虑和评价执行委员会提交的建议，并最终决定是否接纳。

3. 用人单位的权利与义务

用人单位的权利是指处于劳动关系中的用人单位在劳动者履行劳动义务时所享有的相关权利。用人单位的义务是指处于劳动关系中的用人单位所应履行的义务。根据我国相关法律的规定，我国用人单位的权利和义务如下。

（1）用人单位的权利。用人单位的权利包括与劳动者平等协商的权利、依法约定试用期的权利、依法约定服务期的权利、依法约定竞业限制的权利、依法解除劳动合同的权利、依法裁员的权利等。

（2）用人单位的义务。用人单位的义务包括以下内容：

1）如实告知劳动者工作内容、工作条件、职业危害、劳动报酬等；

2）招用劳动者时不得扣押劳动者的居民身份证和其他证件，不得要求劳动者提供担保或者以其他名义向劳动者收取财物；

3）用人单位应当在解除或者终止劳动合同时出具解除或者终止劳动合同的证明，并在 15 日内为劳动者办理档案和社会保险关系转移手续；

4）执行国家劳动标准，提供相应的劳动条件和劳动保护；

5）支付加班费、绩效奖金，提供与工作岗位相关的福利待遇；

6）依法参加社会保险，缴纳社会保险费；

7）对被派遣劳动者进行工作岗位所必需的培训等。

（二）劳动者

劳动关系中的劳动者是指现代产业社会受雇于生产资料所有者，获取劳动工资作为基本生活来源的体力和脑力劳动者。

劳动关系中的劳动者所从事劳动的两大特点主要表现为劳动的从属性和劳动的有偿性。劳动的从属性是指劳动者受雇于企业、个体经济组织等用人单位，使用用人单位提供的劳动工具或设备，并根据上级的指令完成任务。劳动的有偿性是指由用人单位为劳动者支付工资。

1. 劳动者的权利

劳动者的权利是指处于劳动关系中的劳动者在履行劳动义务时所享有的与劳动有关的权利。劳动者的权利是与劳动过程紧密相连的、在劳动过程中实现的一种经济权利，劳动者的权利是在具体的劳动关系中实现的。

（1）个别劳动者的权利。个别劳动者的权利体现了个别劳动者与用人单位之间的法律关系，个别劳动者权利由劳动者个人享有并行使，其内容与劳动者的切身利益直接相关，主要涉及劳动者的劳动和就业条件等。

《劳动法》第三条规定，劳动者享有平等就业和选择职业的权利、取得劳动报酬的权利、休息休假的权利、获得劳动安全卫生保护的权利、接受职业技能培训的权利、享受社会保险和福利的权利、提请劳动争议处理的权利以及法律规定的其他劳动权利。以上权利规定属于个别劳动者的权利范畴。

（2）劳动者集体的权利。劳动者集体的权利由劳动者集体享有并由工会代表劳动者具体行使。劳动者集体的权利主要包括团结权、集体谈判权、集体争议权和民主参与权等，劳动者集体的权利是个别劳动者权利的程序保障，个别劳动者的权利是劳动者集体权利的直接目标。劳动者集体权利的实现程度在一定层面上反映了员工关系的法制化、规范化程度。

《劳动法》第七条规定，劳动者有权依法参加和组织工会。工会代表和维护劳动者的合法权益，依法独立自主地开展活动。

第八条规定，劳动者依照法律规定，通过职工大会、职工代表大会或者其他形式，参与民主管理或者就保护劳动者合法权益与用人单位进行平等协商。

第三十三条规定，企业职工一方与企业可以就劳动报酬、工作时间、休息休假、劳动安全卫生、保险福利等事项，签订集体合同。集体合同草案应当提交职工代表大会或者全体职工讨论通过。集体合同由工会代表职工与企业签订；没有建立工会的企业，由职工推举的代表与企业签订。以上权利规定都属于劳动者集体的权利范畴。

2. 劳动者的义务

劳动者的义务是指劳动者必须依法履行的责任。根据《劳动法》的相关规定，劳动者应当完成劳动任务，提高职业技能，执行劳动安全卫生规程，遵守劳动纪律和职业道德。

（1）完成劳动任务。完成劳动任务是劳动者的基本义务，劳动者应在约定时间、约定地点，根据签订的劳动合同，遵守用人单位相关领导的指示来完成约定的工作。

（2）提高职业技能。职业技能的高低直接影响着劳动生产率水平，劳动者技能水平对用人单位的技术水平甚至是生产力水平具有重要的意义。

（3）执行劳动安全卫生规程。劳动安全卫生规程主要是指国家为了保护职工在生产和工作过程中的健康，防治职业病，预防、控制和消除各种职业病危害而制定的各种法律、规范。劳动者在工作中有义务去执行劳动安全卫生规程。

（4）遵守劳动纪律和职业道德。劳动纪律和职业道德是劳动者在工作中应遵守的行为规范和准则，这就要求劳动者在工作中应做到爱岗敬业、诚实守信、团结协作、办事公道。

（三）工会

工会以独特的社会组织形式出现在人类历史舞台上，已经有两百多年的历史，它是在特定的社会历史条件下产生和发展的，是产业革命后兴起的工业化的产物。

工会（trade union）是劳动者自发组成的、依靠集体力量维持及改善劳动条件和生活状况并保障劳动者本身权益的长期性团体。

1. 对工会组织的理解

（1）工会因劳动关系冲突而产生，是劳动关系矛盾冲突的产物。由于单一劳动者的力量在劳动关系中明显弱于用人单位的力量，为了与用人单位相抗衡，劳动者组织起来形成了工会。工会有利于平衡劳动者和用人单位的力量，有利于使双方冲突的解决走向制度化、规范化。

（2）工会由劳动者自发、自愿组成。劳动者可以自主选择某个工会作为自己利益的代表。

（3）工会是为其会员谋取利益的权益维护团体，这些权益包括经济利益、政治利益、人身利益等。

（4）工会以集体谈判为谋取劳动者利益的基本手段。

2. 工会的分类

现今各国存在着形形色色的工会组织，根据工会的目标、组织方式来分，可将工会分为不同的类型。

（1）根据工会运行的目标划分：

1）政治主义工会，强调工会运动是以阶级冲突和社会政治动员为特点的激进社会民主运动或共产主义工会运动；

2）经济主义工会，追求经济主义，避开政治纠缠，通过集体谈判等方式实现劳动者经济利益的最大化；

3）福利主义工会，不仅关注劳动者的经济利益，更关注社会、政治等问题；

4）社会整合主义工会，从社会功能主义和有机主义出发，强调工会应成为追求逐步工业化的机构，以增强社会聚力。

（2）根据工会的组织方式划分：

1）职业工会，以相同或相类似职业作为组建工会的依据，由担任同一职业的劳动者所组成的工会，如技工工会、白领工会；

2）企业工会，以企业为单位，将企业内劳动者组织在一起形成的工会，不考虑这些劳动者的技术、技能、所从事的岗位等；

3）行业工会，是将同属于某一行业的劳动者组织起来形成的工会；

4）地域性工会，是将同一地域范围内的不同职业、产业类型的劳动者组织起来形成的工会。

3. 工会的组织规范

根据《工会法》的规定，工会的组织规范有以下要求。

（1）工会各级组织的建立。工会各级组织按照民主集中制原则建立。各级工会委员会由会员大会或者会员代表大会民主选举产生。企业主要负责人的近亲属不得作为本企业基层工会委员会成员的人选。各级工会委员会向同级会员大会或者会员代表大会负责并报告工作，接受其监督。工会会员大会或者会员代表大会有权撤换或者罢免其所选举的代表或者工会委员会组成人员。上级工会组织领导下级工会组织。

用人单位有会员二十五人以上的，应当建立基层工会委员会；不足二十五人的，可以单独建立基层工会委员会，也可以由两个以上单位的会员联合建立基层工会委员会，也可以选举组织员一人，组织会员开展活动。女职工人数较多的，可以建立工会女职工委员会，在同级工会领导下开展工作；女职工人数较少的，可以在工会委员会中设女职工委员。企业职工较多的乡镇、城市街道，可以建立基层工会的联合会。县级以上地方建立地方各级总工会。同一行业或者性质相近的几个行业，可以根据需要建立全国的或者地方的产业工会。全国建立统一的中华全国总工会。

基层工会、地方各级总工会、全国或者地方产业工会组织的建立，必须报上一级工会批准。上级工会可以派员帮助和指导企业职工组建工会，任何单位和个人不得阻挠。

（2）工会各级组织的运行。职工二百人以上的企业、事业单位、社会组织的工会，可以设专职工会主席。工会专职工作人员的人数由工会与企业、事业单位、社会组织协商确定。中华全国总工会、地方总工会、产业工会具有社会团体法人资格。基层工会组织具备民法典规定的法人条件的，依法取得社会团体法人资格。

基层工会委员会每届任期三年或者五年。各级地方总工会委员会和产业工会委员会每届任期五年。基层工会委员会定期召开会员大会或者会员代表大会，讨论决定工会工作的重大问题。经基层工会委员会或者三分之一以上的工会会员提议，可以临时召开会员大会或者会员代表大会。

工会主席、副主席任期未满时，不得随意调动其工作。因工作需要调动时，应当征得本级工会委员会和上一级工会的同意。罢免工会主席、副主席必须召开会员大会或者会员代表大会讨论，非经会员大会全体会员或者会员代表大会全体代表过半数通过，不得罢免。

基层工会专职主席、副主席或者委员自任职之日起，其劳动合同期限自动延长，延长期限相当于其任职期间；非专职主席、副主席或者委员自任职之日起，其尚未履行的劳动合同期限短于任期的，劳动合同期限自动延长至任期期满。但是，任职期间个人严重过失或者达到法定退休年龄的除外。

4. 工会的角色与职能

工会组织作为政府联系职工群众的桥梁和纽带，处在协调社会劳动关系和促进改革发展稳定的特殊位置，对促进构建和谐社会有重要的作用。

（1）工会的角色。我国工会有双重角色定位。

1）我国法律明确规定工会是劳动者的代表。《工会法》指出，工会是中国共产党领导的职工自愿结合的工人阶级的群众组织。中华全国总工会及其各工会组织代表职工的利益，依法维护职工的合法权益。根据相关规定，我国工会的权利和义务有以下内容，如图 2–1 所示。

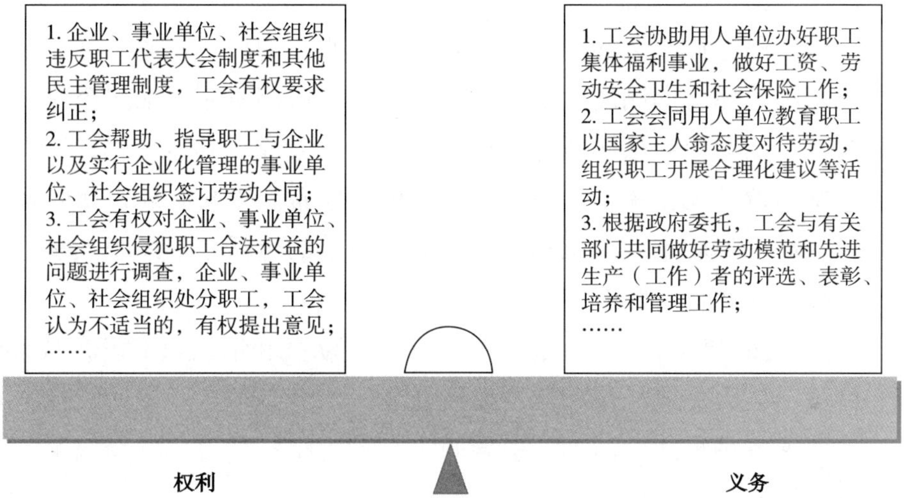

图 2–1　我国工会的权利和义务

2）我国工会具有自身特殊的体制性特色，即在明确代表和维护劳动者权益的同时，又明确规定在“共产党领导下”的性质。《工会法》第四条明确规定，工会必须遵守和维护宪法，以宪法为根本的活动准则，以经济建设为中心，坚持社会主义道路，坚持人民民主专政，坚持中国共产党的领导，坚持马克思列宁主义、毛泽东思想、邓小平理论、“三个代表”重要思想、科学发展观、习近平新时代中国特色社会主义思想，坚持改革开放，保持和增强政治性、先进性、群众性，依照工会章程独立自主地开展工作。工会在政治组织结构中的体制性特点决定它是各方面、各部门的协调者。

（2）工会的职能。在我国，工会是中国共产党领导的职工自愿结合的工人阶级群众组织，是党联系职工群众的桥梁和纽带，是国家政权的重要社会支柱，是会员和职工利益的代表。我国工会主要有四个职能，即参与职能、维护职能、建设职能和教育职能。

1）工会的参与职能。参与职能是指工会代表和组织职工参与国家和社会事务管理，参与本单位的民主管理，发挥职工参政议政民主渠道的职能。工会依法通过职工代表大会和其他形式，保障职工依法行使民主权利，对于发展社会主义民主建设，可以起到重要的推动、促进作用。

2）工会的维护职能。维护职工合法权益是工会的基本职责。工会在维护全国人民总体利益的同时，代表和维护职工的合法权益。工会通过平等协商和集体合同制度，推动健全劳动关系协调机制，维护企业职工劳动权益。工会依照法律规定通过职工代表大会或者其他形式，组织职工参与本单位的民主决策、民主管理和民主监督。工会必须密切联系职工，听取和反映职工的意见和要求，关心职工的生活，帮助职工解决困难，全心全意为职工服务。

3）工会的建设职能。工会的建设职能是动员和组织职工积极参加改革和建设，努力完成经济和社会发展任务。工会必须从职工的长远利益出发，开展各种形式的活动，引导职工主动为祖国建设、社会繁荣、企业改革和促进企业发展献计出力。

4）工会的教育职能。工会要教育职工不断提高思想道德、技术业务和科学文化素质，建设有理想、有道德、有文化、有纪律的职工队伍。

（四）政府

政府广义上指各类国家权力机构，即立法、行政和司法机构的总称。从狭义角度讲，政府仅指国家机构中执掌行政权力、履行行政职能的行政机构。在我国的实践中，广义的政府指行政化的党的领导机构，中央和地方的全部立法、行政、司法机关等，狭义的政府仅指中央政府、地方政府及各级行政机关。

政府在劳动关系中的角色可以归纳为保护者、促进者、调停者、规划者、雇佣者五种角色。

1. **保护者**（protector）

政府通过制定一系列的规章制度，保护劳动者的基本权利。政府还对集体协商进行事前监督、过程监督、结果监督。另外政府还对最低劳动标准、劳动安全卫生的执行情况等进行监察。

2. **促进者**（promoter）

政府采取不同的方针政策，积极促进用人单位和劳动者之间的对话与谈判，使其在政府制定的基本规则、基本劳动标准的基础上，实现“双赢”。

3. **调停者**（peace-maker）

政府是用人单位与劳动者之间劳动争议的调解者或仲裁者。

4. **规划者**（planner）

政府通过实地调研，为全体劳动者建立一套涉及职业培训、就业服务和失业保险等内容的就业保障体系。

5. **雇佣者**（public sector employer）

政府是公共部门的雇佣者，雇员包括中央与地方政府的公务人员、国有企业员工等。

五、三方协商机制

三方协商机制是一种从宏观上调控劳动关系的制度，它以民主制度为依托，以市场经济为基础，以合作、共赢为基本出发点，构建了政府与劳方、资方共同管理和处理劳动关系问题的活动平台。

（一）三方协商机制的建立

三方协商（tripartite consultation）机制是指政府、雇主（企业）组织和工会三方代表，按照一定的制度、规则和程序，在沟通、谈判、协商劳动关系相关的政治政策、劳动立法、劳动争议等劳动关系事宜时，所形成的组织体系和运作制度。

1. 三方协商机制的特点

三方协商机制的实质是在市场经济条件下，协调和平衡不同利益主体间各自不同的利益需求，实现三方权利共享、增进了解、弱化争议、取得共识。从三方协商机制的构成和运行来讲，它具有以下四个特点，如图 2–2 所示。

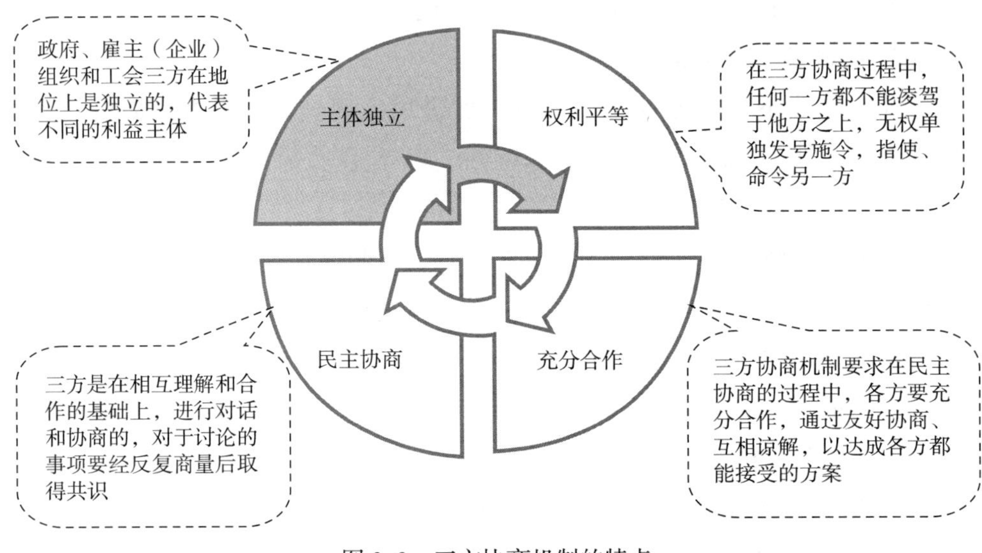

图 2–2　三方协商机制的特点

我国建立的三方协商机制，除了具备上述特点外，还有以下三个特点。

（1）三方协商机制要受社会主义制度制约，坚持党的领导和社会主义方向的原则。其中最为重要的是要体现党的全心全意依靠工人阶级的根本方针。

（2）三方协商机制的运作目的，是要保持劳动关系的协调、稳定并服从和服务于改革、发展、稳定的大局。

（3）三方协商机制的根本，是为了正确处理国家、企业和职工三者利益关系，最大限度解放生产力、发展生产力。

2. 我国建立三方协商机制的必然性

（1）建立三方协商机制是切实维护劳动关系双方利益的要求。建立三方机制的目的，就是要切实维护劳动关系双方的利益，最大限度地保护、调动和发挥广大职工的积极性，促进劳动关系的和谐稳定，从而为改革开放、发展经济创造稳定的社会政治环境，推动国民经济健康快速发展，最大限度地实现最广大人民的根本利益，促进各级人民政府改进工作作风。

（2）建立三方协商机制是社会主义市场经济下协调劳动关系的有效途径。改革开放和发展社会主义市场经济以来，我国社会经济成分、组织形式、就业方式、利益关系和分配方式日益多样化，国家、企业、职工三方利益格局日益清晰，劳动关系发生了急剧而深刻的变化。在这种情况下，建立多层次的劳动关系三方协商机制，对于协调劳动关系，促进社会稳定具有十分重要的意义。特别是我国加入世贸组织后，经济进一步融入全球化范畴，由此引起的劳动关系变化，产生了大量亟待解决的劳动问题，迫切需要有这样的机制去研究解决。同时，三方协商机制也有利于履行我国对国际劳工组织的承诺。

（3）建立三方协商机制是加强政府、工会、企业组织三方合作，共同搞好劳动关系调整工作的重要手段。我国是社会主义国家，这样的国情决定了参加三方机制的各方，虽然分别代表国家、职工和企业的利益，但最终目的是一致的。在我国，政府是人民的政府、工人阶级的政府，企业是在社会主义制度规范和制约下运作的企业，工人阶级是国家的领导阶级，工会是党和政府联系职工的桥梁和纽带，是政权的社会支柱、劳动者合法权益的代表者和维护者，这与西方发达国家的模式不同，也与国际劳工组织的模式有别。共同的目的决定了三方达成共识，形成合力、密切合作的可能性和必然性。

3. 我国在建立三方协商机制时的注意事项

根据我国的国情，在建立三方协商机制时，从操作层面上要注意以下两方面特点。

（1）层次性和多样性。从层次上，要建立国家级、地方级、产业级等承担不同协调任务的机制。从内容上，既要有解决总体劳动关系问题的综合性三方机制，也要有解决单项问题，例如劳动就业、劳动工资、劳动安全卫生等的专门性三方机制。从活动方式上，可以有固定机构式的，也可以有临时召集式的。

（2）示范性和过渡性。从全国来说，国家级三方会议就是一种最好的示范。三方机制的运行，应当体现过渡性的特点，即从简单到复杂的过渡，从低级到高级的过渡，从经济发展较慢的地区到市场经济较发达地区的过渡。

（二）三方协商机制的作用

用人单位和劳动者之间矛盾的激化、社会民主进程的加快等，使三方协商机制得以产生和发展。三方协商机制的作用主要体现在以下三个方面。

1. 缓解劳资矛盾，建立和谐的劳动关系

工资、工时、福利、劳动条件等劳动关系领域中的诸多问题都可以通过三方协商的方式解决。通过三方协商，有利于减少劳资间大规模的激烈对抗和冲突，有利于使各种劳资矛盾通过规范化、法制化、程序化的协商、谈判进行解决。

2. 确立工会的地位，保护劳动者的合法权益

在三方协商机制中，工会作为一方独立的主体，能够代表劳动者提出意见，这表明，在劳动关系中，劳动者的影响力明显增强，劳动者的许多权益在工会的抗争下得到了保护。

3. 促进经济发展，推动社会进度

劳动关系是国家社会关系中的重要关系之一，三方协商机制对劳动关系的协调有利于促进劳动力资源的开发，从而为社会生产力的发展提供了条件。三方协商机制对于劳资关系的协调有利于维护劳动者的物质利益和政治权利，充分调动了劳动者的生产积极性，有利于发挥劳动者在生产力系统中的能动作用。

（三）三方协商机制的内容

三方协商机制的功能、作用是通过不同的组织形式实现的。依据国际劳工组织的文件和各国实施三方协商的实践，三方协商机制的级别和内容见表 2-1。

表 2-1　　三方协商机制的级别和内容

三方协商的级别	参加三方协商的主体	协商的内容
国家级的协商	国家代表是政府的劳动行政部门和有关经济部门，雇主代表是全国一级的最有代表性的雇主组织，工人代表是全国一级的工会组织	参加国际劳工大会的有关事宜或履行国际劳工公约或国际劳工建议书的建议，关于国家经济和社会发展的政策和立法，实施国际劳工标准和国内劳动法
产业级的协商	政府的产业部门、产业的雇主协会、产业工会	产业的国际劳工标准，产业发展的有关经济和社会问题，产业的劳动关系和劳动标准
地方级的协商	地方政府的劳动行政部门和有关经济部门、地方的雇主协会、地方工会	地方的社会政治经济政策的制定和立法，地方的劳动标准和劳动法规的制定
企业级的协商	企业协商的直接主体是雇主和企业工会，政府部门一般不直接参与，当协商遇到障碍时，政府相关部门会出面调解	劳动关系、劳动标准等，有时会涉及企业经营和发展的问题

第二节　个人劳动合同管理

一、劳动合同的订立

（一）劳动合同订立的主体

劳动合同建立的是一种劳动关系，这项关系的主体是劳动者与用人单位。

1. 劳动者

劳动者是指达到法定年龄，具有劳动能力，以从事某种社会劳动获得收入为主要生活来源，依据法律和合同的规定，在用人单位的管理下从事劳动并获取劳动报酬的自然人。

2. 用人单位

用人单位是指中华人民共和国境内的企业、个体经济组织、民办非企业单位等组织。同时，也包括国家机关、事业单位、社会团体。

（二）劳动合同订立的原则

《劳动合同法》第三条规定，订立劳动合同，应当遵循合法、公平、平等自愿、协商一致、诚实信用的原则。

1. 合法原则

合法是劳动合同有效的前提条件，合法原则主要包括以下四个方面。

（1）形式合法。除非全日制用工外，劳动合同需要以书面形式订立，这是对劳动合同形式的基本要求。

（2）内容合法。如果劳动合同的内容违法，劳动合同不仅不受法律保护，当事人还要承担相应的法律责任。

（3）主体合法。劳动合同的主体，主要包括劳动者与用人单位。

（4）程序合法。用人单位必须通过合法程序在规定时间内与劳动者订立劳动合同。

2. 公平原则

公平原则是指劳动合同的内容应当公平、合理，也就是在符合法律规定的前提下，劳动合同双方要公平、合理地确立双方的权利和义务。

公平原则是社会公德的体现，将公平原则作为劳动合同订立的原则，可以防止劳动合同当事人，尤其是用人单位滥用优势地位，损害劳动者的权利。公平原则有利于平衡劳动合同双方当事人的利益，有利于建立和谐稳定的劳动关系。

3. 平等自愿

平等自愿原则包括两层含义，一是平等原则，二是自愿原则。

（1）平等原则。平等原则是指劳动者和用人单位在订立劳动合同时的法律地位是平等的，没有高低、从属之分，不存在命令和服从、管理和被管理关系。用人单位不得利用优势地位，在订立劳动合同时附加不平等的条件。

（2）自愿原则。自愿原则是指订立劳动合同完全是出于劳动者和用人单位双方的真实意志，是双方协商一致达成的，任何一方不得把自己的意志强加给另一方。根据自愿原则，任何单位和个人不得强迫劳动者订立劳动合同。

4. 协商一致

协商一致是指用人单位和劳动者要对劳动合同的内容达成一致意见。劳动合同的订立需要劳动者和用人单位双方协商一致，达成合意，任何一方不能凌驾于另一方之上，不得把自己的意志强加给对方，也不能强迫命令、胁迫对方订立劳动合同。

5. 诚实信用

诚实信用是指劳动者和用人单位在订立劳动合同时要讲诚实、讲信用，双方都不得有欺诈行为。诚实信用是订立合同时的一项基本原则，也是订立劳动合同时的一项基本原则，同时还是一项社会道德原则。

《劳动合同法》第八条规定，用人单位招用劳动者时，应当如实告知劳动者工作内容、工作条件、工作地点、职业危害、安全生产状况、劳动报酬，以及劳动者要求了解的其他情况；用人单位有权了解劳动者与劳动合同直接相关的基本情况，劳动者应当如实说明。

（三）劳动合同订立的注意事项

1. 订立时间

根据《劳动合同法》第十条有关内容，已建立劳动关系，未同时订立书面劳动合同的，应当自用工之日起一个月内订立书面劳动合同。用人单位与劳动者在用工前订立劳动合同的，劳动关系自用工之日起建立。

2. 试用期

《劳动合同法》第十九条规定，劳动合同期限三个月以上不满一年的，试用期不得超过一个月；劳动合同期限一年以上不满三年的，试用期不得超过二个月；三年以上固定期限和无固定期限的劳动合同，试用期不得超过六个月。同一用人单位与同一劳动者只能约定一次试用期。

以完成一定工作任务为期限的劳动合同或者劳动合同期限不满三个月的，不得约定试用期。试用期包含在劳动合同期限内。劳动合同仅约定试用期的，试用期不成立，该期限为劳动合同期限。

3. 试用期工资

《劳动合同法》第二十条规定，劳动者在试用期的工资不得低于本单位相同岗位最低档工资或者劳动合同约定工资的百分之八十，并不得低于用人单位所在地的最低工资标准。

（四）劳动合同订立的步骤

用人单位与劳动者签订劳动合同，遵循一定的步骤，概括如下。

1. 劳动合同沟通

用人单位准备好规范的劳动合同，与劳动者约定签订时间，针对劳动者的具体情况，与劳动者就劳动合同约定条款进行沟通洽谈。

2. 劳动合同签订

在合同各条款均已明确的前提下，劳动者与用人单位在指定位置签字盖章。签订时注意不得涂改。

3. 劳动合同保存

劳动合同签订完毕，劳动者与用人单位各自保管好一份劳动合同。

（五）劳动合同范本

下面是一份劳动合同范本，供参考。

劳动合同书

甲方（用人单位）名称：　　　　　　　　乙方姓名：

法定代表人（委托代表人）：　　　　　　身份证号码：

甲乙双方根据《中华人民共和国劳动法》《中华人民共和国劳动合同法》等法律、法规的规定，在平等自愿、协商一致的基础上，同意订立本劳动合同，共同遵守本合同所列条款。

一、合同期限和期限

1. 甲乙双方的劳动合同期限为：自____年__月__日起至____年__月__日止。

2. 试用期自____年__月__日起至____年__月__日止，期限为____天。

二、工作内容和工作地点

1. 根据甲方工作需要，乙方同意从事__________________岗位（工种）工作。经甲乙双方协商同意，可以变更工作岗位（工种）。

2. 乙方应按照甲方的要求，按时完成规定的工作数量，达到规定的质量标准。

3. 乙方同意在甲方安排的工作地点________________从事工作。根据甲方的工作需要，经甲乙双方协商同意，可以变更工作地点。

三、工作时间和休息休假

1. 乙方实行标准工时工作制，甲方安排乙方每日工作时间不超过 8 小时，每周不超过 40 小时。

2. 甲方延长乙方工作时间的，应依法安排乙方同等时间补休或支付加班工资。

3. 乙方在合同期内享受国家规定的各项休息、休假的权利。

四、劳动报酬

1. 乙方试用期的工资标准为______元 / 月。

2. 乙方试用期满后，甲方应根据本单位的工资制度，确定乙方工资为__________________________，由____________等几部分组成，标准分别为____________等。如甲方的工资制度发生变化或乙方工作岗位变动，按新的工资标准确定。

3. 甲方应以法定货币形式按月支付乙方工资，发薪日为每月____日，不得克扣或无故拖欠。甲方支付乙方的工资，应不违反国家有关最低工资的规定。

4. 乙方依法享受年休假、婚假、生育假、公假等假期期间，甲方应按国家和地方有关规定标准，或劳动合同约定的标准，支付乙方工资。

五、社会保险和福利待遇

1. 甲方应按国家和地方有关社会保险的法律、法规和政策规定为乙方缴纳社会保险、公积金、个人所得税；社会保险、公积金费用中个人缴纳部分及个人所得税，甲方从乙方工资中代扣代缴。

2. 甲乙双方解除、终止劳动合同时，甲方应按有关规定为乙方办理社会保险相关手续。

3. 乙方患病或非因工负伤的医疗待遇按照国家和地方有关政策规定执行。

4. 乙方工伤待遇按国家和地方有关政策法规规定执行。

5. 甲方为乙方提供以下福利待遇。

（1）____。

（2）____。

（3）____。

六、劳动纪律和规章制度

1. 甲方依法规定的各项规章制度应向乙方公示。

2. 乙方应严格遵守甲方制定的规章制度，完成劳动任务，提高职业技能，执行劳动安全卫生规程，遵守劳动纪律和职业道德。

3. 乙方违反劳动纪律，甲方可依据本单位规章制度，给予相应的行政处理、行政处分、经济处罚等，直至解除本合同。

七、劳动合同的变更、解除、终止、续订

1. 订立本合同所依据的客观情况发生重大变化，致使本合同无法履行的，经甲乙双方协商同意，可以变更本合同相关内容。

2. 经甲乙双方协商一致，本合同可以解除。

3. 乙方有下列情形之一，甲方可以解除本合同。

（1）在试用期间，被证明不符合录用条件的。

（2）严重违反劳动纪律或甲方规章制度的。

（3）严重失职、营私舞弊，对甲方利益造成重大损害的。

（4）同时与其他用人单位建立劳动关系，对完成甲方工作任务造成严重影响或经甲方提出拒不改正的。

（5）被依法追究刑事责任的。

4. 下列情形之一，甲方可以解除本合同，但应提前30日以书面形式通知乙方。

（1）乙方患病或非因工负伤，医疗期满后，不能从事原工作也不能从事甲方另行安排的工作的。

（2）乙方不能胜任工作，经过培训或者调整工作岗位，仍不能胜任工作的。

（3）双方不能依据本合同本款第1条规定就变更合同达成协议的。

5. 甲方濒临破产进行法定整顿期间或者生产经营发生严重困难（地方政府规定的困难企业标准），经向全体职工说明情况，听取职工的意见，并向劳动行政部门报告后，可以解除本合同。

6. 乙方有下列情形之一，甲方不得依据本合同相关规定终止、解除本合同。

（1）患病或非因公负伤，在规定的医疗期内的。

（2）在甲方连续工作满15年，且距法定退休年龄不足5年的。

（3）符合法律法规规定其他情况的。

7. 有下列情形之一，乙方可以随时通知甲方解除本合同，甲方应当支付乙方相应的劳动报酬并依法缴纳社会保险。

（1）甲方未按照劳动合同约定提供劳动保护或者劳动条件的。

（2）甲方未及时足额支付劳动报酬的。

（3）甲方未依法为劳动者缴纳社会保险的。

（4）甲方的规章制度违反法律、法规的规定，损害乙方合法权益的。

（5）法律、行政法规规定劳动者可以解除劳动合同的其他情形。

8. 乙方解除劳动合同，应当提前30日通知甲方。

9. 本合同期到期，劳动合同即行终止，甲乙双方经协商同意，可以续订劳动合同。

八、经济补偿与赔偿

1. 甲方解除乙方劳动合同，除本合同第七款第3条规定外，甲方应按照《中华人民共和国劳动合同法》规定和地方有关规定支付乙方经济补偿金。

2. 甲方发生故意拖延不与乙方续订劳动合同、与乙方订立无效劳动合同、违反规定或本合同约定侵害乙方合法权益以及解除劳动合同等情形之一的，给乙方造成损害，甲方应按下列规定赔偿乙方损失。

（1）造成乙方工资收入损失的，按乙方应得工资收入支付给乙方，并加付应得工资收入百分之五十以上百分之百以下的赔偿金。

（2）造成乙方劳动保护待遇损失的，应按国家规定补足乙方的劳动保护津贴和用品。

（3）造成乙方工伤、医疗待遇损失的，除按国家规定为乙方提供工伤、医疗待遇外，还应支付乙方相当于医疗费用百分之二十五的赔偿费用。

（4）乙方违反规定或本合同的约定解除劳动合同，对甲方造成损失的，乙方应赔偿甲方为其支付的培训费及直接经济损失。

九、违反劳动合同的责任

当事人一方违反本合同时，应承担的违约责任如下。

1.____。

2.____。

十、劳动纠纷处理

1. 因履行本合同发生的劳动争议，当事人可以向甲方劳动纠纷调解委员会申请调解。

2. 不愿调解或调解不成，当事人一方要求仲裁的，应当自劳动争议发生之日60日内向当地仲裁委员会申请仲裁。

3. 当事人一方对裁决不服的，可以向人民法院提起诉讼。

十一、其他事项

1. 以下专项协议和规章制度作为本合同的附件，与本合同具有同等法律效力。

（1）____。

（2）____。

2. 本合同未尽事宜，双方可另协商解决，与今后国家法律法规等有关规定相悖的，按有关规定执行。

3. 本合同一式两份，甲乙双方各执一份。

甲方：　　（盖章）　　　　　　乙方：　　（盖章）

法定代表人签名：　　　　　　　身份证号：

日期：　年　月　日　　　　　　日期：　年　月　日

二、劳动合同的变更与续订

（一）劳动合同的变更

劳动合同的变更是指在劳动合同开始履行但尚未完全履行之前，因订立劳动合同的主客观条件发生了变化，劳动关系当事人依照法律规定的条件和程序，对原合同中的某些条款修改、补充的法律行为。

用人单位与劳动者协商一致，可以变更劳动合同约定的内容。变更劳动合同，应当采用书面形式，变更后的劳动合同文本由用人单位和劳动者各执一份。另外，劳动合同的变更仅限于劳动合同内容的变化，而不是主体的变更，主体变更须另行订立劳动合同。

劳动合同变更的条件，主要包括以下两方面内容。

（1）订立劳动合同所依据的法律、行政法规、规章制度发生变化，应变更相关的内容。

（2）订立劳动合同所依据的客观情况发生重大变化，致使劳动合同无法履行，应变更相关的内容。涉及的客观情况主要包括发生自然灾害或企业事故、企业调整生产任务、企业分立或合并、迁移厂址，以及劳动者个人情况发生变化需要调整工作岗位或职务等。

（二）劳动合同的续订

劳动合同的续订是指劳动合同期满后，劳动关系当事人双方经协商达成协议，继续签订与原劳动合同内容相同或者不同的劳动合同的法律行为。

劳动合同续订的条件，主要包括以下两方面内容。

（1）双方协商一致续订劳动合同。

（2）劳动合同期满，存在下列用人单位不得解除合同的情况之一的，劳动合同应当续延至相应的情形消失时终止：

1）从事接触职业病危害作业的劳动者未进行离岗前职业健康检查，或者疑似职业病病人在诊断或者医学观察期间的；

2）在本单位患职业病或者因工负伤并被确认丧失或者部分丧失劳动能力的；

3）患病或者非因工负伤，在规定的医疗期内的；

4）女职工在孕期、产期、哺乳期的；

5）在本单位连续工作满 15 年，且距法定退休年龄不足 5 年的；

6）法律、行政法规规定的其他情形。

三、劳动合同的解除与终止

（一）劳动合同的解除

劳动合同的解除是指劳动合同订立后，尚未全部履行前，由于某种原因导致劳动合同一方或双方当事人提前解除劳动关系的一种法律行为。劳动合同的解除主要分为劳动关系双方协商解除、劳动者单方解除和用人单位单方解除三种情形。

1. 劳动关系双方协商解除

用人单位与劳动者协商一致，可以解除劳动合同。劳动关系双方协商解除劳动合同没有实体、程序上的限定条件，只要双方达成一致，内容、形式、程序不违反法律法规的规定即可。

2. 劳动者单方解除

劳动者单方解除劳动合同，即具备法律规定的条件时，劳动者享有单方解除权，无须与用人单位协商达成一致意见，其具体可以分为预告解除和即时解除。

（1）预告解除。劳动者履行对用人单位的预告程序后可单方解除劳动合同。劳动者提前30日以书面形式通知用人单位，可以解除劳动合同，劳动者在试用期内提前3日通知用人单位，可以解除劳动合同。

（2）即时解除。用人单位有下列情形之一的，劳动者可以即时解除劳动合同：

1）未按照劳动合同约定提供劳动保护或者劳动条件的；

2）未及时足额支付劳动报酬的；

3）未依法为劳动者缴纳社会保险费的；

4）用人单位的规章制度违反法律、法规的规定，损害劳动者权益的；

5）法律、行政法规规定的致使劳动合同无效的情形；

6）法律、行政法规规定劳动者可以解除劳动合同的其他情形。

用人单位以暴力、威胁或者非法限制人身自由的手段强迫劳动者劳动的，或者用人单位违章指挥、强令冒险作业危及劳动者人身安全的，劳动者可以立即解除劳动合同，无须事先告知用人单位。

3. **用人单位单方解除**

用人单位单方解除劳动合同，即具备法律规定条件时，用人单位享有单方解除权，无须与劳动者协商达成一致意见。其主要包括过失性辞退解除劳动合同、无过失性辞退解除劳动合同、经济性裁员解除劳动合同三种情形。

（1）过失性辞退解除劳动合同。过失性辞退，即在劳动者有过失性情形时，用人单位有权单方解除劳动合同。过失性解除劳动合同在程序上没有严格限制。用人单位无须支付劳动者解除劳动合同的经济补偿金。若规定了符合法律规定的违约金条款的，劳动者须支付违约金。

过失性辞退解除劳动合同的情形，主要包括以下六个方面：

1）在试用期间被证明不符合录用条件的；

2）严重违反用人单位的规章制度的；

3）劳动者同时与其他用人单位建立劳动关系，对完成本单位的工作任务造成严重影响，或者经用人单位提出，拒不改正的；

4）以欺诈、胁迫的手段或者乘人之危，使对方在违背真实意思的情况下订立或者变更劳动合同致使劳动合同无效的；

5）严重失职，营私舞弊，给用人单位造成重大损害的；

6）被依法追究刑事责任的。

（2）无过失性辞退解除劳动合同。无过失性辞退，即劳动者本人无过错，但由于主客观原因致使劳动合同无法履行，用人单位在符合法律规定的情形下，履行法律规定的程序后有权单方解除劳动合同。

无过失性辞退解除劳动合同过程中，用人单位应提前30日以书面形式通知劳动者本人或者额外支付劳动者1个月工资后，才可以解除劳动合同。用人单位选择额外支付劳动者1个月工资解除劳动合同的，其额外支付的工资应当按照该劳动者上1个月的工资标准确定。

无过失性辞退解除劳动合同的情形，主要包括以下三个方面：

1）劳动者患病或者非因工负伤，在规定的医疗期满后不能从事原工作，也不能从事由用人单位另行安排的工作的；

2）劳动者不能胜任工作，经过培训或者调整工作岗位，仍不能胜任工作的；

3）劳动合同订立时所依据的客观情况发生重大变化，致使劳动合同无法履行，经用人单位与劳动者协商，未能就变更劳动合同内容达成协议的。

（3）经济性裁员解除劳动合同。经济性裁员是指用人单位为降低劳动成本，改善经营管理，因经济或技术等原因一次裁减 20 人以上或者不足 20 人但占企业职工总数 10% 以上的劳动者。

经济性裁员解除劳动合同的情形，主要包括以下四个方面：

1）依照企业破产法规定进行重整的；

2）生产经营发生严重困难的；

3）企业转产、重大技术革新或者经营方式调整，经变更劳动合同后，仍需裁减人员的；

4）其他因劳动合同订立时所依据的客观经济情况发生重大变化，致使劳动合同无法履行的。

（二）劳动合同的终止

劳动合同的终止是指劳动合同关系的消灭，即劳动关系双方权利、义务的终止。

《劳动合同法》第四十四条规定，有下列情形之一的，劳动合同终止：

（1）劳动合同期满的；

（2）劳动者开始依法享受基本养老保险待遇的；

（3）劳动者死亡，或者被人民法院宣告死亡或者宣告失踪的；

（4）用人单位被依法宣告破产的；

（5）用人单位被吊销营业执照、责令关闭、撤销或者用人单位决定提前解散的；

（6）法律、行政法规规定的其他情形。

《劳动合同法》第四十六条规定，存在用人单位依法宣告破产，或用人单位被吊销营业执照、责令关闭、撤销或者用人单位决定提前解散的情形时，用人单位应该向劳动者支付经济补偿。

四、三方协议与劳动合同

三方协议，即《全国普通高等学校毕业生就业协议书》，是由教育部统一制定的，各省（自治区、直辖市）教育主管部门印制的，以明确毕业生、用人单位、学校三方在毕业生就业工作中的权利和义务的书面表现形式。

三方协议能够解决应届毕业生户籍、档案、保险、公积金等一系列相关问题。协议在毕业生到单位报到、用人单位正式接收后自行终止。

三方协议不同于劳动合同，二者的区别主要表现为以下三个方面。

（1）三方协议主要是明确毕业生、用人单位、学校的基本情况及要求，其制定依据是国家关于高校毕业生就业的法规和规定，有效期自签约日起至毕业生到用人单位报到止。劳动合同是受《劳动法》和《劳动合同法》的限定和保护的，有些用人单位在确定录用毕业生时就同时要求和毕业生签订一份类似劳动合同的协议，而更多的用人单位则要求先签订“就业意向书”，毕业生报到后再签订劳动合同。

（2）三方协议是三方合同，它涉及学校、用人单位、学生三个方面，三方相互关联但彼此独立。而劳动合同是双方合同，是由劳动者和用人单位两方的权利和义务构成的。

（3）毕业生签订三方协议时仍然是学生身份，但是签订劳动合同时即成为劳动者身份。劳动合同一经签订，三方协议的效力应当丧失。如果劳动合同与三方协议相关内容产生矛盾，以劳动合同为准。

课程实训

结合本节内容的学习，结合法律规定，试编制一份劳动合同书。

实训指导：

劳动合同应包括用人单位的名称、地址和法定代表人或者主要负责人的姓名；劳动者的姓名、住址和居民身份证或者其他有效身份证件号码；劳动合同期限；工作内容和工作地点；工作时间和休息休假；劳动报酬；社会保险；劳动保护、劳动条件和职业危害防护；法律、法规规定应当纳入劳动合同的其他事项等内容。

第三节　集体合同管理

一、集体协商

（一）集体协商的内容与性质

1. 集体协商的内容

集体协商又称为集体谈判，是工会或者职工代表与相应的用人单位代表为签订集体合同进行商谈的行为。集体协商的目的是实现某些目标，协商谈判的过程是劳资双方联合解决问题的过程。根据 2004 年 5 月 1 日起实施的《集体合同规定》第二章的规定，集体协商的内容主要包括以下事项。

（1）劳动报酬。主要包括用人单位工资水平、工资分配制度、工资标准和工资分配形式，工资支付办法，加班加点工资及津贴、补贴标准和奖金分配办法，工资调整办法，试用期及病、事假等期间的工资待遇，特殊情况下职工工资（生活费）支付办法，其他劳动报酬分配办法。

（2）工作时间。主要包括工时制度、加班加点办法、特殊工种的工作时间、劳动定额标准。

（3）休息休假。主要包括日休息时间、周休息日安排、年休假办法、不能实行标准工时职工的休息休假、其他假期。

（4）劳动安全与卫生。主要包括劳动安全卫生责任制、劳动条件和安全技术措施、安全操作规程、劳动防护用品发放标准、定期健康检查和职业健康体检。

（5）补充保险和福利。主要包括补充保险的种类、范围，基本福利制度和福利设施，医疗期延长及其待遇，职工亲属福利制度。

（6）女职工和未成年工特殊保护。主要包括女职工和未成年工禁忌从事的劳动，女职工的经期、孕期、产期和哺乳期的劳动保护，女职工、未成年工定期健康检查，未成年工的使用和登记制度。

（7）职业技能培训。主要包括职业技能培训项目规划及年度计划、职业技能培训费用的提取和使用、保障和改善职业技能培训的措施。

（8）劳动合同管理。主要包括劳动合同签订时间，确定劳动合同期限的条件，劳动合同变更、解除、续订的一般原则及无固定期限劳动合同的终止条件，试用期的条件和期限。

（9）奖惩。主要包括劳动纪律、考核奖惩制度、奖惩程序。

（10）裁员。主要包括裁员的方案、裁员的程序、裁员的实施办法和补偿标准。

（11）集体合同期限。

（12）变更、解除集体合同的程序。

（13）履行集体合同发生争议时的协商处理办法。

（14）违反集体合同的责任。

（15）双方认为应当协商的其他内容。

2. 集体协商的性质

集体协商双方代表的人数对等、法律地位平等，集体协商是公开、公平、平等的协商，是和平的协商，是在法律、法规规定的范围内的协商。具体来说，集体协商具有如下性质。

（1）协商双方的平等性。劳动者组织及工会代表，在协商中与用人单位及用人单位代表处于平等地位，站在平等的位置上协商双方的权利与义务，在平等的基础上互相监督、互相制约。

（2）协商目的的互利性。集体协商的主要目的是通过协商来调节双方的利益关系，使双方的应有利益都得到保障。在集体协商中既要维护劳动者的合法权益，又要维护用人单位的利益。

因此，通过集体协商既能纠正侵犯劳动者权益的不当行为，如劳动报酬偏低、克扣工资、非法延长劳动时间等行为，切实维护劳动者的利益。又能纠正不当的劳动者行为，来维护整体利益。只有互利才能调动劳动者与用人单位双方的积极性。

（3）协商问题的调节性。集体协商的出发点是调节劳动关系中不和谐的一面，调动谈判双方的积极性。集体协商调解的问题有两大类：

一是由于存在利益上的差异而产生的矛盾，需要通过集体协商进行利益调节。如工资、奖金、安全生产、保险福利等方面的利益差异的调节。

二是劳动关系中的某些具体方面的变动，需要通过集体协商进行调整。这是由市场变化引起的生产调整，从而引起劳动关系的新变动而产生的新矛盾。

（4）协商结果的制约性。集体协商具有强烈的互相监督、互相制约的作用。通过集体协商签订的集体合同对双方当事人具有同样的约束力，得到法律的认可和司法制度的保护。

（二）集体协商与平等协商的区别

集体协商同样区别于企业民主管理中的平等协商，二者的区别可以从目的、主体、内容等多个方面进行区分。

1. 目的不同

集体协商的目的是签订集体合同，平等协商的目的是维护职工的合法权益。

2. 主体不同

集体协商的主体是职工推举的代表或代表职工的工会指派的代表与用人单位的代表，平等协商的主体是职工个人、部分职工或全体职工与用人单位管理方面的负责人。

3. 内容不同

集体协商的内容主要是有关劳动标准方面的事宜；平等协商的内容则是直指受到侵害的职工权益，并非泛泛的劳动标准。

4. **性质不同**

集体协商是签订集体合同的程序性规定，平等协商是职工的劳动权益之一。

5. **形式不同**

集体协商须采用协商会议进行，平等协商没有严格的形式界定，不拘一格。

6. **结果不同**

集体协商的结果是以书面的形式签订集体合同草案，平等协商的结果是解决问题而不刻意追求最终的书面协议。

7. **程序不同**

从法律的角度分析，集体协商有严格的法律限制，即协商代表须按照法定程序产生；平等协商则没有严格的法定程序的约束。

（三）集体协商的意义

1. **实行集体协商的意义**

集体协商在劳动关系的调整与运行中具有重要的意义，主要体现在以下三个方面：

（1）集体协商是维护劳动者合法权益不可缺少的重要手段；

（2）集体协商是协调、稳定劳动关系和维护正常的生产、经营和工作秩序的重要保证；

（3）集体协商是保障社会安定的重要方法。

从协商主体的角度来讲，集体协商的意义是双重的。对劳动者而言，通过集体行动，可以有效抑制用人单位一些不合理的、侵犯劳动者利益的行为发生，为劳动者争得平等的地位、必要的劳动条件和基本的生活保障等合法权益。对用人单位而言，通过协商的方式可以加强劳资双方的沟通与合作，促进劳动关系的稳定，推动企业目标的实现和企业效益的提高。

2. **集体协商的功能体现**

集体协商的过程实际上也是体现“三个功能”的过程，即市场和经济功能、政府调控功能以及决策功能。通过协商确立劳动力市场工资水平，体现了集体协商的市场和经济功能。通过协商形成一系列规范劳资关系的程序性规则，体现了集体协商的政府调控功能。通过协商确认劳动者有权通过工会参与工作场所规章制度的制定，体现了集体协商的决策功能。

（1）市场和经济功能。集体谈判建立了一种交易关系，使劳资双方根据市场供求的变化就效用进行谈判，调整并确定双方的均衡效用，是一种有效的、可以使双方效用最大化的交易方式。通过不断的谈判，明确双方的权利、责任和义务，达成合约。同时它也是一种分配机制，是企业内部调节劳资分配和就业的交易行为，因而集体谈判是雇主与雇员双方确定交易对象、内容以及交易价格的一种市场机制，交易的主题是雇主和工会，交易的内容是工资、就业、利润率、福利水平等。

（2）政府调控功能。把集体谈判看作是行业管理的一种方式，其主要目的是建立管理方行使权力的规则，因而在集体协商中制定了一系列规范工会与管理方关系的程序性规则。这样，虽然管理职能仍由管理方行使，但工会作为劳动者代表，与管理方共享了企业的最高管理权。

（3）决策功能。此功能强调了工会和企业间的相互依赖关系，认为劳资双方应通过集体谈判联合起来，使冲突制度化，用共同的利益协调产生的分歧。并且承认那些努力为企业工作的劳动者，应该有权对企业的经营管理发表意见，尤其当这些决策对他们会产生某种影响时，更应当赋予工会代表他们参与企业管理的权利。

（四）双方协商的底线

劳资双方在来到谈判桌之前，预先都有一个谈判底线。如果双方的底线有交叉或部分重叠，那么可以说双方之间存在着一个积极的解决问题的区域，否则，就是一个消极或否定的区域。

比如，工会希望能够增加 5% 的工资，但其底线是增加 2%，同时，用人单位希望只提高 1% 的工资，但其最大的让步底线是 4%。这样双方的最低让步底线就有了重合的部分，在 2%～4% 之间，这就是双方可以接受的解决问题的区域。然而，如果工会能接受的底线是 4%，而用人单位最大的让步底线为 2%，则在双方之间就不存在一个都能接受的解决问题的区域。

能否达成协议不仅取决于双方之间是否存在一个积极的协议区域，同时还取决于这个区域的大小。区域越大，双方的让步余地就越大，也就越容易达成协议。如果解决问题的区域很小，虽然有可能达成协议，但是谈判将非常艰难，这时谈判的成功与否在很大程度上取决于双方能否准确无误地理解对方的意思。积极区域的存在总要依赖于一系列的因素，如双方的谈判底线、谈判者的专业水平、谈判成员的态度和谈判双方的预期等。正确认识协商双方的谈判底线以及协议区域，对谈判的进行以及协议的达成具有重要意义。

二、集体合同签订与履行

集体合同是指用人单位与本单位职工根据相关法律、法规的规定，就劳动报酬、工作时间、休息休假、劳动安全卫生、职业培训、保险福利等事项，通过集体平等协商而签订的书面协议。

（一）集体合同的特点

集体合同首先应该具有一般劳动合同的共同特征，即合同签订主体是基于合法、公平、平等协商而订立集体合同的。除此以外，集体合同还具有其自身的特征，具体表现为以下八个方面。

（1）集体合同是特定的当事人之间订立的协议。在集体合同中，当事人一方是代表职工的工会组织或职工代表，另一方则是用人单位。当事人中至少有一方是由多数人组成的团体，特别是职工方，必须由工会或职工代表参加，集体合同才能成立。

（2）集体合同内容包括劳动报酬、工作时间、休息休假、劳动安全卫生等劳动标准事项。在集体合同中，劳动标准是集体合同的核心内容，对个人劳动合同起制约作用。

（3）集体合同采取要式合同的形式，需要报送劳动行政部门登记、审查、备案方能有效。

（4）集体合同受到国家宏观调控计划的制约。

（5）集体合同是一项劳动法律制度。

（6）集体合同适用于各类不同的所有制企业。

（7）集体合同的订立，主要通过劳动关系双方代表自行交涉解决。

（8）集体合同制度运作灵活，并对劳动关系双方具有约束力。

（二）集体合同的形式与期限

1. 集体合同的形式

集体合同的形式分为主件和附件。其中，主件是综合性集体合同，其内容涵盖劳动关系的各个方面；附件是专项集体合同，是就劳动关系的某一特定方面的事项签订的专项协议。现阶段，我国法定集体合同的附件主要是工资协议。

2. 集体合同的期限

集体合同均为定期合同，我国劳动立法规定集体合同的期限为1～3年。

期限过短，不利于劳动关系的稳定，而且会加大集体协商的成本；期限过长，不利于适应实际情况的变化和劳动权益的保障。

（三）集体合同签订的原则

进行集体协商，签订集体合同或专项集体合同，应当遵循下列原则。

1. 遵守法律、法规、规章及国家有关规定

合法原则是进行谈判、签订协议的基本准则，其内容包括双方主体资格合法、内容合法、程序合法和形式合法等。

2. 相互尊重，平等协商

平等原则要求劳资双方以平等的地位进行谈判和对话。

3. 诚实守信，公平合作

合作原则要求劳资双方在谈判过程中应该相互配合、相互合作。谈判是两个组织之间的磋商与交涉，双方利益既有差异性，又有一致性，合作贯穿于签订集体合同的整个过程，体现了集体合同签订的重要精神和基本要求。

4. 兼顾双方合法权益

兼顾双方合法权益原则要求协议条款所确定的权利和义务应对等，做到互惠互利。

5. 不得采取过激行为

不得采取过激行为原则要求双方在进行谈判、签订协议的过程中，不得采取怠工、罢工、关闭工厂等争议行为。不得采取过激行为实际上是要求集体合同签订双方负有和平义务。

（四）集体合同的签订程序

集体合同签订主要包括以下六个环节，即确定集体协商代表、协商集体合同内容、审议集体合同草案、签订集体合同、办理登记手续、公布集体合同。

1. 确定集体协商代表

集体协商代表的选定，应当符合以下条件：

（1）集体协商双方的代表人数应当对等，每方至少 3 人，并各自确定 1 名首席代表。

（2）职工一方的协商代表由本单位工会选派。未建立工会的，由本单位职工民主推荐，并经本单位半数以上职工同意。

（3）职工一方的首席代表由本单位工会主席担任。工会主席可以书面委托其他协商代表代理首席代表。工会主席空缺的，首席代表由工会主要负责人担任。未建立工会的，职工一方的首席代表从协商代表中民主推举产生。

（4）用人单位一方的协商代表由用人单位法定代表人指派，首席代表由单位法定代表人担任或由其书面委托的其他管理人员担任。

（5）集体协商双方首席代表可以书面委托本单位以外的专业人员作为本方协商代表。委托人数不得超过本方代表的三分之一。

（6）首席代表不得由非本单位人员代理。

（7）用人单位协商代表与职工协商代表不得相互兼任。

2. 协商集体合同内容

集体合同的内容包括劳动报酬、工作时间、休息休假、保险福利、劳动安全卫生、女职工的特殊保护、职业培训、劳动合同管理等事项。

双方当事人应就集体合同的具体内容进行商谈。达成一致的，应确定集体合同的草案。未达成一致或出现事先未预料的问题，经双方同意，可以暂时中止集体协商，具体中止期限及下次协商的时间、地点、内容，由双方共同商定。

3. 审议集体合同草案

集体合同草案经当事人协商修改后，应提交职工代表大会或职工大会审议，以便使广大职工了解集体合同的内容，熟悉各自的权利义务。

4. 签订集体合同

集体合同经职工代表大会或职工大会审议通过后，经双方首席代表签字后即告成立。签字后的集体合同不得因双方首席代表的变更而变更或解除。签字是集体合同订立过程中的一个必要手续，也是集体合同的形式要件，不得轻视或不履行签字手续。

5. 办理登记手续

集体合同签字后，应在一定期限报送劳动行政部门审查、登记。如果劳动行政部门在审查时发现集体合同有违反国家法律、法规的内容，应指令当事人予以修改，待错误部分删除或修正后才能登记。集体合同签字后，在10日内将合同文本及全部附件一式三份报送劳动行政部门审查。

6. 公布集体合同

集体合同登记生效后，用人单位应将集体合同文件复制多份，并及时通知全体职工，不得延误。集体合同应张贴在车间、科室或其他引人注目的地方，也可以放在专门公布集体合同内容的橱窗内，便于广大职工知晓。

（五）集体合同的履行与监督

1. 集体合同的履行

已经生效的集体合同具有法律效力，集体合同当事人和关系人应该履行集体合同所规定的义务。这里的集体合同关系人是指因集体合同的订立而获得利益，并且受集体合同约束的主体，包括工会组织所代表的全体劳动者、用人单位的所有者和经营者等。

（1）实际履行原则：

1）劳动标准性条款的履行，应在合同的有效期内，按照集体合同规定的各项标准履行合同；

2）目标性条款的履行，应将约定的项目列入并落实在用人单位计划和工会工作计划之中，并采取有效措施实施计划。

（2）协作履行原则：

1）在履行集体合同的过程中，用人单位行政部门必须与工会密切合作；

2）未担任协商代表的劳动者虽不是集体合同的当事人，但却是集体合同的关系人，也应承担履行集体合同的义务。

2. 集体合同的监督

集体合同在履行过程中，工会应承担更多的监督检查责任，也可以与用人单位协商，建立集体合同履行的联合监督检查制度。发现问题，及时与企业协商解决。工会对集体合同履行的监督主要通过以下途径实现：

（1）用人单位工会的各级组织应当及时向用人单位工会报告本组织所在团体的集体合同的履行情况；

（2）工会应定期向职工代表大会或全体职工通报集体合同的履行情况；

（3）职工代表大会有权对集体合同的履行实行民主监督。

（六）集体合同与劳动合同

集体合同是在劳动合同的基础上产生和发展起来的，二者都是劳动者与用人单位之间签订的，都有保障劳动者合法权益的功能。同时，二者也有较多的不同之处。

1. 主体不同

劳动合同当事人是由单个劳动者和用人单位组成，集体合同当事人是由全体职工和用人单位组成，并由工会或职工代表作为协商代表，和用人单位代表协商签订集体合同。

2. 内容不同

劳动合同是劳动者和用人单位分别签订的，所以劳动合同反映的是个性内容，而集体合同反映的是用人单位所有的劳动者享受哪些最基本的福利待遇，有哪些最基本的保障条件，所以集体合同反映的是共性的问题。

3. 作用不同

劳动合同约定的是劳动者与用人单位在履行劳动合同过程中各自的权利与义务，以及合同解除与终止的时间和条件。而集体合同约定的是用人单位给予劳动者哪些最基本的待遇。在集体合同里，对于约定的用人单位义务，用人单位必须执行，对于约定的劳动者的义务，基本上是原则性的。

4. 产生方式不同

（1）劳动合同是双方当事人一旦建立劳动关系就必须签订的。而集体合同则不同，若用人单位刚刚建立，其内部的劳动者人数不多，则无法签订集体合同。所以，签订集体合同与劳动合同的时间不同。

（2）按照法律的规定，劳动关系双方当事人可以在平等自愿的基础上，达成共识，并签订劳动合同。而集体合同必须是先制定集体合同的草案，提交职工代表大会，职工代表大会讨论通过，双方当事人才可以签订。

5. 法律效力不同

劳动合同是一经双方当事人签订，即具有法律效力。而职工代表或者工会，即使和用人单位签订了集体合同，也不能马上产生法律效力。双方当事人签订完集体合同后，应该报给相关的劳动行政部门。在法律规定的一段时间内，如果劳动行政部门没有对集体合同提出异议，那么在过了法律规定的时间后，集体合同便自动具有法律效力。

6. 合同期限形式不同

劳动合同有三种期限形式，即固定期限劳动合同、无固定期限劳动合同和以完成一定工作任务为期限的劳动合同。而集体合同只有一种形式，就是固定期限劳动合同，而且其期限只能是 1～3 年。

本章自测题

1. 劳动合同有哪些分类？
2. 简述劳动关系中的各方关系都有哪些。
3. 三方协商机制的特点是什么？
4. 劳动合同订立的原则和必备条款有哪些？
5. 请简述符合劳动合同变更的条件。
6. 请简述符合劳动合同续订的条件。
7. 劳动者在哪些情形下可以单方解除劳动合同？请简要回答。
8. 请简述三方协议与劳动合同的主要区别。
9. 实行集体协商的意义有哪些？
10. 签订集体合同应遵循哪些原则？
11. 请简述集体合同签订的程序。

第三章　其他用工方式

学习目标

➢ 了解劳务派遣的三重关系
➢ 掌握劳务派遣争议的处理方法
➢ 熟悉人事外包的内容
➢ 了解灵活用工的特点
➢ 熟悉灵活用工的工资支付

引导案例

2019 年 12 月，曹先生与劳务派遣公司签订无固定期限劳动合同及派遣协议书，协议书中约定劳务派遣公司派遣曹先生至某律师事务所工作。2020 年 4 月，律师事务所告知曹先生，因受新冠疫情的影响，客观情况发生重大变化，不得已减少员工以维持经营，通知其聘用关系将于一个月后终止。2020 年 5 月，律师事务所告知劳务派遣公司已将曹先生退回，劳务派遣公司遂为曹先生开具退工证明，解除双方劳动合同。

后曹先生诉至法院，要求与劳务派遣公司继续履行劳动合同，与律师事务所恢复用工关系，并要求劳务派遣公司按照劳动合同支付其自终止劳动关系次日起至恢复工作岗位期间的全额工资及赔偿金并缴纳该期间的社会保险费。

1. 劳务派遣公司可否以用工单位的客观情况发生重大变化为由，解除与被退回劳动者之间的劳动关系？

2. 用工单位（律师事务所）可否以客观情况发生重大变化为由，将被派遣劳动者退回劳务派遣单位？

第一节　劳务派遣

一、劳务派遣概述

（一）劳务派遣的三重关系

劳务派遣是指劳务派遣单位与用工单位签订劳务派遣协议，由劳务派遣单位招用雇员并派遣其到用工单位（即接受以劳务派遣形式用工的单位）工作，被派遣劳动者与劳务派遣单位从中获得收入的经济活动。相对于常规就业而言，劳务派遣是一种典型的非常规就业方式。

在劳务派遣中，存在三种主体和三重关系。其中，三种主体分别是劳务派遣单位、用工单位和被派遣劳动者，三重关系是劳务派遣单位与被派遣劳动者的关系、劳务派遣单位与用工单位的关系、用工单位与被派遣劳动者的关系。

1. 劳务派遣单位与被派遣劳动者的关系

（1）在劳务派遣中，劳务派遣单位与被派遣劳动者依法订立劳动合同，建立劳动关系。

（2）劳务派遣单位与被派遣劳动者订立劳动合同后，将被派遣劳动者派遣到用工单位，被派遣劳动者需在用工单位的组织管理下从事劳动。

（3）劳务派遣单位作为被派遣劳动者的雇佣方，虽然是劳动合同的一方当事人，但只是形式上的雇佣方，因为劳务派遣单位并不为劳动者提供真实的工作岗位和劳动条件，也不是被派遣劳动者实际劳动给付的对象。

（4）劳务派遣单位有义务向被派遣劳动者支付工资、缴纳社会保险费和提供福利待遇。

2. 劳务派遣单位与用工单位的关系

（1）劳务派遣单位对派遣劳动者进行招聘、甄选、考核及录用后，将劳动者派遣至用工单位。

（2）劳务派遣单位应该行使和履行与用工单位订立的劳动者派遣协议约定的应由本方享有和承担的权利和义务。

（3）劳务派遣单位应督促用工单位执行国家劳动标准，并按规定为劳动者提供劳动条件。

（4）劳务派遣单位收取用工单位支付的派遣服务费。

3. 用工单位与被派遣劳动者的关系

（1）被派遣劳动者要为用工单位给付实际劳动，成为用工单位劳动组织的成员，服从用工单位的指挥命令，遵守用工单位内部的劳动规则。

（2）用工单位要为被派遣劳动者提供实现劳动给付的工作岗位和其他劳动条件，进行劳动组织、监督管理、劳动安全卫生教育等。

被派遣劳动者与劳务派遣单位、用工单位之间的关系都是劳动关系。其中，劳务派遣单位与被派遣劳动者的关系属于形式劳动关系，有“关系”却没劳动；用工单位与被派遣劳动者的关系属于实际劳动关系，没“关系”却有劳动。

概括地讲，被派遣劳动者与劳务派遣单位、用工单位之间的两两关系并不是完整的劳动关系，只有将这种两两关系结合起来才能形成一个完整的劳动关系，即劳务派遣组合劳动关系。

（二）劳务派遣模式

劳务派遣因其派遣对象、形式、周期、人才来源、派遣地点等的不同，可以划分为不同的派遣模式。具体内容如图 3–1 所示。

- 根据派遣对象的不同可以划分为个体派遣和集体派遣两种派遣模式
- 根据派遣进程与形式的不同可以划分为全程派遣、接转派遣和试用派遣三种派遣模式
- 根据派遣周期的不同可以划分为长期派遣、短期派遣、项目派遣和特殊派遣四种派遣模式
- 根据派遣人才来源的不同可以划分为本地人才派遣和外地人才派遣两种派遣模式
- 根据派遣地点的不同可以划分为就地派遣、外地派遣和国外派遣三种派遣模式

图 3–1　劳务派遣模式

（三）劳务派遣业务实施流程

1. 业务实施流程

劳务派遣业务是根据市场需求而开办的新型人才中介服务项目，可跨地区、跨行业进行。用工单位可以根据自身工作和发展需要，通过劳务派遣的方式获取企业所需的员工。图 3–2 给出了劳务派遣业务的实施流程。

2. 业务优势

劳务派遣业务是一种新的用人方式，下面列举了该方式的三点优势。

（1）用人机制灵活。用工单位可以根据市场变化或公司经营变化，随时调整用人规模，在业务扩大时可以增员，在业务减少时可以减员。

（2）劳动人事管理便捷。采用劳务派遣后，用工单位彻底摆脱了烦琐的日常事务性工作，从而能够集中精力做好企业的核心性、战略性工作。

（3）有利于用人单位后备员工的筛选。从派遣员工中选招单位后备员工，有助于企业更方便、更快速地招聘到优秀员工。

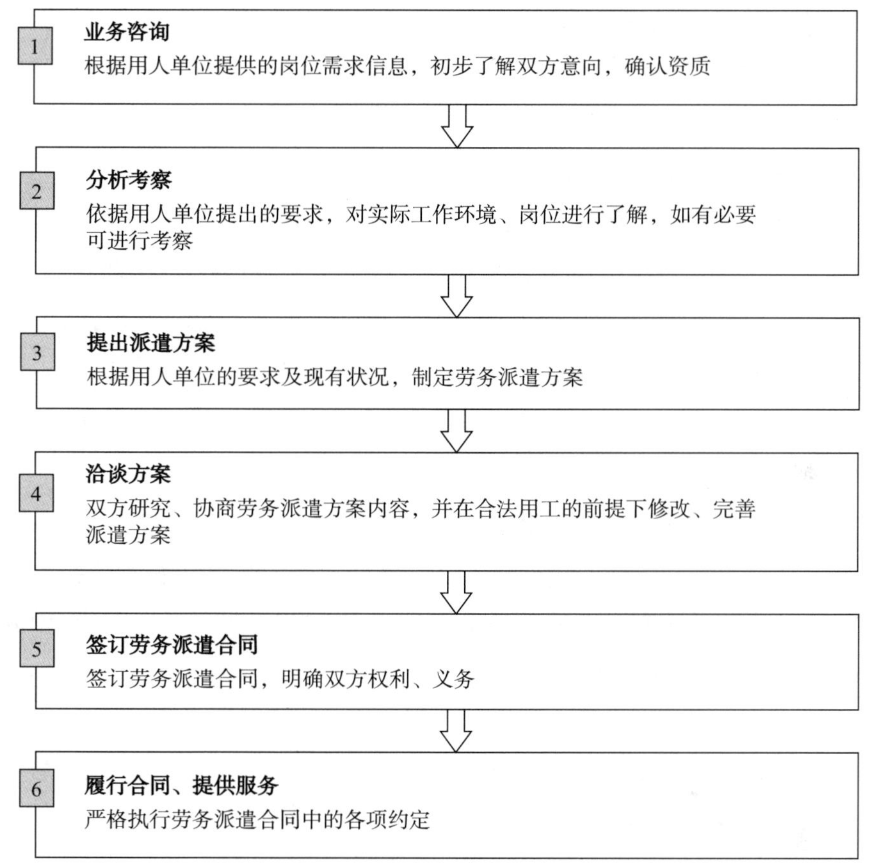

图 3-2　劳务派遣业务实施流程

（四）派遣机构

实行劳务派遣后，实际用人单位与劳务派遣机构签订劳务派遣合同，劳务派遣机构与被派遣劳动者签订劳动合同，实际用人单位与被派遣劳动者签订劳务协议。

对于采取劳务派遣用工形式的企业而言，选择优秀、专业的劳务派遣机构有助于降低企业管理成本、简化企业人事管理流程、减少劳动纠纷，企业在对劳务派遣机构进行选择时，至少需要考虑如下六个因素。

1. 派遣机构的资格

企业可以通过审查劳务派遣机构的营业执照等资质证书来确认其是否有合法资质。

2. 派遣机构的品牌实力

从企业用工的角度来看，选择知名度和品牌影响力大的派遣机构更有利于降低用工风险。

3. 派遣机构的经营规模

企业选择劳务派遣用工的目的除降低风险以外，另一个重要目的就是“灵活用工”。当用工单位在使用被派遣员工不足两年（根据《劳动合同法》的相关规定，劳务派遣单位应当与被派遣劳动者订立两年以上的固定期限劳动合同）就退还给派遣机构时，经营规模较大的派遣机构由于人才需求数量大、类型丰富，更容易将这部分员工改派到其他企业，消化这部分风险或成本。

4. 派遣机构的网络区域覆盖标准

对于规模大、涉及不同地域且设有分支机构的用工单位，如果要实现跨地区的劳务派遣，可供选择的派遣机构就只能是自身分支机构同样健全的派遣机构，至少派遣机构的自有分支机构应当跟用工单位的分支机构所在地域相匹配。

5. 派遣机构的专业能力标准

构建和谐稳定的劳动关系、预防劳动争议的发生比被动地应对劳动争议更加重要。因此，预防和应对风险的能力，法律问题上的专业程度和处理经验，专业人员的数量与能力都是企业在选择派遣机构时应该慎重考量的。

6. 派遣机构的服务意识标准

派遣机构的服务意识标准包括服务机构人员的职业化程度、对客户提出问题的响应速度和技术支持以及服务满意度等方面。

二、劳务派遣合同的管理

劳务派遣作为一种特殊的劳动关系，其运行也应符合《劳动法》的规定，即作为劳务派遣中主体之一的劳务派遣单位应与被派遣劳动者签订一份合法的劳务派遣合同。

（一）劳务派遣合同的订立

劳务派遣单位与被派遣劳动者订立的劳动合同，其条款应符合《劳动合同法》第十七条的规定，具备用人单位的名称、地址和法定代表人或者主要负责人，劳动者的姓名、住址和居民身份证或者其他有效身份证件号码，劳动合同期限，工作内容和工作地点，工作时间和休息休假，劳动报酬，社会保险，劳动保护、劳动条件和职业危害防护，以及法律法规规定应当纳入劳动合同条款的其他事项。

另外，劳务派遣合同还应包括被派遣劳动者的用工单位、派遣期限、工作岗位等情况。

（二）劳务派遣合同的要点

1. 派遣内容

劳务派遣合同应当载明被派遣劳动者的用工单位以及派遣期限、工作岗位等情况。

2. 合同期限

劳务派遣单位应当与被派遣劳动者订立两年以上的固定期限劳动合同。

3. 费用问题

劳动派遣单位应按月支付劳动报酬。被派遣劳动者在无工作期间，劳务派遣单位应当按照所在地人民政府规定的最低工资标准，向其按月支付报酬。劳务派遣单位跨地区派遣劳动者的，被派遣劳动者享有的劳动报酬和劳动条件，按照用工单位所在地的标准执行。劳务派遣单位和用工单位不得向被派遣劳动者收取费用。

4. 社会保险

劳务派遣单位应按照法律的规定为被派遣劳动者缴纳社会保险费。

（三）劳务派遣合同与劳务派遣协议的范本

劳务派遣单位与被派遣劳动者订立的合同是劳动合同（即劳务派遣

合同)，而劳务派遣单位与用工单位订立的合同是劳务派遣协议。

1. 劳务派遣合同范本（适用于劳务派遣单位与被派遣劳动者）

劳务派遣合同

甲　方:______（劳务派遣单位）　乙　方:______（被派遣劳动者）

地　址:____________________　地　址:____________________

负责人:____________________　身份证:____________________

甲乙双方根据《中华人民共和国劳动合同法》和有关法律法规规定，在合法、公平、诚实信用原则的基础上，经平等自愿、协商一致签订本合同，并共同遵守本合同所列条款。

一、劳动合同期限

1. 本合同为两年以上（含两年）固定期限的劳务派遣劳动合同。约定的劳动派遣合同期限为____年__月__日起至____年__月__日。

2. 甲方派遣乙方到用工单位的派遣期限自____年__月__日起至____年__月__日。

二、工作地点和工作内容

1. 甲方派遣乙方的用工单位名称__________________。

2. 乙方同意根据工作需要，被派遣从事______________岗位（工种）工作。

3. 乙方的工作地点:________________________________。

4. 乙方从事工作岗位如发生变化，甲方应与乙方协商一致后方可变动乙方的工作岗位。

5. 乙方应按用工单位的要求按时完成规定的工作任务。

6. 甲方与用工单位派遣协议到期或提前解除时，本合同尚未到期的，甲方应及时安排乙方到其他用工单位工作，并协商变更本合同。

三、工作时间和休息休假

1. 甲乙双方经协商确认执行下列条款，乙方工作时间按如下条款执行：

（1）用工单位实行每天____小时工作制，每周工作____天，每周休息____天；

（2）用工单位实行轮班制，安排乙方实行____班____运转工作制，每班工作时间为____小时。

2. 甲方应要求用工单位严格遵守法定的工作时间，控制加班加点，保证乙方的休息与身心健康，用工单位因工作需要必须安排乙方加班加点的，应与工会和乙方协商同意，并依法给予乙方补休或支付加班加点工资。

3. 甲方依法为乙方安排带薪年休假，具体休假时间双方协商决定。

四、劳动报酬

1. 甲方应每月至少一次以货币形式支付乙方工资，不得克扣或者无故拖欠乙方的工资。

2. 甲方承诺每月____日为发薪日，月工资____元。

3. 按照同工同酬原则，甲方应督促用工单位向乙方依法支付加班费、绩效奖金和与工作岗位相关的福利待遇，用工单位未支付的，由甲方垫付。

4. 合同期内甲方未能安排乙方工作，甲方应按照不低于____市最低工资标准支付报酬。

5. 甲方应按国家和地方有关规定为乙方缴纳住房公积金。

五、社会保险

双方依法参加社会保险，按时足额缴纳各项社会保险费，其中依法应由乙方缴纳的部分，由甲方从乙方工资报酬中代扣代缴。

六、劳动保护、劳动条件和职业病危害防护

1. 甲方应要求用工单位向乙方履行如实告知岗位可能产生职业病危害的相关义务，并对乙方进行劳动安全卫生教育，防止乙方在劳动过程中可能产生的伤亡事故，减少乙方工作的职业危害。

2. 甲方应要求用工单位为乙方提供符合国家规定的劳动安全卫生条件和必要的劳动防护用品，安排乙方从事有职业危害的作业的，应定期为乙方进行健康检查，并在乙方离岗前进行健康检查。

3. 因乙方从事的工作岗位有职业危害可能，在用工单位的监督下，乙方在劳动过程中必须严格遵守安全操作规程。乙方对用工单位管理人员违章指挥和强令冒险作业，有权拒绝执行。

4. 乙方患病或非因工负伤，甲方按照国家关于医疗期的规定依法支付乙方医疗期内的病假工资。

七、劳动争议处理

1. 甲乙双方发生劳动争议，可以协商解决。不愿协商或者协商不成的，可以向用人单位劳动争议调解委员会申请调解；调解不成的，可以向劳动争议仲裁委员会申请仲裁。

2. 甲乙双方也可以直接向劳动争议仲裁委员会申请仲裁。提出仲裁要求的一方应当自劳动争议发生之日起，在法定时效内向劳动争议仲裁委员会提出书面申请。对仲裁裁决不服且符合起诉条件的，可以自收到仲裁裁决书之日起 15 日内向人民法院提起诉讼。

3. 甲方和用工单位违反劳动保障法律法规，损害乙方合法权益的，乙方有权向劳动保障行政部门和有关部门投诉；给乙方造成损害的，甲方和用工单位承担赔偿责任。

八、其他事项

1. 劳动合同期内，乙方户籍所在地、实际居住地、联系方式等发生变化，应当及时告知甲方和用工单位。

2. 本合同未尽事宜，按国家和地方有关规定执行，没有规定的，通过双方平等协商解决。

3. 本合同不得涂改。

4. 本合同如需同时用中文、外文书写，内容不一致的，以中文文本为准。

5. 本合同一式两份，甲乙双方各执一份。

甲方（盖章）:__________ 乙方（签字）:__________

法定代表人 / 授权人签字:__________

日 期:____年____月____日 日 期:____年____月____日

2. **劳务派遣协议范本（适用于劳务派遣单位与用工单位）**

劳务派遣协议

用工单位:__________________（以下简称甲方）

派遣单位:__________________（以下简称乙方）

为了促进就业，满足甲方的用人需求，甲乙双方经过友好、平等协商，在《中华人民共和国劳动合同法》框架内建立劳务派遣合作关系。甲方将本企业所需人力资源交由乙方统一派遣。双方经协商一致，就劳务派遣事宜签订以下协议：

一、劳务派遣人员的条件和提供劳务的方式

乙方按甲方要求招聘、录用符合条件的人员，以劳务派遣的方式派往甲方。

二、劳务派遣人员的招录与变更

1. 劳务派遣人员可由甲方自行面试、确认录用，也可委托乙方进行招聘并交由甲方确定。派遣的劳务人员一经确定，甲乙双方应拟定《劳务派遣人员名单》，并签字、盖章，作为本协议的附件，由乙方与劳务派遣人员签订劳动合同。

2. 甲乙双方按照商定对被派遣的劳务人员进行变更的，要相应更改《劳务派遣人员名单》，并须经双方签字、盖章认可。劳务派遣人员在甲方工作期间依法需要辞退的，甲方应提前35个工作日将辞退意见以书面形式通知乙方，由乙方负责与劳务派遣人员办理终止或解除劳动合同手续，甲方应依法支付经济补偿金。

3. 劳务派遣人员在甲方工作期间，因病或遭受工伤（含职业病）在医疗期内的，以及女性职工的“三期”期间，甲方不得通知乙方与其终止、解除劳动关系，甲方应按劳动法的有关规定继续履行用工单位的职责。

三、劳务派遣人员的工资及各项社会保险费

1. 劳务派遣人员的工资标准和福利待遇按照甲方依法制定的标准执行，实行同工同酬。

2. 甲方应于每月____日前将劳务派遣人员的工资及各项社会保险费，转入乙方银行账户。乙方据甲方提供的劳务派遣人员工资清单，将工资转入每个劳务派遣人员的银行工资卡账户内。

3. 甲方应做好劳务派遣人员的工资及各项社会保险费明细表，乙方根据甲方转入的工资及各项社会保险费足额为劳务派遣人员发放工资并缴纳社会保险费。

4. 甲方如不能按期支付劳务派遣人员的每月工资及各项社会保险费，以及乙方未能按期为劳务派遣人员发放工资并缴纳社会保险费，违约方应自逾期之日起每日按未支付总额5%的比例向对方支付违约金。

四、甲方权利与义务

1. 必须按照劳动法的规定合法规范用工，按规定安排劳务派遣人员的工作岗位，监督、检查、考核劳务派遣人员完成工作的情况。

2. 对劳务派遣人员是否符合要求有最终决定权。

3. 劳务派遣人员有以下情形之一的，甲方可立即通知并退回乙方：

（1）在试用期内不符合甲方工作要求的；

（2）严重违反甲方劳动纪律、规章制度的；

（3）严重工作失职、营私舞弊，给甲方造成重大经济损失的；

（4）被依法追究刑事责任的。

4. 甲方要求劳务派遣人员进入公司前需身体健康，并根据甲方的要求提供健康证明，体检不合格的人员退回乙方，乙方自行安排。

5. 甲方确因生产经营变化需减少或退回乙方劳务派遣人员时，应提前35个工作日书面通知乙方。甲方须结算清本协议第六条第一项的费用，经甲乙双方商定后，由乙方负责办理有关手续。

6. 因社会保险费为提前申报，故甲方每月10日前应将社会保险费增减情况通知乙方（如遇休息日及节假日应相应提前一日）。

7. 确定和调整劳务派遣人员的劳务报酬标准。

8. 因甲方原因造成劳务派遣人员与乙方提前解除劳动合同的，其经济补偿责任，由甲方按照劳动法相关规定执行。

9. 对乙方不履行协议的，甲方有权追究其违约责任。

10. 对劳务派遣人员的职业道德规范、工作任务、技能培训、应达到的工作要求、应注意的安全事项、应遵守的各项劳动纪律等履行告知、教育、管理督查的义务。

11. 为劳务派遣人员提供必需的劳动条件、劳动工具和劳动用品，以及符合国家规定的劳动安全卫生设施和必要的劳动防护用品，为劳务派遣人员提供必备的应急救护服务。

五、乙方的权利与义务

1. 乙方有义务把甲乙双方签订劳务派遣协议的事实告知劳务派遣人员，并且作为乙方和劳务派遣人员签订的劳动合同中的一项条款。

2. 对甲方不履行协议的，乙方有权追究其违约责任。

3. 全面负责被派遣劳务人员的劳务用工管理、劳务纠纷处理与社会保险办理，处理涉及劳动关系的所有事宜，与劳务派遣人员签订劳动合同，并且提供给甲方备案。

4. 负责劳务派遣人员档案管理，包括建立、接转劳务派遣人员档案。

5. 按协议条款规定派遣符合条件的劳务人员到甲方工作。对于甲方按本协议相关条款停止派遣并退回乙方的劳务人员，乙方应予接收并负责处理与劳务人员之间的劳动关系等后续工作，尽量避免对甲方的正常生产运营造成不利影响。

6. 劳务派遣人员发生工伤事故的，乙方接到甲方通知后，按工伤保险条例有关规定妥善处理，并负责办理申报和补偿事宜。

7. 对劳务派遣人员给甲方造成的经济损失，乙方应积极帮助甲方向劳务派遣人员索赔，甲方提供必要的协助。

8. 乙方应指定专人定期到甲方处，了解劳务派遣人员的思想动态、工作表现、遵纪情况以及对乙方的合理要求，乙方应尽力提供最佳服务。

9. 乙方负责劳务派遣人员的日常生活、工作的协调处理工作。

10. 劳务派遣人员应遵守甲乙双方的规章制度，服从甲乙双方的工作安排与管理，因个人原因需要提前结束服务期的，应提前30日向甲乙双方同时书面申请。待批准并办理完毕与甲方的移交手续后方可离职，其相关手续由乙方负责办理。

六、费用的支付

1. 甲方向乙方支付的劳务费用（略）。

2. 费用的标准（略）。

3. 支付方式和支付时间（略）。

七、劳务派遣人员的日常管理

1. 劳务派遣人员在派往甲方工作期间，其日常管理工作、安全教育、月评、季评及年度考核等均由甲方负责落实。

2. 劳务派遣人员在派往甲方工作期间，享有甲方规定的福利、劳动保护、工作、学习、休息等待遇和评优、评先等权利。

八、工伤事故处理

1. 甲方应遵守有关安全生产和职业病防治的法律法规，预防工伤事故的发生。

2. 劳务派遣人员在甲方工作期间发生工伤，甲方应积极组织抢救、保护现场，并且及时通知乙方。乙方应承担工伤认定申请和劳动能力鉴定申请以及协调等相关工作，甲方应积极配合。工伤认定申请和劳动能力鉴定申请结束后，由甲方按照《工伤保险条例》的有关规定承担用工单位的义务，并按有关规定执行。

3. 因发生工伤而引起的所有费用，除按规定从工伤保险基金支付的费用外，其他费用均由甲方支付，乙方负责办理。

4. 劳务派遣人员发生工伤，在停工留薪期内，原工资福利待遇不变，由甲方按月支付。

九、劳务派遣协议的期限

本协议期为_____年，自_____年_____月_____日起，至_____年____月____日止，如协议期满，甲乙双方无异议，协议顺延；协议期满后，甲乙双方一方提出异议，双方协商解决。

十、协议的变更、解除、终止和其他

1. 甲乙双方应共同遵守本协议的各项条款。未尽事宜，由双方协商解决。经双方协商一致对本协议进行修改、补充达成的补充协议与本协议具有同等法律效力。

2. 本协议期满即终止。甲乙任何一方如拟变更本协议内容或提前终止本协议的，都应提前一个月书面通知对方，并协商解决。劳务派遣人员在试用期内提前3日通知用工单位，可以解除劳动合同。合同终止后，甲方仍继续使用被派遣劳务人员的，则视为本派遣协议继续有效，合同期顺延，甲乙双方应当及时补办派遣协议手续。

3. 甲乙双方任意一方违约，违约方应承担违约责任，并承担相应的经济赔偿。

十一、争议解决

本协议履行过程中发生的争议，双方协商解决；如协商不成，提交乙方所在地法院解决。

十二、其他

本协议正本一式两份，甲、乙双方各执一份，签字后生效。

甲方（盖章）:__________ 乙方（盖章）:__________

法定代表人/授权人签字:_____ 法定代表人/授权人签字:_____

日 期:____年____月____日 日 期:____年____月____日

三、被派遣员工的管理

劳务派遣单位和用工单位，作为组合劳动关系中的有机组成部分，应该对被派遣员工依法行使应有的权利，严格履行劳务派遣合同规定的义务。

（一）劳务派遣单位对被派遣员工的管理

1. 劳动合同管理

劳务派遣机构与被派遣员工签订劳动合同，劳动合同的内容除了包括一般合同所规定的必备条款外，还需注明用工单位的名称及岗位等内容。

2. 劳动报酬管理

（1）工资发放。劳务派遣单位应向被派遣员工按时支付劳动报酬，且不得克扣用人单位按照劳务派遣协议支付给被派遣员工的劳动报酬。

（2）被跨地区派遣员工的劳动报酬。依据《劳动合同法》第六十一条规定，劳务派遣单位跨地区派遣员工的，被派遣员工享有的劳动报酬和劳动条件，按照用工单位所在地的标准执行。

（二）用工单位对被派遣员工的管理

在劳务派遣用工形式下，用工单位行使对劳动力的使用权，在对其进行管理的过程中，同时需履行如下义务：

（1）执行国家劳动标准，提供相应的劳动条件和劳动保护；

（2）告知被派遣员工的工作要求和劳动报酬；

（3）支付加班费、绩效奖金，提供与工作岗位相关的福利待遇；

（4）对连续用工的，实行正常的工资调整机制；

（5）用工单位不得将被派遣员工再派遣到其他用人单位。

（三）企业使用劳务派遣的风险管理

企业选择优质的劳务派遣单位既可以有效降低管理成本，提高管理效率，也可以提升企业声誉和管理水平。但同时，企业内部多种人员关系的存在，也给企业人力资源管理带来了一系列问题。为了更好地管理劳务派遣员工及劳务派遣单位，并规避由此带来的风险，企业至少应加强如下六个方面的管理。

（1）应按照国家相关规定，合法规范用工，承担被派遣员工的各项费用。

（2）为了确保劳务派遣业务的正常进行，应规范及完善各项被派遣员工管理制度，负责对被派遣员工进行岗位培训及相应的技能培训。

（3）加强对被派遣员工的劳动合同管理。

（4）加强企业信息的管理。由于企业采取劳务派遣形式，企业部分相关信息会被劳务派遣单位或被派遣员工了解。如果这些信息是涉及保密的，应该在企业与劳务派遣单位、企业与被派遣员工、劳务派遣单位与被派遣员工之间签订保密协议。

（5）加强对劳务派遣单位的质量考核。企业在选择劳务派遣单位时，要同时建立对其的质量考核制度。通过质量考核，提取企业需要知道的信息。

（6）明确企业人力资源管理的定位和职责，做到合理参与和监控。

企业选择劳务派遣服务，虽然在一定程度上减轻了企业管理的负担，但是要保证服务的效果并且规避服务过程中的风险，需要进行充分的计划和准备工作，并且在劳务派遣过程中承担起相应的责任，而且要时时关注国家相关法律法规的调整，与劳务派遣单位做好沟通，将有可能出现的矛盾及时化解，避免出现不必要的纠纷。

（四）被派遣员工的退回

被派遣员工退回是指用工单位根据法律规定，或者与劳务派遣单位、被派遣员工协商后，将被派遣员工返回劳务派遣单位，由劳务派遣单位按规定解除劳动合同、安排待岗或者按与其他用工单位签订新的劳务派遣协议进行重新派遣。

1. 被派遣员工退回的主要形式

从实务操作的角度来看，被派遣员工退回的主要形式主要包括以下四种。

（1）被派遣员工要求劳务派遣单位召回或者被派遣员工要求用工单位退回。此种情况可能是由于被派遣员工不适应用工单位的劳动条件或者相关管理规定。

（2）用工单位依法退回。此种情况可能是由于被派遣员工不满足用工单位试用期的用工要求或违反用人单位的相关管理规定。

（3）劳动合同规定之外的用工单位退回：

1）用工单位要求退回，并经被派遣员工、劳务派遣单位同意；

2）用工单位与被派遣员工进行协商，并经劳务派遣单位同意；

3）用工单位与劳务派遣单位进行协商，并经被派遣员工同意。

（4）劳动合同到期自动召回和劳务派遣协议到期自动退回。这两种情形无需任何一方同意或者进行劳务派遣更换，但就劳动合同或劳务派遣协议到期是否支付经济补偿，须在劳务派遣协议中进行约定。

2. 被派遣员工退回注意事项

在劳务派遣中，用工单位作为被派遣员工实际指挥和管理的机构，对被派遣员工的工作能力、工作业绩及工作表现都有直接的认识。尤其是在被派遣员工退回管理中，用工单位应该注意以下事项：

（1）用工单位不能直接辞退被派遣员工，而是应根据《劳动合同法》的相关规定将被派遣员工退回劳务派遣单位；

（2）用工不能直接接受被派遣员工的辞职，即使被派遣员工在退回劳务派遣单位的同时会与其解除劳务派遣合同，也应注意是从劳务派遣单位辞职，而不是从用工单位辞职。

（五）注意事项

被派遣员工在用工单位内部工作时，应接受用工单位工作命令，受用工单位有关规章制度的制约，因此用工单位应对被派遣员工负责。具体来说，用工单位应严格按照有关法律法规及劳务派遣协议约定的义务，在自己的职责范围内管理好被派遣员工。用工单位在管理被派遣员工过程中，应注意以下四个方面的要点。

1. 同工同酬

《劳动合同法》第六十三条规定，用工单位应按照同工同酬原则，对被派遣员工与本单位同类岗位的员工实行相同的劳动报酬分配办法。用工单位无同类岗位员工的，参照用工单位所在地相同或者相近岗位员工的劳动报酬确定。

除了同工同酬以外，被派遣员工还应享有与用工单位正式员工平等的法定劳动权利，如参加工会的权利、民主参与的权利、提请劳动争议处理的权利等。

2. 不得再派遣

《劳动合同法》第六十二条规定，用工单位不得将被派遣劳动者再派遣到其他用人单位。这一法律规定也与从事派遣业务的单位必须具有派遣资质的要求相符合。

3. 合理调动被派遣员工

被派遣员工调动是指被派遣员工在用工单位内部各部门或部门内职位的变化。在用工单位内，需调动被派遣员工时，人力资源管理人员不仅应协调好调入调出部门的关系，还应征得拟调被派遣员工的同意，然后由调动需求部门填写调动审批表并报本部门审核后，报用工单位领导（分管领导）审批，审批同意后由本部门办理调动手续。

4. 办理工作交接

被派遣员工因工作调动、岗位调整、辞职、退回或派遣到期等原因离开工作岗位时，用工单位应及时督促离岗被派遣员工按本单位要求完成工作移交，并填写工作移交清单。

被派遣员工办理工作交接时，用工单位人力资源管理人员应对交接情况进行监督检查，具体监督检查内容不仅包括办公用品、办公设备、工具、备品备料、工服、工作牌等实物的移交情况，也包括工作资料（纸质和电子资料）、在办和待办事项以及财务借款等的移交情况，确保移交完整、及时、无遗漏、无差错，有关部门负责人签字完备。

四、劳务派遣争议处理

劳务派遣争议是指劳务派遣过程中产生的劳动争议，即用工单位与被派遣员工之间因劳动的权利与义务发生分歧而引起的争议。劳务派遣过程中涉及劳务派遣单位、用工单位、被派遣员工三方关系，其经济利益紧密相连，各种权利和义务关系错综复杂，因此劳务派遣争议的发生不可避免。

为能及时、妥善处理劳务派遣争议，保持用工单位与被派遣员工良好、健康的工作关系，用工单位应掌握相关处理原则、程序及技巧，做好相关处理工作。

（一）劳务派遣争议的处理原则

用工单位在处理劳务派遣争议时，需要遵循劳务派遣争议的处理原则，具体原则如图 3–3 所示。

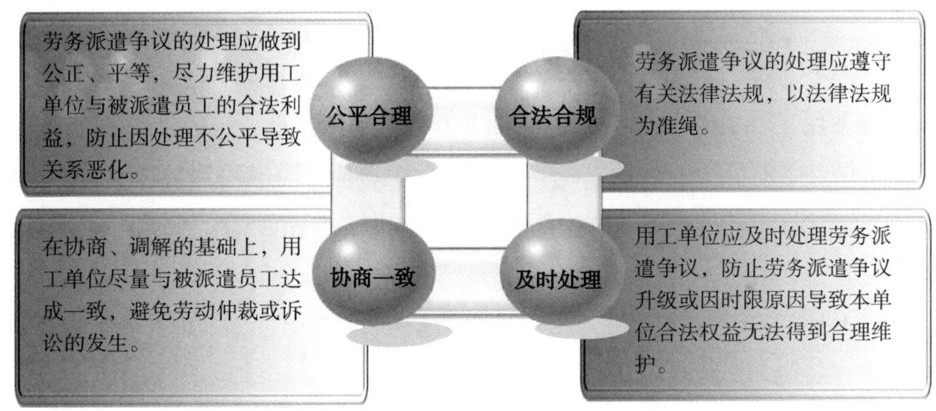

图 3–3　劳务派遣争议的处理原则

（二）劳务派遣争议的处理程序

用工单位在处理劳务派遣争议时，首先及时与被派遣员工协商解决并形成解决方案，协商不成的，应与劳务派遣单位协商，最后根据协商后确定的方案解决争议，劳务派遣争议的处理程序如图 3–4 所示。

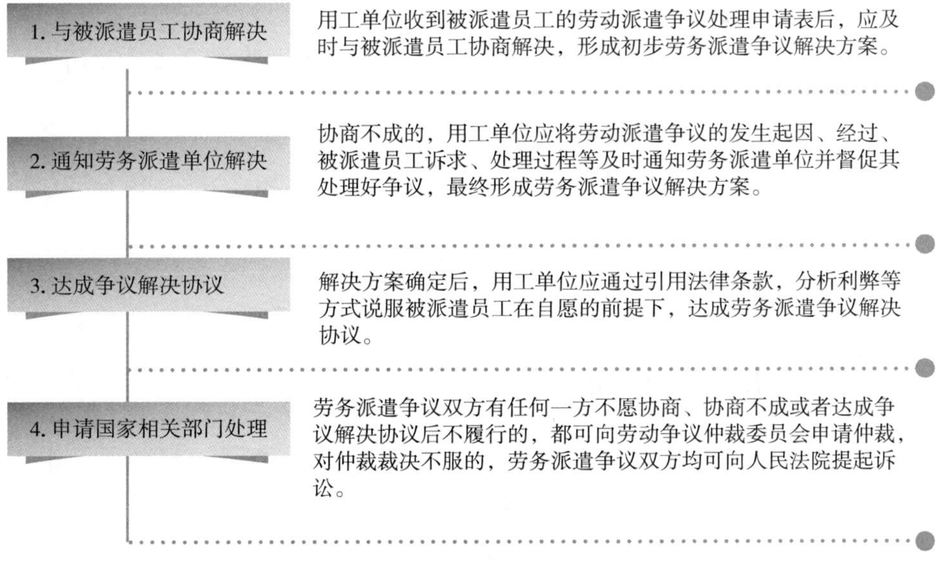

图 3–4　劳务派遣争议的处理程序

（三）劳务派遣争议的处理技巧

（1）用工单位收到被派遣员工的争议处理申请后，应首先稳定被派遣员工情绪，做好解释说明工作，而后组织调查，了解实情、明确责任。

（2）用工单位应及时讨论解决方案，并尽量在较短的时间内给出正式解决方案。

（3）用工单位与被派遣员工协商解决时，需要注意如图 3–5 所示的要点。

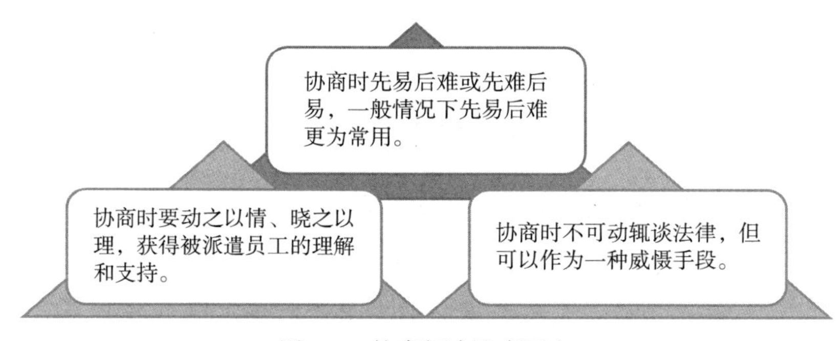

图 3–5　协商解决注意要点

（4）劳务派遣争议解决协议应立字为据，并由双方签字盖章。

第二节　人事外包

一、人事外包概述

（一）人事外包的定义

人事外包又称人力资源外包，它是指组织将人力资源管理环节上的工作，除自己直接管理的核心性事务外的其他链条上的业务整合外包给组织外部具有专业化技能和资源的机构，从而达到降低成本、提高效率、充分发挥自身核心竞争力及增强企业对环境的迅速应变能力的一种管理模式。

简单地说，人事外包就是组织根据需要将某一项或几项人力资源管理工作或职能外包出去，交由其他专业机构管理，以降低组织的人力成本，实现效率和效益的最大化。

（二）人事外包的性质

人事外包的价值是具有独特性的：在人事外包专业机构规模化的运作下，可以在很大程度上节省企业组织的运营成本，并优化办事程序；人事外包可以促使社会分工进一步细化，有利于提升社会的整体运作效率；人事外包可使企业组织减轻基础性的工作，而更加关注提升竞争力的核心工作。

人事外包作为一种企业组织战略性的管理方式，存在一定的优势和劣势。图 3-6 是对人事外包的优势和劣势的具体分析。

优势分析

1. 帮助人力资源部门从烦琐的重复性事务中解脱出来，专注核心战略性工作；
2. 提供接触新型管理技术的机会，提高影响的速度与效率；
3. 提高操作的规范性；
4. 规避风险，减少纠纷；
5. 简化流程、节省时间、提高员工满意度。

劣势分析

1. 如果分析工作不充分，外包合作关系基础不稳或维护不力，可能会导致人事外包达不到预期目标，甚至给组织造成重大的损失；
2. 将部分人力资源职能外包出去后，组织可能会失去对日常人力资源管理活动的控制，以及员工沟通、互动的某些途径。

图 3-6　人事外包优势和劣势分析

（三）人事外包的决策方法

1. 人事外包 SWOT 分析法

（1）人事外包 SWOT 分析法界定：

1）SWOT 分析法。SWOT 分析法是一种在一定的条件下对组织的内部因素和外部因素进行分析，从而找出企业的优势、劣势及核心竞争力所在的企业战略分析方法。其中“S”和“W”是组织的内部因素：“S”

代表“strength（优势）”，“W”代表“weakness（弱势）”；“O”和“T”是组织的外部因素：“O”代表“opportunity（机会）”，“T”代表“threat（威胁）”。

2）人事外包SWOT分析法。人事外包SWOT分析法是指企业为了掌握人事外包工作的必要性，运用SWOT分析理论，从人事外包涉及的项目、现状及可能产生的后果等方面进行对比分析，以实现对人事外包工作客观、有效、合理地决策。

（2）人事外包SWOT的运用须知。人事外包SWOT分析运用过程中，分别从“S”“W”“O”“T”四个方面对企业进行分析，具体见表3-1。

表3-1　　人事外包SWOT因素

分析方向	详细分析因素
S（strength，优势）	组织机构的内部因素，具备包括： 1. 有利的竞争态势； 2. 充足的财政来源； 3. 良好的企业形象； 4. 雄厚的技术力量； 5. 优良的产品质量； 6. 不断扩大的市场份额等
W（weakness，弱势）	在竞争中相对弱势的方面，具体包括： 1. 成本高。人力资源管理成本居高不下，投入与产出不成比例。 2. 业务繁重，缺乏核心竞争力。人力资源部门重复性、琐碎性事务繁重，没有精力开展核心的战略性工作。 3. 工作效率低。人力资源管理流程烦琐，浪费了大量的时间，而且员工满意度不高。 4. 运作缺乏规范性。薪资、员工管理方面存在随意性和不规范现象，急需规范
O（opportunity，机会）	组织机构的外部因素，具体包括： 1. 管理因素。解决专业人员的短缺问题，集中优势管理资源，改善人力资源部工作情况以提高工作效率，改善内部沟通。 2. 战略因素。解决企业资源和技术的缺乏问题，简化管理机构以培育和提升核心竞争力，与外包商共同承担风险。 3. 技术因素。获取新技术，学习人力资源开发与管理的最新知识。

续表

分析方向	详细分析因素
O（opportunity，机会）	4. 经济因素。降低企业管理费用和人工成本，使人力资源管理部门的固定成本变成可变成本，减少在非核心业务部门的投资以提高投资回报率。 5. 外部服务商。先进的技术水平，良好的企业信誉，优良完备的服务质量，以及合法的资质等
T（threat，威胁）	组织机构的外部因素，具体包括： 1. 外包价格高导致企业管理成本增加； 2. 外包商服务质量差； 3. 外包商缺乏人力资源管理经验，信誉差； 4. 外包商规模小，没有长期的经营能力等

2. 人事外包决策层次分析法

（1）层次分析法的适用范围。层次分析法（analytic hierarchy process，AHP），于20世纪70年代由美国运筹学家托萨迪（Saaty）正式提出。它是一种定性和定量相结合，将人的主观判断用数量形式表达和处理的系统化、层次化的分析方法。

层次分析法将管理决策者的经验予以量化，在目标结构复杂且缺少必要的数据的情况下更为实用。

（2）层次分析法运用须知：

1）层次分析法运用原理。层次分析法是对复杂决策问题的本质、影响因素及其内在关系等进行深入分析之后，构建一个层次结构模型，然后利用较少的定量信息，把决策的思维过程数学化，从而为求解多目标、多准则或无结构特性的复杂决策问题，提供一种简便的决策防范。

2）层次分析的优点。运用层次分析法有很多优点，其中最重要的一点就是简单明了。层次分析法不仅适用于存在不确定性和主观信息的情况，还允许以合乎逻辑的方式运用经验、洞察力和直觉。

（3）层次分析法的运用程序。运用层次分析法进行决策，大体可按如下步骤进行操作：建立递进层次结构模型—构造成对比较判断矩阵—计算权向量并做一致性检验—计算组合权向量并做一致性检验。在操作过程中要注意比较、分析选取的因素的准确性，具体如图3–7所示。

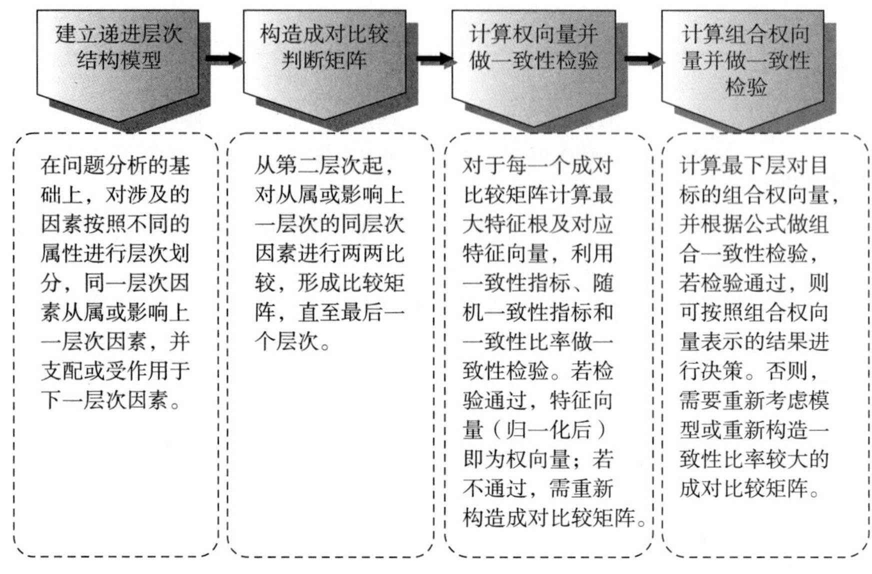

图 3–7　层次分析法运用程序

3. 人事外包决策 AHM 方法

（1）人事外包决策 AHM 法界定。人事外包决策 AHM 法即“球赛模型”，它是对层析分析法的改进。AHM 将层析分析法中两两比较的元素视作正在进行比赛的球队。AHM 法与层次分析法评价流程是一致的，但其利用转换公式对两两判断矩阵进行了简化，从而避免了层次分析法中复杂的一致性检验。

（2）人事外包决策 AHM 法运用程序

人事外包决策 AHM 法的运用程序和层次分析法一样，只是 AHM 法对两两判断矩阵做了进一步简化，简化公式如下所示：

$$\mu_{ij}=\begin{cases}\dfrac{\beta k}{\beta k+1} & \alpha_{ij}=k\\[2ex] \dfrac{1}{\beta k+1} & \alpha_{ij}=\dfrac{1}{k}\\[2ex] 0.5 & \alpha_{ij}=1\ \ i\neq j\\ 0 & \alpha_{ij}=1\ \ i=j\end{cases}$$

在上述公式中，当 $\beta \to +\infty$ 时，$\begin{cases} \mu_{ij} \to 1 \\ \mu_{ji} \to 0 \end{cases}$，此时相当于两队比赛，一队得 1 分，另一队得 0 分。一般 $\beta=2$。

4. 人事外包决策招投标法

（1）人事外包决策招投标法适用范围。招投标法主要应用于人事外包过程中的外包服务商选择阶段，人事外包决策招投标法和市场经济活动的招投标相似，具有一定的法律意义。通过招投标，企业可以选择到最佳的人事外包商，促进企业和外包商的双赢合作。

1）人事外包决策招标界定。根据人事外包项目的实际需要采用公开招标或邀请招标，要求人事外包服务商根据企业的外包项目管理目标提出报价，并确定开标时间、地点、评标标准等，以便选择最佳人事外包服务商的经济活动。

2）人事外包决策投标界定。具有合法资格且规模、能力匹配的人事外包服务商，根据企业的招标条件，经过严格分析和测试，在招标规定的期限内准确填写标书、提出报价并按要求将相关资料送达招标指定地点，等候、参加开标的经济活动。

（2）人事外包招投标法运用程序。人事外包招投标法的运用程序可分为招标、投标、评标、合作四个步骤，其程序具有一定的法律效力。因此，在人事外包招投标法运用过程中，需对流程各环节的合法性、公平竞争性严格把控，以保证人事外包的工作质量，具体如图 3–8 所示。

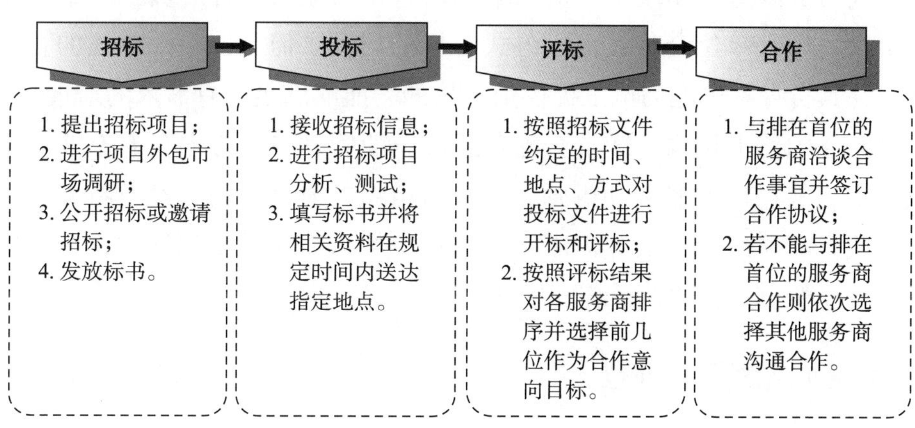

图 3–8　人事外包决策招投标法运用程序

二、人事外包的内容

组织在进行人事外包决策时，首先要考虑的便是确定人事外包的内容。组织应熟知自身的需求和目标，并以此规范外包机构的权利和义务，而不是盲目地将相对简单的人力资源管理业务外包出去。

一般情况下，组织可以选择性地将人员招聘、员工培训、薪酬管理、员工福利等事务性、社会性的人力资源管理业务外包出去。同时，人事外包内容不可包含安全问题，更不能涉及企业核心管理项目。

（一）人员招聘外包

人员招聘外包是指用人单位将全部或部分招聘、甄选工作委托给第三方的专业人力资源外包机构，该机构利用自己在人力资源、评价工具和流程管理方面的优势来完成招聘工作的一种方式。

人员招聘外包既可以满足用人单位的正常人才需求，提高招聘的效率和质量，优化招聘服务，也可以让人力资源部门从传统的事务性招聘工作转换出来，从而更加专注于更重要的人力资源长远战略以及人事管理职能。

（二）员工培训外包

人力资源管理模块中，员工培训占有很大比重，针对员工的不同发展阶段，用人单位会为其提供各式各样的培训。但是，一个单独的企业组织，其自身不可能为员工提供全方位的、能够满足所有需求的培训。

专业的培训机构，通常会配备适应企业管理各个方向、有专业技术或丰富实战经验的专家和讲师，并分析组织的发展阶段、经营特点、行业性质，考察组织的实际需求，设置适应组织特点的培训课程，为组织提供专业的、先进的、系统的培训。

（三）薪酬管理外包

薪酬的设计与管理是人力资源管理部门最基本的业务，薪酬管理外包通常有狭义和广义之分。

狭义的薪酬管理外包，是指由专业的人力资源外包机构提供符合组织发展需要的薪酬方案设计和员工的绩效考核，并配合组织内部人力资源规划要求，分析行业薪酬数据，制定具有激励机制且符合组织成本控制需求的薪酬方案。

广义的薪酬管理外包，是指除为组织提供薪酬及考核方案，还提供后续跟踪服务，即根据员工的绩效考核结果，制定薪酬发放标准并代为发放工资，以及个人所得税的申报等。

（四）员工福利外包

员工福利属于薪酬管理体系中的辅助环节，合理的薪酬与福利不仅是对员工劳动的肯定与支持，也是对员工关心、增强员工归属感和认同感的重要因素。

传统意义上的福利包括国家法定的福利，如养老保险、失业保险、医疗保险、生育保险、工伤保险、住房公积金等。随着市场经济不断完善和企业组织自身不断发展，许多企业组织还为员工提供其他福利项目，如补充医疗保险、企业年金、学习培训、旅游等。

专业化的人事外包机构，可以通过对同行业中不同层次员工需求的分析，制定出符合组织特点、能够激励员工的福利方案，并利用有限的资金权衡企业组织和员工双方的利益，最终为所服务的企业组织和员工带来效益。

三、人事外包的流程

人事外包作为一个项目化的管理活动，应该按照一定的流程进行操作与运行。一般情况下，人事外包主要包括人事外包准备工作、确定人事外包内容、选择人事外包服务商、确定人事外包方式、实施人事外包项目等环节。

（一）人事外包准备工作

组织应该对自身的人力资源管理工作进行诊断和分析，根据人力资源管理实际情况确定是否需要人事外包，若需进行人事外包，应首先确定人事外包的类型。人事外包的类型主要包括以下三种：

（1）根据人力资源管理外包的范围，人事外包可以分为全面人力资源管理职能外包和部分人力资源管理职能外包；

（2）根据企业组织与外包服务商的合作时间长短，人事外包可以分为长期人事外包和短期人事外包；

（3）根据人力资源管理功能，人事外包可以分为与组织战略实施相关的外包、与人力资源管理技术相关的外包、与人力资源管理职能相关的外包、与员工关系管理相关的外包等。

（二）确定人事外包内容

在准备实施人事外包项目之前，组织必须事先界定清楚人力资源管理的某一职能是否适宜外包，具体要考虑以下两点：

（1）对于组织来说，首先应考虑人力资源管理职能外包的安全性，并要坚持不把关系组织核心发展能力的工作外包出去的原则；

（2）对于人力资源管理来讲，工作分析与岗位描述、员工招聘、培训与发展、薪酬、福利、劳动关系、人力管理信息系统等工作是可以考虑进行外包的。

（三）选择人事外包服务商

人事外包服务商的选择对于组织人事外包有重要影响，服务商的水平，将直接影响人事外包的质量。因此，组织在选择人事外包服务商时需要综合考虑多种影响因素，如人事外包服务商的资质、业务能力、信誉质量评价以及外包价格等。

（四）确定人事外包方式

通常情况下，组织寻求人事外包服务商的方式主要分为以下三种类型。

1. 普通的中介咨询机构

人力资源管理中介咨询机构从事的业务很广，人事外包一般只是其诸多外包业务中的一项，组织可以把人力资源管理的某些职能工作完全交给中介咨询机构执行和管理。

2. 专业的人才或人力资源服务机构

这种机构是专为企业人力资源外包服务的，如国际盛行的猎头公司、专业的招聘服务或培训服务公司等。

3. 高等院校和科研院所

组织也可以咨询高等院校、科研院所的人力资源专家或研究机构，由他们来为企业的人力资源管理工作出谋划策。

（五）实施人事外包项目

组织在完成以上工作后，具体的人事外包项目可以由人事外包服务商来负责实施。但是，组织的人力资源管理部门在这期间应该积极参与项目实施。人事外包的实施主要包括以下三个方面：

（1）组织的人力资源管理部门要注意人事外包风险的防范与控制，组织应与人事外包服务商就相应外包项目签订书面合同，即人事外包协议，并明确双方的权利和义务以及违约赔偿等问题；

（2）在外包实施过程中，组织的人力资源管理部门应该对外包项目工作的进展做定期检查，以确保人事外包顺利、安全地实施；

（3）组织的人力资源部门应与人事外包服务商建立起双赢的合作关系，并积极参与人事项目，及时为外包服务商提供配合与支持。

四、人事外包风险管理

人事外包在为企业组织带来益处的同时，也可能会带来一定的风险。

例如，外包业务具体运作的相关规定不完善，或者组织文化存在差异，可能造成外包服务效果不理想等。组织应该根据自身发展状况，合理设计人事外包管理，并规避人事外包的各种风险。

（一）在组织生命周期指导下进行外包选择

企业按发展阶段，可以分为创业期、发展期、稳定期、衰退期。在企业不同的发展阶段，人事外包管理的风险有所不同，企业应着重处理的业务也有很大差异。

1. 创业期

在企业创业期，组织规模较小，业务较少，发展前景尚不明晰，企业文化也尚未形成。此时，企业的资金有限，不能对外包服务商进行有效评估，也不能完全认识和有效规避人事外包的风险，故不宜开展人事外包。

2. 发展期

在企业发展期，组织规模扩大，业务增多，人力资源需求增加。企业可以结合自身实际发展情况选择部分人力资源管理业务外包，如员工招聘、员工培训、社会保障代理等。在此阶段选择人事外包服务，有助于企业将更多的精力放在核心业务和组织发展上。

3. 稳定期

在企业稳定期，发展趋于稳定，规模和业务平稳增加，人力资源管理工作战略性也越来越强。企业应该选择先进的人力资源管理外包服务，来节约运营成本与管理精力，提升企业的管理能力，获得更多利润。

4. 衰退期

在企业衰退期，技术落后缺乏创新，市场占有率也不断下降，市场竞争力开始减弱。在此阶段，人力资源管理活动应由组织自己完成，使员工认同企业文化和管理模式，故不宜开展人事外包活动。

（二）做好人事外包相关准备工作

组织要完善内部管理，转变相关人员的思想观念，并从领导者的层面保障人事外包服务的顺利开展与实施。

（三）选择人事外包服务商

在选择人事外包服务商时，组织应该选择成本与效益双重最优的人事外包服务商，具体主要考虑如下三个方面：

（1）在选择人事外包服务商之前，组织应做好外包服务商背景调查，以及成本、效益分析等工作，选择专业能力强、服务信誉好的人事外包服务商；

（2）组织应该了解外包服务商的组织文化和服务理念；

（3）组织应与外包服务商进行文化沟通，以确保文化融合与组织发展一致。

（四）明确人力资源管理部门职责和定位

组织的人力资源管理部门作为人事外包活动中最重要的部门，应对人事外包服务商的行为进行全程监督，主要内容如下：

（1）人力资源管理部门要定期对人事外包服务商的工作进行评估，以掌握人事外包任务完成情况，衡量外包服务与既定目标发展方向是否一致；

（2）人力资源管理部门要对员工在外包过程中提出的合理建议与人事外包服务商沟通，同时对人事外包服务商遇到的执行问题和困难给予帮助；

（3）为避免机密信息泄露，人力资源管理部门应与组织内各部门协作建立文件管理和信息安全保障机制；

（4）人力资源管理部门应实时了解外包服务商运营状况，防止外包服务商破产、解散等造成组织的损失，并做好预警措施。

（五）学习掌握相关法律法规

目前，我国尚未出台专门规范人力资源外包业务的法规，但有相关法律法规作为依据，如《劳动法》《民法典》《劳动合同法》《反不正当竞争法》等。所以，组织应该加强学习和掌握这些法律法规，以规避可能产生的法律风险，同时工作中应关注如下法律程序：

（1）组织应及时建立商业秘密管理体系，将自己的核心技术和关键信息进行加密，并纳入法律保护范围；

（2）组织应与人事外包服务商签订保密协议，并在保密协议中明确企业组织的秘密范围及相互之间的权利与义务，同时对人事外包服务商中熟悉商业秘密的人员的离职作出规定，避免其离职人员泄露信息时人事外包服务商推卸责任；

（3）组织的人力资源管理部门在签订人事外包协议时，应由本单位的律师顾问对人事外包协议内容进行审核。

第三节　灵活用工

一、灵活用工的界定

能够及时地应对企业生产方案调整，有效为企业减负的用工形式，均可以称为灵活用工。

广义的灵活用工，包括以非全日制劳动用工为代表的时间上的灵活用工，以劳务派遣为代表的雇佣形式上的灵活用工，以业务外包为代表的服务形态上的灵活用工，以平台型用工为代表的就业形式上的灵活用工等。

与企业签订劳动合同的员工在工作中只听从安排做事，服从领导，准时准点完成工作，更依托于企业或领导安排的职业发展。而灵活用工人员将自己的未来发展完全握在自己的手中，更关心未来工作与发展之间的衔接问题。

二、灵活用工的特点

灵活用工主要具有如下三大特点。

1. 降低人力资源成本

采用灵活用工的方式，可以让人才以流动的方式为企业服务，降低了企业人力资源管理的成本。

2. 规避用工风险

灵活用工人员与企业属于非劳动合同关系，因此可以避免因劳动合同关系而产生的如编制人数、合同纠纷、员工辞退等一系列问题的风险。

3. 优化组织管理

灵活用工方式更利于复杂的组织结构形式向扁平化发展，更利于管理。

三、灵活用工的方式

灵活用工主要有非全日制用工、实习生、兼职、返聘退休人员、业务外包和社会化用工六种模式。

（一）非全日制用工

非全日制用工是指以小时计酬为主，劳动者在同一用人单位一般平均每日工作时间不超过 4 小时，每周工作时间累计不超过 24 小时的用工形式。非全日制用工是一种特殊的用工形式，用人单位和劳动者之间形成的是劳动关系，而不是民事雇佣关系，同时双方达成的协议是劳动合同，而不是民事合同。

1. 非全日制用工与全日制用工的区别

非全日制用工是一种灵活的用工形式，与标准的全日制用工有着诸多方面的不同。《劳动合同法》从法律层面上对非全日制用工和全日制用工作出了规定。

（1）非全日制用工是以小时计酬为主，实行每天工作时间不超过 4 小时，每周工作时间不超过 24 小时的工时制度。而全日制用工实行每天工作时间不超过 8 小时，每周工作时间累计不超过 40 小时的标准工时制度。

（2）从事非全日制用工的劳动者可以与一个或者一个以上用人单位订立劳动合同，但后订立的劳动合同不得影响先订立劳动合同的履行。而全日制用工劳动者只能与一个用人单位订立劳动合同。

（3）非全日制用工双方当事人可以订立口头协议。而全日制用工的双方当事人，应当订立书面劳动合同。

（4）非全日制用工双方当事人不得约定试用期。而全日制用工双方当事人，除以完成一定工作任务为期限的劳动合同和3个月以下固定期限劳动合同外，其他劳动合同可以依法约定试用期。

2. 非全日制用工的意义

（1）非全日制用工能够适应企业降低人工成本、推进灵活用工的客观需要。在市场经济条件下，非全日制用工的人工成本实际上要低于全日制用工。因此，越来越多的用人单位根据生产经营的需要，采用包括非全日制用工在内的灵活用工形式。

（2）非全日制用工能够促进下岗职工和失业人员再就业。在劳动力市场供过于求的矛盾十分尖锐、下岗职工和失业人员的就业竞争压力较大的情况下，非全日制用工在促进下岗职工和失业人员再就业方面发挥着越来越重要的作用。

（3）非全日制用工有利于缓解劳动力市场供求失衡的矛盾，减少失业现象。实行非全日制用工制度，可以使用人单位在对人力资源的客观需求总量不变的条件下，创造更多的就业机会。

3. 非全日制用工的规范

根据《劳动合同法》和《关于非全日制用工若干问题的意见》可以总结出非全日制用工的各项规范，具体见表3–2。

表3–2　　非全日制用工规范总结

项目	规范内容	信息来源
概念	非全日制用工是指以小时计酬为主，劳动者在同一用人单位一般平均每日工作时间不超过4小时，每周工作时间累计不超过24小时的用工形式	《劳动合同法》第六十八条
合同形式及兼职规定	非全日制用工双方当事人可以订立口头协议。从事非全日制用工的劳动者可以与一个或者一个以上用人单位订立劳动合同；但是，后订立的劳动合同不得影响先订立的劳动合同的履行	《劳动合同法》第六十九条
试用期规定	非全日制用工双方当事人不得约定试用期	《劳动合同法》第七十条

续表

项目	规范内容	信息来源
劳动合同解除及补偿	非全日制用工双方当事人任何一方都可以随时通知对方终止用工。终止用工，用人单位不向劳动者支付经济补偿	《劳动合同法》第七十一条
工资标准及支付周期	非全日制用工小时计酬标准不低于用人单位所在地人民政府规定的最低小时工资标准。非全日制用工劳动报酬结算支付周期最长不超过 15 日	《劳动合同法》第七十二条
社会保险	1. 从事非全日制工作的劳动者应当参加基本养老保险，原则上参照个体工商户的参保办法执行。对于已参加过基本养老保险和建立个人账户的人员，前后缴费年限合并计算，跨统筹地区转移的，应办理基本养老保险关系和个人账户的转移、接续手续。符合退休条件时，按国家规定计发基本养老金。 2. 从事非全日制工作的劳动者可以以个人身份参加基本医疗保险，并按照待遇水平与缴费水平相挂钩的原则，享受相应的基本医疗保险待遇。参加基本医疗保险的具体办法由各地劳动保障部门研究制定。 3. 用人单位应当按照国家有关规定为建立劳动关系的非全日制劳动者缴纳工伤保险费。从事非全日制工作的劳动者发生工伤，依法享受工伤保险待遇；被鉴定为伤残五级至十级的，经劳动者与用人单位协商一致，可以一次性结算伤残待遇及有关费用	《关于非全日制用工若干问题的意见》
劳动争议	1. 从事非全日制工作的劳动者与用人单位因履行劳动合同引发的劳动争议，按照国家劳动争议处理规定执行。 2. 劳动者直接向其他家庭或个人提供非全日制劳动的，当事人双方发生的争议不适用劳动争议处理规定	《关于非全日制用工若干问题的意见》

4. 非全日制用工存在的风险

（1）非全日制劳动者的日、周工作时间可能会临时性地超出法律规定的时长，而在稍长的周期内的平均工作时间却未超过法律规定的时长，再加上用人单位管理上的不规范，会给用工形式的界定带来困难，很多劳动者可能迫于就业压力而订立非全日制劳动合同。

（2）非全日制用工一般表现为松散型的劳动合作关系，劳动者对用人单位很少有归属感，用人单位也不会公平地对待劳动者。

（3）非全日制劳动关系法律规制较少，劳资双方对劳动关系的证据意识都比较淡薄。同时，政府部门对非全日制劳动关系的监管力度不强，也会导致不规范行为的产生，造成劳资矛盾不断增加。

5. 非全日制员工风险规避对策

（1）规范非全日制用工时间标准的浮动上限和因素，既不能突破劳动者每日和月度内总的非全日制工作时间，同时也要适应用人单位实际的用工需要。

（2）适度规范非全日制用工行为，如签订书面合同和离职前的告知义务。

（3）双方都应加强证据管理，劳动者手握证据是对维护权益的有效保障，用人单位手握证据则是避开法律纠纷的必要之举。

（4）劳动监察机构在实施监管职能时，应重点关注非全日制员工名册、工资支付、出勤记录和工伤保险等信息，既重视书面资料也重视现场核实，杜绝不切实际、不符规范的非全日制劳动关系。

（二）实习生

企业如果需要大批量一线和基础岗位员工，可采用实习生模式。实习生模式一般是企业单位与岗位对口的高校或职业院校建立校企合作方式，在学生毕业前一年或半年通过学校推荐的方式，招聘成绩优异的学生到企业实习。对实习期满并通过双向选择的优秀学生，可在毕业后正式入职。

（三）兼职

对于一部分零星、单一且简单的工作，比如市场调查、录单、记录投诉电话等，可以招聘一些业余时间充足的在校学生勤工俭学。还有一些专家学者、咨询师等，有着本职的工作，但因为技术特长可以帮助企业改善经营和管理中的问题，在不违背本职工作保密和竞业限制情况下可以兼职工作。

（四）返聘退休人员

对于一些达到法定退休年龄的专业技术人员，由于其所从事的工作还需要本人继续完成，所以企业可以选择返聘其继续工作，只是在工作时间上可以根据自己的时间灵活安排。

（五）业务外包

将企业某个区域的物业管理人员、安保人员、保洁人员及其他非生产设施维护岗位的部分工作内容外包给专业的物业公司，可以较好地规避这些岗位劳动关系管理的风险。

（六）社会化用工

社会化用工方式是个人不与企业及其关联组织建立雇佣关系或劳务关系，而是个人与组织直接建立合作关系的模式。双方遵循“风险共担、利益共享”的原则，建立平等的业务承揽合作。如社交电商行业店主与平台的关系，共享出行行业司机与平台的关系。

社会化用工是灵活用工中最新兴的一种形态，是真正实现全民合作的一种形态。社会化用工不是对企业劳动用工不足的一种补充，而是当下企业快速指数级增长的一种重要用工方式。

四、灵活用工的工资支付

（一）非全日制用工的工资支付

根据《劳动合同法》第七十二条规定，非全日制用工小时计酬标准不得低于企业所在地人民政府规定的最低小时工资标准。由此可知用工单位在招用非全日制工时，录用员工的工资标准须高于或等于本单位所在地人民政府规定的最低小时工资标准。

1. 最低小时工资标准

非全日制用工的最低小时工资标准由省、自治区、直辖市规定，并报人力资源和社会保障部备案。最低小时工资标准的测算方法如下。

最低小时工资标准 =［（月最低工资标准 ÷20.92÷8）×（1+ 用工单位应当缴纳的基本养老保险费、基本医疗保险费比例之和）］×（1+ 浮动系数）

浮动系数的确定主要考虑非全日制就业劳动者工作稳定性、劳动条件和劳动强度、福利等方面与全日制就业人员之间的差异。

确定和调整最低小时工资标准应当综合参考以下因素：

（1）当地政府颁布的月最低工资标准；

（2）用工单位应缴纳的基本养老保险费和基本医疗保险费（当地政府颁布的月最低工资标准未包含个人缴纳社会保险费因素的，还应考虑个人应缴纳的社会保险费）；

（3）非全日制劳动者在工作稳定性、劳动条件和劳动强度、福利等方面与全日制就业人员之间的差异。

2. 全国各地的最低小时工资标准

全国各地的最低小时工资标准一般由人力资源和社会保障部公布，用工单位在确定本单位非全日制用工最低小时工资时应参照当年的标准。

3. 非全日制用工的工资支付时间

《劳动合同法》第七十二条规定，非全日制用工劳动报酬结算支付周期最长不得超过 15 日。《关于非全日制用工若干问题的意见》规定，非全日制用工的工资支付可以按小时、日、周或月为单位结算。

4. 非全日制用工的工资支付计算

非全日制用工工资的计算公式为：非全日制用工工资 = 小时工资标准 × 实际工作小时数。非全日制用工工资的计算示例如图 3–9 所示，供参考。

在计算非全日制工工资时，用工单位和非全日制工有时会因节假日加班费认定而产生纠纷。《工资支付暂行规定》并未明确非全日制用工节假日加班是否执行三倍工资。因此在具体处理非全日制工工资时，用工

2015年，某餐饮公司招聘了 2 名非全日制工张某、刘某从事服务员工作。在签订的非全日制用工劳动合同中，该公司与这两名服务员约定每小时工资标准为 20 元，每月上一天休一天，日工作时间为4小时，每两周结算一次工资。

假设非全日制工张某 8 月份前两周共工作8 天，合计 32 个小时，则其应发放工资为：应发工资= 20×32=640（元）。

图 3–9　非全日制用工工资的计算示例

单位应遵守本地区的相关法律法规。

5. 非全日制用工的工资支付记录

用工单位在支付非全日制工工资时，应保留支付记录。特别是选择现金方式支付的，应要求非全日制工当场对钱款清点清楚，并在工资表上签字确认。如非全日制工委托他人领取工资时，用工单位需核实工资代领委托书，并将委托书备案存档。

用工单位非全日制工工资表上应详细记录每次工资支付的数额、项目、时间、领取人姓名等信息，并要求工资支付表上有每名领取工资的非全日制工的签字。工资支付完成后，用工单位应将工资表妥善存档。

（二）兼职人员的工资支付

兼职人员可根据其工作性质确定工资结构，一般来讲，兼职人员的工资可由基本工资、规定工作时间外加班津贴、交通津贴三部分构成。

1. 基本工资

基本工资决定的原则是考察员工所担任的职务、技术、经验、年龄等事项后，由用工单位根据个人表现分别制定。基本工资给付的原则是不低于当地政府公布的最低工资标准。员工因私事请假或迟到、早退、私自外出所造成的缺勤，应从工资中直接扣除相应的缺勤基本工资额。用工单位与员工共同达成基本工资的协议后，应签订劳动合同加以明确。

2. 规定工作时间外加班津贴

兼职员工的工作时长因业务上需要并由其主管要求加班而延长时，

应以小时为计算单位发放工作时间之外的加班津贴。加班津贴应为基本工资（小时工资部分）的1.5倍。深夜执行勤务者（从晚上10点到次日清晨5点），则应在加班津贴的基础上额外增加1/4，作为深夜勤务津贴。

3. **交通津贴**

员工从住宅到用工单位单程距离超过5公里的，依单位所制定的交通津贴给付细则，结合员工出勤状况给付津贴。

本章自测题

1. 请简述劳务派遣单位与被派遣员工的关系。
2. 劳务派遣合同的要点包括哪些？
3. 被派遣员工退回的主要形式包括哪些？
4. 请简述非全日制用工与全日制用工的区别。
5. 人事外包的优势和劣势是什么？请简要回答。

第四章　员工纪律管理

学习目标

- 了解企业规章制度的定义、特点与内容
- 了解企业规章制度的制定要求
- 熟悉企业规章制度执行机制
- 了解企业规章制度修改与废止的原因、步骤与原则
- 熟悉奖励与惩罚的主要类型
- 熟悉奖励与惩罚的实施要点
- 掌握培训协议的主要内容
- 掌握商业秘密与竞业限制的主要内容

引导案例

尤某在一家维修中心当空调维修工，双方签订了培训服务协议，协议规定维修中心负责为尤某提供培训，而尤某需在维修中心工作2年（2018年10月31日至2020年10月30日），否则需返还全部的培训费用。

在尤某工作期间，维修中心先后5次安排其参加相关空调设备技术维修及安装调试的培训。但在2020年5月29日，尤某要求与维修中心解除劳动合同，维修中心同意与尤某解除劳动合同，但是要求其按照培训服务协议的约定返还其在职期间的培训费2万元，否则不为其办理离职手续。尤某认为在职期间维修中心提供的培训属于空调维修工的基础职业培训，是维修中心应该为自己提供的培训，因此，相关培训费用应该由维修中心出，遂在维修中心不为其办理离职手续后，自行离职。而维修中心以尤某违反服务期约定离职，并且拒付违约金为由向劳动争议仲裁委员会提出仲裁申请，要求尤某返还培训费2万元。

劳动争议仲裁委员会认为维修中心为尤某提供的培训确属于空调维修工的基础职业培训，不属于专业技术培训。而对于基础职业培训，维修中心不可与尤某约定服务期，并且根据《中华人民共和国劳动合同法》第二十五条规定，除劳动者有违反服务期约定和违反竞业限制约定的情形外，用人单位不得与劳动者约定由劳动者承担违约金的规定，故维修中心与尤某签订的培训服务协议中有关服务期和违约责任的条款属于无效条款。最后，劳动争议仲裁委员会驳回了维修中心的申请。

第一节　企业规章制度设计

一、企业规章制度概述

（一）企业规章制度的定义

规章制度是国家机关、社会团体、企事业单位，为了维护正常的工作、劳动、学习、生活的秩序，保证国家各项政策的顺利执行和各项工作的正常开展，依照法律、法规、政策而制定的具有法规性或指导性与约束力的文件，是各种规定、章程、制度、公约的总称。

企业规章制度，也称用人单位内部劳动规则，是指用人单位按照国家劳动法律法规的规定，结合用人单位的实际，在本单位实施的，为协调劳动关系并使之稳定运行，合理组织劳动，进行劳动管理而制定的办法、规定的总称，其表现形式或组成包括各类管理制度、工作规程、管理表单等管理制度类文件。

规章制度是规范员工行为的标尺之一，是企业进行规范化、制度化管理的基础，一经制定颁布，就对某一岗位上的或从事某一项工作的人员有约束作用，是他们行动的准则和依据。就本质而言，制度实际上是管理者管理思想与理念、管理方法与技巧的具体表现形式之一。

企业制定并实施规章制度是其行使经营管理权和用工权的主要方式。

（二）企业规章制度的特点

1. 制定主体的特定性

企业规章制度的制定主体是用人单位，只在本单位范围内有效。

2. 用工自主权和职工民主管理权相结合的产物

制定企业规章制度是用人单位的权利，但职工作为劳动过程中的主体之一，有权参与内部劳动规则的制定，也有权对内部劳动规则的实施实行监督，这是职工行使民主管理权的重要方式。

3. 企业和劳动者共同的行为规范

企业规章制度是规范劳动过程中企业与劳动者之间，以及劳动者与劳动者之间的关系。企业规章制度所调整的行为是作为劳动过程组成部分的用工行为和劳动行为。因此，它是劳动者和用人单位在劳动过程中的行为规则，既约束劳动者，又约束用人单位。

（三）企业规章制度的形式

企业规章制度是由企业制定的、要求下属全体成员共同遵守的办事规程或行动准则。其形式并没有十分严格的定义，不同的行业领域、不同的部门针对不同事宜的管理制度的具体称谓不太一样，因而起到的作用、适用的范围也不同。一般来说，制度主要有以下几类。

1. 章程

章程是指企业依法制定的，规定企业名称、地址、经营范围、经营管理制度等重大事项的基本文件，也是企业必备的、规定企业组织及活动基本规则的书面文件。企业章程是企业设立的最基本的条件和最重要的文件。

2. 制度

制度是企业制定的、要求所属人员共同遵守的准则，是企业对某项具体工作、具体事项制定时必须遵守的行为规范，如“×× 公司安全生产制度”“×× 公司人事管理制度”等。

3. 规则

规则是企业为维护劳动纪律和公共利益而制定的、要求大家遵守的工作原则、方法和手续等，如“×× 公司设备采购规则”“×× 图书馆借书规则”等。

4. 规定

规定是指领导机关或职能部门为贯彻某项政策或进行某项管理工作或活动，而提出原则要求、执行标准与实施措施的规范性公文。规定具有较强的约束力，而且内容细致，可操作性较强。规定可以分为方针政策性规定和具体事项性规定两种，其语言应高度的准确、概括、简洁、通俗、规范。

5. 办法

办法是对有关法令、条例、规章提出具体可行的实施措施，是对有关工作、有关事项的具体办理及其实施提出切实可行的措施。办法重在可操作性，如“×× 公司绩效考核办法”“×× 公司劳务派遣员工管理办法”等。

6. 细则

细则是为实施条例、规定、办法所作的详细、具体或起补充作用的规定，对贯彻方针、政策起具体说明和指导的作用。

7. **标准**

标准是为了在一定范围内获得最佳秩序，经协商一致制定并由有关机构批准，共同使用的和重复使用的一种规范性文件。企业标准是对企业范围内需要协调统一的技术要求、管理要求和工作要求所制定的标准。

（四）企业规章制度的内容

企业规章制度主要包括六个方面，即劳动合同管理制度、劳动纪律、劳动定员定额规则、劳动岗位规范制定规则、劳动安全卫生制度及其他制度。

1. **劳动合同管理制度**

劳动合同管理制度至少应当包括以下内容：

（1）劳动合同履行的原则；

（2）员工招收录用条件、招工简章、劳动合同草案、有关专项协议草案审批权限的确定；

（3）员工招收录用计划的审批、执行权限的划分；

（4）劳动合同续订、变更、解除事项的审批办法；

（5）试用期考核办法及试用期考核审批办法；

（6）员工档案的管理办法及具体管理细则；

（7）应聘人员相关材料保存办法；

（8）集体合同草案的拟订、协商程序；

（9）解除、终止劳动合同人员档案移交办法、程序；

（10）劳动合同管理制度修改、废止的程序等。

2. **劳动纪律**

劳动纪律是企业依法制定的，全体员工在劳动过程中必须遵守的行为规则。每位员工都必须按照规定的时间、地点、方法和程序来履行自己的劳动义务，保持全体员工在劳动过程中的行为方式和联系方式的规范化，以维护正常的生产、工作秩序。其主要内容包括以下七个方面。

（1）履约纪律：严格履行劳动合同及违约应承担的责任。

（2）考勤纪律：遵守劳动时间和本单位规定的作息制度，禁止迟到、早退，严格执行请假制度。

（3）工作纪律：根据生产、工作岗位职责及规则，按质、按量完成工作任务。同时，要服从分配和管理，坚守工作岗位，不得消极怠工和玩忽职守。

（4）安全卫生纪律：严格遵守技术操作规程和安全卫生规程。

（5）日常工作生活纪律：在上班时间内，遵守生产秩序，不做与生产工作无关的事情，不嬉戏打闹、聚众赌博和打架斗殴等。

（6）保密纪律：保守用人单位的商业秘密和技术秘密。

（7）其他纪律：与劳动、工作紧密相关的规章制度及其他规则。

3. 劳动定员定额规则

（1）编制定员规则：企业依据自身的实际情况制定企业机构的设置和配备各类人员的数量界限。除法律法规规定的以外，企业按照生产经营的实际需要，自主决定内部机构的设立、调整、撤并和人员配备。

（2）劳动定额规则：在一定的生产技术水平和组织条件下，企业制定的劳动者完成单位合格产品或工作所需要的劳动消耗量标准。它分为工时定额和产量定额两类。

4. 劳动岗位规范制定规则

劳动岗位规范是企业根据劳动岗位的工作职责、工作任务、工作方法的特点等，对上岗员工提出的客观的综合规定。劳动岗位规范是安排员工上岗、签订上岗协议和员工考核的依据和标准。其内容至少应当包括岗位名称、岗位职责、生产技术规定及上岗标准等。

5. 劳动安全卫生制度

劳动安全卫生制度包括安全生产责任制度、安全技术措施计划管理制度、安全生产教育制度、安全生产检查制度、重大事故隐患管理制度、安全卫生认证制度、伤亡事故报告和处理制度、个人劳动防护用品管理制度及劳动者健康检查制度。

6. 其他制度

除以上内容外，工资制度、福利制度、考核制度、奖惩制度及培训制度也属于企业规章制度的内容，这些制度对协调企业员工关系同样起着重要作用。

二、企业规章制度的制定

（一）企业规章制度的制定依据

企业规章制度的制定依据是指制度设计人员在设计制度内容时所依据的法律、行政法规和行业规范。

1. 法律

法律是指由国家立法机关依照立法程序制定和颁布，由国家强制保证执行的最高层次的国家规范的总称，如《中华人民共和国宪法》《中华人民共和国刑法》《中华人民共和国公司法》等。

2. 行政法规

行政法规是指由国家行政机关制定的各种法令、条例、规定等，如《中华人民共和国外汇管理条例》等。

3. 行业规范

行业规范是指企业所在行业内统一的各类规范和标准，这种规范一般都是市场决定的，企业在制定规章制度时不得不将其纳入考虑范围。

（二）企业规章制度的制定要求

1. 制定主体的合法性

制定主体的合法性是指制定企业规章制度的主体必须具备法定资格。

2. 内容的合法性与严密性

（1）内容的合法性是指企业规章制度不仅不得违反法律法规的规定，而且不得违反集体合同或劳动合同的规定，还不得违背社会公共利益。用人单位内部劳动规则内容如果违法，就是无效的。

（2）内容的严密性是指企业规章制度内容必须科学、严谨、完整，不得自相矛盾，不能降低工作效率。

3. 格式的规范性

企业规章制度在一定范围内具有法定效力，在体式上较企业其他事务文书更具有规范性。

制度用语应简洁、严密，格式上采用逐章逐条的写法，条款层次由大到小依次可分为编、章、节、条、款、项、目七级。

（三）企业规章制度的制定步骤

企业制度设计人员在制定规章制度时，不仅要熟悉企业现在所处的内外部环境，紧跟企业和整个宏观环境的变化情况，还应遵循相应的步骤，循序渐进地开展制度设计工作。

1. 制定目标

制定规章制度的主要目的在于保障企业经营活动的正常运行，具体来说，一是建立预警机制，规避可能会发生的问题；二是减少已经发生的问题可能造成的损失。

2. 制度定位

制度设计人员在设计规章制度时，要明确立足点，根据制定各项制度的目标及原因选准角度，如战略角度、企业管理角度、部门管理角度、业务角度、人员角度、工作流程角度等。

3. 调研访谈

制度设计人员应进行调研访谈，包括企业目前所处的内外部环境，企业未来将要处于的内外部环境，企业目前存在的问题，业务中需要特别注意的事项等。

4. 制度起草

制度起草工作应根据制度目标和制度定位确定制度的风格和写作方法，在调研的基础上进行制度内容规划并形成纲要，之后拟定条文并形成草案，且要严格遵循制度规范。

5. 制度定稿与完善

制度定稿应具可行性和相对稳定性。制度定稿并经企业有关人员审核后，应先试行，让广大员工发表建议和意见，在此基础上修改完善。

6. 制度公示

制度只有公示之后才生效，企业管理者应选择能够让全体员工都知晓的渠道进行制度公示。

（四）企业规章制度制定的注意事项

企业规章制度的制定过程中，一定要注意以下四个问题。

（1）要制定统一的文本格式和书写要求，包括结构、内容、编号、格式、图标、流程、字号、文字等都要予以说明。

（2）凡涉及两个部门或多个部门共同管理、操作的业务，在编写时要注意分清职责界限，完善组织接口的处理。

（3）制度内容不能口语化，要使用书面语。

（4）制度是工作中应遵循的规范和准则。因此，制定制度时无须将制度条款涉及的知识点罗列出来或进行知识点介绍，只需告知关键内容即可。

（五）员工手册的编制

员工手册是能够让员工快速了解企业并能规范其日常行为的小册子。其基本功能包括：一是使刚进入企业的新员工快速了解企业的历史、文化、运作模式、员工管理政策、日常行为规范等，进而快速成长为企业的合格员工；二是规范员工的日常行为，强化行业或企业的特殊要求，提升企业整体的运作效率。

员工手册的编制应当按照以下步骤进行。

1. 明确员工手册的内容

员工手册包括的内容并无定规，编排也没有固定模式，但一般都由以下六个部分构成。

（1）企业概况，主要介绍企业发展历史、发展现状、主要业务情况等。

（2）企业文化，主要介绍企业理念、企业形象及企业精神等。

（3）组织结构，主要描述企业内部各层级的组织结构，让员工对企业结构框架有一个粗略的了解。

（4）人事制度，具体包括人员招聘、考核标准、晋升、薪酬、奖惩等内容。

（5）行为规范，主要介绍企业员工的日常工作规范和行为准则。

（6）附则，在正文之后可增设附录，说明一些未尽事宜的处理原则及可以作为手册附件的相关文件或规定。

由于各企业所处行业不同，发展战略不同，员工手册也不限于以上六部分内容。企业制定员工手册时应结合实际情况，有针对性地进行设计。

2. **确定员工手册的框架**

员工手册不仅是企业人事制度的汇编，也是员工了解企业、进行自我培训的教材，更是员工的行为准则和规范。所以，员工手册应有一定的框架结构和逻辑体系。

从结构上讲，员工手册一般由前言、正文和附则三部分组成，企业人力资源管理部门可根据以上三部分设计员工手册的框架，然后根据框架精心编写。框架安排具体内容见表 4–1。

表 4–1　员工手册框架体系

一级结构体系	二级结构体系	三级具体内容
前言部分	企业概况	总经理致辞、企业简介、发展历史、发展愿景
	企业文化	企业精神、经营宗旨、经营理念
	组织结构	组织结构、业务分配、部门简介
正文部分	员工日常规范	工作准则、行为规范、礼仪规范
	公司管理制度	人事管理制度、财务管理制度、经营管理制度
	岗位职责描述	部门职责描述、主要岗位描述、工作流程描述
附则部分	关于手册	使用、修订、保管
	手册效力	制定依据、约束效力、异议处理
	员工签收	签收回执、意见书

3. **编写员工手册**

员工手册是对员工行为进行规范的标准化文书，所陈述的各项管理制度必须切实有效且具有针对性，适合本企业，并力求翔实实用。

4. 员工手册发布与签收

员工手册编制完成后应向员工公示，并在本单位内部施行。员工在领取员工手册时，应亲笔签署员工手册确认书。签字后的确认书须存放于员工档案中，未签署确认书的员工一般不应该开始其所在岗位的工作。

5. 员工手册的修订

企业的员工手册不是一经成册就不再变动的。由于企业所处的内外部环境在不断地发生变化，员工手册的内容也应当随之改变，只有不断补充和完善企业的员工手册，才能最大限度地发挥员工手册的作用。

6. 员工手册的保管

人力资源管理部门应建立台账，准确记录手册发放、回收、备存、报损的数量，并确定相关责任人对手册发放、回收及保管工作负责，如因管理混乱造成手册的账实数量不符，可要求相关责任人赔偿。企业员工应当爱护手册，避免手册因保管不当造成破损和遗失，使用手册时应注意不可在手册上书写、绘画、做标记，不可折叠、撕毁，不可外传。

课程实训

结合本小节内容的学习，请尝试编制一份员工手册。

实训指导：

员工手册一般应包括企业概况、企业文化、人事制度、行为规范、附则等内容。

下面为某公司员工手册范例，供参考。

×× 公司员工手册

目录

五、员工基本行为守则

六、人力资源管理制度

七、行政事务管理制度

八、财务管理制度

九、销售管理制度

十、生效、修订与解释

正文

一、前言

（略）

二、董事长致辞

（略）

三、企业概况

（略）

四、企业文化

（略）

五、员工基本行为守则

（一）仪表着装

（1）员工上班时间必须保持仪容整洁；

（2）男员工不得留长胡须、留长指甲，不得染发，不得做怪异发型；

（3）女员工头发要梳理整齐，发型端庄、不能遮面，不得披头散发；

（4）化妆女员工要求化淡妆上班，不得浓妆艳抹；

（5）有工作服的员工上班时间必须穿工作服，并保持整洁干净；

（6）员工不得穿拖鞋、背心、短裤和过于暴露或不雅的衣服上班；

（7）上班时间必须佩挂工作牌，工作牌上不得做其他任何装饰。

（二）接待礼仪

（1）对待客户及来访者要热情礼貌；

（2）尽量不要让客户及来访者久等，应及时安排其就座；

（3）对客户提出的询问和要求应耐心解答，对于解答不了的问题，应及时请示，争取在最短的时间内给客户一个满意的答复。

（三）电话礼仪

（1）电话铃响三声内必须接听，附近同事离开，应尽量帮助其接听；

（2）接起电话时，应统一使用礼貌用语“您好，×× 公司”；

（3）拨打电话前，应做好充分准备；

（4）打电话时，应尽量简明扼要；

（5）通话时，要体现专业和热情，音量要适中；

（6）接听电话时，重要事宜应做好记录，并及时转达给相关的部门和人员。

（四）办公秩序

（1）严禁在办公场所吃零食、大声喧哗、打闹，影响他人工作；

（2）严禁工作时间串岗聊天，严禁擅自离岗、调换班次；

（3）不得在工作时间做与工作无关的事情；

（4）不得在禁烟区内吸烟；

（5）工作时间不得酗酒，司机禁止酒后驾车；

（6）不得在公司内进行非法交易。

（五）爱护公司财物

（1）所有员工都应爱护办公设备，保证其正常使用，发现异常应及时向相关人员或主管汇报；

（2）所有员工都有责任保护办公环境卫生，保持办公现场整齐有序；

（3）所有员工都应爱护公司的各类机械设备，不得违规操作，并及时进行维修检修；

（4）严禁涂改或损坏公告栏内张贴的排班表、规章制度和通知等，不可在公告栏上乱贴乱画。

六、人力资源管理制度

（一）聘用、转正和离职

1. 聘用原则

（1）公司聘用员工坚持任人唯贤、公开招聘、公平竞争、择优录用的原则，以公平、公正、公开的方式面向社会及企业内部进行招聘；

（2）聘用所提交的证件应齐全、真实、有效，并符合公司的用人条件和健康要求。

2. 入职程序

（略）

3. 试用与转正

（1）本公司试用期一般为两个月，最长不超过6个月；

（2）试用期满，由部门主管按程序安排考核，考核合格者，经审批后，办理转正手续；

（3）在试用期内有突出表现，由所在部门经理签署意见报人力资源部，按程序考核后确定合格者，可提前转正。

4. 岗位调动

（1）公司根据工作需要，可直接对员工的岗位做适当的调整；

（2）员工欲调换岗位，需向拟调入部门申请并经现任部门同意，报总经理同意后方可调动；

（3）人事命令下达后，员工应及时办理工作移交手续，无正当理由违背人事决策者，将根据公司相关规定处理；

（4）员工职务晋升或降级，均以任免的形式发布公告，需办理工作移交手续。

5. 离职

（1）辞职。员工辞职应提前30天向公司提出书面申请，公司批准离职后，方可办理相关离职手续。

（2）各部门辞退员工，需事先通知人力资源部，经审查后方可办理辞退手续。

（3）自动离职。员工未以任何形式通知公司，连续____天不上班，事后又无法做出合理解释，可视为自动离职。

（4）开除。员工严重违反公司规章制度，情节恶劣或触犯国家法律法规，公司予以开除。

（5）离职手续如下：

1）无论何种原因离职，员工都要填写“离职登记单”；

2）交接自己所使用的公司物品（包括个人装备、工具、办公用品、办公室及宿舍钥匙等）；

3）交接自己所经手的工作及资料（含文件、图书、技术资料、单据等）；

4）离职者交接工作完毕后，经部门负责人签署意见，报总经理审批后，方可到财务部清算当月薪资。

（二）薪酬福利

（略）

（三）考勤

1. 上班时间

（1）行政定时工作制：适用于行政管理人员和可以实行定时工作制的人员。每周工作5天（周一至周五），周六、周日休息；每天工作时间为8：30—12：30、13：30—17：30。

（2）轮班定时工作制：适用于业务人员。每周休息___天（采用轮休的方式）；实行早晚班轮换制，早班时间为8：30—16：30，晚班时间为13：00—21：00。

（3）执行轮班定时工作制的部门由部门主管安排排班表，部门员工严格执行排班表。

2. 打卡制度

（1）员工应按时上下班，上下班必须打卡。

（2）凡是因工或特殊情况不能打卡者，回到公司后，请所在部门负责人在考勤表上说明情况并签字；各部门负责人因特殊情况不能打卡的，回公司后向总经理说明情况并签字。

（3）未在公司办公区域内办公，不能直接到公司打卡的岗位，在上下班时均应用办公电话报到，由专人负责打卡。

3. 迟到（早退）、旷工

（1）公司考虑交通状况，对每月出现一次迟到（早退）5分钟以内者，不做处罚。从第二次开始，迟到（早退）5～10分钟的，每次罚款____元；迟到（早退）10～20分钟的，每次罚款____元；迟到（早退）

20～30分钟的，每次罚款____元。

（2）迟到（早退）30分钟及以上不到半天的，视为半天旷工，扣当天的日平均工资；1个月旷工超过__次的，公司有权对其作出辞退处理。

（四）请假、休假

1. 事假

员工请事假应事先办理请假手续，填写“请假单”，经所在部门经理批准后方可休假。事假审批权限如下：

（1）员工请假2天以内的，由部门经理审批；超过2天，但在5天以内的，需经人力资源部经理审批；超过5天的，需经公司总经理审批。

（2）部门经理请假2天以内的，由人力资源部经理审批；超过2天的，由公司总经理审批。

2. 病假

（1）请病假的员工应出示医院开具的休假证明，批准程序及审批权限同事假。

（2）因工受伤的员工，凭医院开具的证明给予适当的病假，重大伤害视情况另行决定。

3. 法定节假日、婚假、产假、丧假根据国家相关规定执行。

（五）加班

1. 加班界定

因公司需要员工延长工作时间或在公休日、节假日工作的，视为加班。实行轮班制的员工，遇公休日时属正常上班，不算加班。

2. 加班工资

员工在平时工作时间以外、公休日、法定节假日被指定加班的，分别按1.5倍、2倍、3倍的标准计算加班工资。

3. 加班核准规定

公司有权根据工作需求安排加班。员工自行加班的，须经部门经理同意，否则不算加班。

（六）奖惩

（略）

七、行政事务管理制度

（略）

八、财务管理制度

（略）

九、销售管理制度

（略）

十、生效、修订与解释

（略）

三、企业规章制度的执行

企业规章制度的生命力在于贯彻执行。有制度不执行，或执行不严格，制度则形同虚设，所以必须建立完善的规章制度执行机制。企业规章制度执行机制具体包括以下三个方面的内容。

（一）监督检查机制

监督检查是对企业规章制度执行情况的督查，是制度有效执行的基础。在监督过程中，要做到责任成绩清晰化，层层落实，各司其职，在检查时要确保规章制度执行到位。

（二）考核机制

考核机制对企业规章制度的执行起到督促作用。在设定制度的考核机制时，要注意客观、公平和公正，让执行制度不力的人得到相应的处罚，让坚决执行制度的人得到肯定、奖励和重用。

（三）追究机制

追究机制是对考核机制的补充。追究的原则是：坚持实事求是、有错必纠，处罚与责任相适应，教育与处罚相结合。制度追究主要采取的方式是教育培训，提高员工执行制度的自觉性。对于教育培训后仍然违反制度的，应给予一定处罚。

四、规章制度的修订与废止

当今时代，企业的内外环境在一刻不停地发生着变化，会出现一些制度不适应新形势的情况。一个持续变化的企业组织，必然要求其组织规则也随之不断变化，因此，企业需要适时对制度进行修订完善。

关于规章制度的修订，要坚持“废、改、立”的原则，对实践证明是行之有效的规章制度，要继续认真执行；对可操作性不强或不完善的规章制度，要总结经验教训，认真修订，抓好落实工作。

（一）规章制度的修订

1. 规章制度修订的原因

一般来说，当企业遇到以下情况时，应及时组织对制度进行修订：

（1）相关法律法规发生更改；

（2）组织结构和人员发生变化；

（3）制度执行过程中发现严重缺陷；

（4）其他需要修订制度的情况。

2. 规章制度修订的原则

及时、有效地开展制度的修订工作，能保证规章制度适应企业经营、市场竞争、法律法规的要求，促进企业经营活动的健康发展。在修订规章制度的过程中，要重点遵循以下五个方面的原则：

（1）贴近企业新的机构运行与管理的要求；

（2）要发挥各制度管理部门的主动性和制度执行部门的能动性；

（3）要强化各项工作的管理责任要求；

（4）要强调各职能部门的管理服务；

（5）要不断规范制度汇编的格式，为下次的制度再修订和今后的统稿工作划定标准。

3. 规章制度修订的时间

企业在经营发展的各个阶段及具体过程中，规章制度及其所包含的规范、规则、程序文件等，必须伴随企业的发展而不断地调整，根据实际变化情况，及时修订原有制度中与企业发展不适应的规范、规则、程序，以满足企业日常经营及长远发展的需要。

在正常情况下，企业会每隔数年对各项制度进行修订，但是当出现但不限于以下几种情况时，企业可根据自身的实际条件，及时对制度进行修订。

（1）法律法规修订或新法律法规颁布时。国家修订有关法律法规或颁布新法律法规，导致企业某些规章制度不合法或有缺陷时，应对规章制度进行修订。

（2）企业外部环境变化。企业外部环境发生重大变化，严重影响本企业的管理活动时，就要根据情况及时修订相关规章制度。

（3）企业内部重大调整。企业内部进行部门调整、岗位变动，生产经营方针发生变化，技术、设备更新改造等，导致原有制度难以满足客观需要，应对规章制度进行修订。

（4）规章制度存在缺陷。企业员工发现规章制度存在明显缺陷，无法有效解决工作面临的问题时，经反馈核实后应对规章制度进行修订。

4. 规章制度修订的步骤

（1）评估。规章制度管理人员对原有规章制度的执行情况、企业内外部环境的变化情况等进行详细评估、诊断，确定规章制度修改的必要性、可行性。

（2）申请。确认具备规章制度修订的条件后，规章制度管理人员应向企业管理层提出申请，说明规章制度修订的必要性、应修订条款等内容。

（3）实施修订。规章制度修订申请审批通过后，规章制度修订人员收集、整理意见，确定需要增删、修改的条款，编制修订草案。

（4）征询意见。规章制度修订草案应提交职工代表大会讨论，并在企业内部试行后最终定稿。

（5）发布执行。企业要将修订后的规章制度进行公示，公示期无异议后正式执行。

（二）规章制度的废止

企业规章制度的废止是指某项规章制度由于某种原因而停止使用。

当出现下列情况之一时，企业规章制度应予以废止：

（1）新规章制度代替了旧规章制度，须将旧规章制度予以废止；

（2）为避免执行困难，当出现两个及以上同类型规章制度时须废止一个；

（3）规章制度存在明显不合理之处的须废止；

（4）规章制度为某一特定情况而制定，一旦该情况消失，即废止该规章制度。

企业各职能部门认为应当废止的规章制度，应提出废止意见，进行废止申请，送相关部门会签和送交法律与合规部门审查，经总经办领导审定后执行规章制度的废止。

因被新的规章制度代替而废止的，无须履行上述程序，在废止理由中说明即可。废止意见应对废止理由、对经营管理的影响及是否需要制定新的规章制度以代替被废止的规章制度等情况做出说明。

第二节　员工行为规范奖惩设计

一、员工行为规范奖惩概念

奖惩是管理者对工作努力或严重违反劳动纪律的劳动者所采取的奖励或惩罚措施。奖励和惩罚是纪律管理不可缺少的方法。

奖励属于积极性的激励诱因，是对员工某项工作成果的肯定，旨在利用员工的上进心、荣誉感，促使其守法守纪、履职尽责，并发挥最大的潜能。奖励可以给员工带来高度的自尊、积极的情绪和满足感。惩罚则是消极的诱因，其目的是利用人的畏惧感，促使其循规蹈矩，不敢实施违法违规行为。惩罚会使人产生愤恨、恐惧或挫折感，除非十分必要，否则不要滥施惩罚。

有效的奖惩措施，不应随便使用，而应符合预先设定的规则，并按照规定的程序进行，管理者应明确奖惩的原因、奖惩依据、奖惩程度、奖惩的具体形式。

二、奖惩类别设计

有效的奖惩能够构建和维持劳动者良好的纪律，而奖惩不当，无论是对用人单位还是对劳动者，都会产生消极作用，并会影响劳动生产率的提高和劳动关系的改善。

（一）奖励类别设计

1. 嘉奖、记功、记大功

根据奖励事实和程序，给予嘉奖、记功、记大功，如设计嘉奖三次相当于记功一次，记功三次相当于记大功一次等。这些奖励措施通常可以作为绩效加分或增发奖金的依据或者晋升参考，比如获得嘉奖一次，在绩效考核中加一分；记功一次加三分，记大功一次加九分等。记功的奖励也可以根据其程度，分为一等功、二等功、三等功。

2. 奖金

以金钱激励受奖者，奖金的数目可以根据薪资的百分比发放，也可以另行规定数目。

3. 奖状、奖牌、奖章

这类奖励方式可以使受奖者长期展示其受到的荣耀。另外，奖状、奖牌、奖章的设计样式，本身的价值以及授奖人的身份地位，都可以影响奖励的价值。

4. 晋级加薪

调升受奖者的薪级，提高其薪酬水平。

5. 调升职务

提升受奖者的职务，如将技术员调升为工程师。

6. 培训深造

优先选送受奖者进修、深造，或送其出国考察。

7. **表扬**

利用会议等公开场合给予表扬、赞美、勉励、嘉许，或将事迹公布，如刊登在企业发行的刊物上等。

（二）惩罚类别设计

1. **口头警告**

对于存在不太严重的违纪行为的，可采用口头警告。

2. **警告、记过、记大过**

与嘉奖、记功、记大功的奖励措施相对应，惩罚措施也可以分为警告、记过、记大过。如设计警告三次相当于记过一次，记过三次相当于记大过一次等。在绩效考核减分上，警告一次扣一分，记过一次扣三分，记大过一次扣九分等。同样，这种惩罚措施也可以作为减发奖金的依据。

3. **降薪**

降低受惩罚者的薪酬等级，减少薪酬水平。降薪通常应有时间限制，时间一到，即应恢复原来的薪酬等级。

4. **降调职务**

降低受罚者的职务，如由正职降到副职。

5. **停职**

在一段时间中停止受惩罚者的任职，停职期间停发薪酬和津贴。

6. **免职**

对严重违反劳动纪律者，可以依法解除劳动关系。

7. **经济赔偿**

员工违反规定解除劳动合同或者违反劳动合同中约定的保密事项，对企业造成经济损失的，应当依法承担赔偿责任。

8. **追究刑事责任**

若员工触犯法律，企业可依法移送至司法机关，追究其刑事责任。

以上这些奖惩措施可以同时使用，如对记大功者，可以同时发给奖金、表扬并调升职务；对受惩罚者，也可以同时记大过、降薪以及降调职务。

三、奖惩实施

管理者实施奖惩时，应当详细考察事实程度、功过轻重大小，妥善运用奖惩措施。尤其在惩罚员工时，应注意其错误的原因、动机、目的，做到不偏不倚。

（一）奖励实施

奖励的目的在于既要使员工得到心理及物质上的满足，又要达到激励员工勤恳工作、奋发向上，争取更好业绩的目的。

1. 实施奖励的依据

企业对员工实施奖励，主要是为了激励员工勤恳工作、奋发向上，争取更好业绩，也是为了提高企业的效益。员工的优异工作表现是企业实施奖励的主要依据，一般体现为如下几类：

（1）工作努力、业务精熟，能适时完成重大或特殊交办任务者；

（2）品行端正，恪尽职守，堪为全体员工楷模者；

（3）全年满勤，能超额完成任务，无迟到、早退、病假、事假者；

（4）对公司建设与发展、维护公司荣誉、塑造企业形象有较大贡献者；

（5）有其他对公司或社会有益的行为，具有事实证明者。

2. 实施奖励的原则

奖励的方法是多种多样的，一般分为物质奖励和精神奖励，以及物质和精神奖励相结合，物质奖励满足人们的物质需要，精神奖励满足人们的心理需要。为了增强奖赏从而达到激励的作用，企业管理者实行奖励时应遵循以下原则。

（1）物质和精神奖励相结合。物质奖励和精神奖励都不可缺少，一般以精神激励为主，物质激励为辅，将两者结合起来，同时满足员工的物质需求和精神需求。

（2）创造良好的奖励气氛。要发挥奖励的作用，就要创造一个良好的、浓厚的奖励气氛，在良好的气氛下进行奖励，能使获奖者产生荣誉感、责任感和进取心。

（3）及时给予奖励。及时给予奖励不仅能充分发挥奖励的作用，而且能增加员工对奖励的重视，延后给予奖励不仅会削弱奖励的激励作用，还可能使员工对奖励产生冷淡心理。

（4）奖励的恰当。奖励只有满足受奖者的需要，才会产生激励作用，因此要注意个体需要的差异，考虑受奖者需要什么，根据不同需要给予不同的奖励。

（二）惩罚实施

如果员工违反纪律，企业管理者就需要对其进行惩戒，其目的在于促使员工遵守企业的规章制度和纪律，惩前毖后，保障企业和员工的共同利益和长远利益。

1. 实施惩罚的依据

员工违反企业规章制度的行为是企业对其实施惩罚的依据。员工常见的违规行为主要有以下四种。

（1）工作方面。执行工作懈怠疏忽、畏难规避或推诿；煽动他人懈怠工作，不服从管理人员的指挥监督；在工作期间嬉戏、睡觉、赌博、酗酒、打人或互殴；泄露职务上的机密；在外兼营与本企业同类业务；工作时间不遵守劳动纪律和安全规定等。

（2）品德方面。盗窃物品、收受贿赂、占用公款；辱骂、胁迫同事或管理人员；仿制公章、盗用印信；撕毁或涂改企业文件、记录；在工作场所出现影响恶劣的行为等。

（3）态度方面。员工旷工、迟到、早退；托人打卡或代人打卡；连续旷工或一个月内旷工多次；工作、执勤时擅离工作岗位等。

（4）其他。其他违反国家法律法规的行为。

2. 实施惩罚的限制条件

实施员工惩罚需要制定员工奖惩制度在内的规章制度，这是法律赋予企业的权利，也是企业用工自主权的重要内容。但是法律在赋予企业此项权利的同时，为了防止企业滥用规章制度的权利导致员工合法利益受损，还设定了相应的限制条件来限制企业对员工的惩罚，具体如下：

（1）企业的惩罚规定内容必须合法，即制度的内容不能与现行法律法规、社会公德等相背离；

（2）企业惩罚规定要经过民主程序制定，即规定必须经过职工大会或职工代表大会同意；

（3）企业惩罚规定要向员工公示，即惩罚规章制度出台后要公开告知员工。

3. 员工惩罚实施的原则

企业在实施员工惩罚时，需要遵循惩教结合原则、警告原则、渐进性原则和实时性原则。

（1）惩教结合原则。惩罚不是目的而是手段，单纯的惩罚很难完全改变被罚者的不良行为和错误思想，甚至会适得其反。只有与教育结合，惩罚的目的才能实现。

（2）警告原则。管理人员要经常对下属进行规章制度教育，警告或劝解其不要触犯规章制度，否则会受到惩罚。

（3）渐进性原则。管理人员对员工进行惩罚时，应采取逐步严厉的方式进行，可按照口头警告、书面警告、停职和解除劳动合同的顺序进行，确保惩罚与错误的严重程度相当。

（4）实时性原则。惩罚必须在错误行为发生后立即进行，绝不能拖泥带水，避免返回追究，绝不能有太长时间差，而且惩罚时间要短，达到使员工及时改正错误行为的目的。

第三节　培训和保密管理

一、培训协议管理

企业为员工提供的专项培训，是企业为提高生产效率，满足特殊岗位的需要，对员工进行的专业操作技能及专业知识的培训，主要针对特殊岗位和专门岗位的员工，培训内容大多是专业技术及职业技能知识。

由于专项培训所需要支付的培训费用通常较高，为了防止员工的流失进而造成企业财力的浪费，企业可以与员工签订培训协议，约定服务期。

（一）培训协议的内容

企业人力资源管理人员在确定了签订的培训协议的条件后，需要进一步确定培训协议应当约定的内容。

1. 培训的项目

培训协议中的培训项目是专业技术培训，主要包括学历教育培训、参加专题讲座或交流会、赴国外参观或访问考察、到其他公司进行参观访问与交流等。

2. 培训的时间

《劳动合同法》及其他相关法规并未对培训时间作限制性的规定，故培训既可以在工作时间，也可以在休息时间。

3. 培训费用支付的范围

企业人力资源管理人员和员工在签订培训协议时，可直接在协议中约定培训费用的种类和范围，并通过为员工报销费用的方式确认具体的金额。

《中华人民共和国劳动合同法实施条例》（以下简称《劳动合同法实施条例》）第十六条规定，劳动合同法第二十二条第二款规定的培训费用，包括用人单位为了对劳动者进行专业技术培训而支付的有凭证的培训费用、培训期间的差旅费用以及因培训产生的用于该劳动者的其他直接费用。由此可知，培训费用主要包含有凭证的直接培训费用、培训期间的差旅费用及因培训产生且用于该员工的其他直接费用。企业需妥善保留好由员工签字确认的相关培训费用的支付凭证原件。

4. 培训期间的工资待遇和其他补贴

工资作为企业依据劳动合同支付给员工的约定报酬，并非因培训而发生，而系劳动合同约定而发生，因此不属于培训费用，不得在培训协议中约定。培训期间的生活补贴是因培训而发生，属于培训费用的一部分，可以在培训协议中约定为培训费用。

5. 培训服务期的期限

《劳动合同法》并未对培训服务期的长短做出限制，服务期的长短主要由企业和员工共同约定确定。

6. 员工违反服务期的违约责任

员工违反服务期约定的，应当按照约定向企业支付违约金。违约金的数额不得超过企业提供的培训费用，企业要求员工支付的违约金不得超过服务期尚未履行部分所应分摊的培训费用。

以下是某企业《员工培训服务协议书》的范例，供参考。

员工培训服务协议书

甲方：

法定代表人：

乙方：

身份证号码：

甲方因工作（或生产）的需要对乙方进行培训，为了让乙方在参加培训或学习后能更好地为甲方提供服务，甲乙双方本着平等自愿、协商一致的原则就下列条款达成如下协议。

一、甲方的权利与义务

1. 根据乙方自愿申请和公司有关部门的推荐，甲方同意乙方参加________专项培训学习。

2. 本次培训由甲方为乙方提供培训学习费用预计______元人民币（大写____________）（甲方所提供的全部培训费，具体包括甲方支付的有凭证的培训费用、培训期间的差旅费用以及因培训产生的用于乙方的其他直接费用）。

3. 培训结束后，甲方组织有关业务部门对乙方的培训结果以及乙方是否达到培训要求进行综合考评。

4. 对参加完培训并取得相关职业资格证书或专业技术职称的人

员，甲方将其作为技术骨干在今后的后备干部提名、任职、提高待遇等方面，予以优先考虑。

二、乙方的权利与义务

1. 乙方自愿参加________专项培训学习，愿意接受甲方所提供的条件与费用，并遵守本协议的所有内容。

2. 培训期间，乙方需努力掌握培训的相关知识并达到培训的目标要求，乙方在培训中务必掌握技术要点，并做认真详细的记录。

3. 乙方参加完培训之后，必须服从甲方安排，到甲方所规定的岗位上工作，乙方为甲方服务年限为____年，即从____年____月____日至____年____月____日，若因甲方公司内部变更，需缩减合同时间，则以甲方变更为准。

4. 乙方未完整履行本协议约定服务年限的，应向甲方支付违约金，违约金＝培训总费用 ×（1－已履行服务期年限 / 服务期年限）。

5. 乙方严格执行公司保密制度，未经公司许可，不得将培训中所得到的专业技术外泄或传播给第三者，培训期间所有重要技术资料原件均交还公司保存。

6. 签订培训协议后又再次参加公司安排培训者，必须重新签订协议，按照新的服务期限执行。

三、本协议是甲方与乙方劳动合同的补充，与劳动合同具有同等的法律效力，若本协议与劳动合同在某些条款上不一致的，视为对劳动合同的变更。

四、本协议一式两份，甲乙双方各执一份，协议自签字之日起生效。

甲方（签章）：　　　　　　　　乙方：

签字日期：　　　　　　　　　　签字日期：

（二）培训协议注意事项

1. 培训费用

培训费用指因员工参加培训而产生的相关费用，包括住宿费、伙食费、培训场地费、讲课费、培训资料费、交通费、其他费用。由于培训的主要目的是增强员工与用人单位的契合度或是提高员工技能水平，使其能更好地为本单位服务，因此，员工培训费用一般需由用人单位承担，对此我国相关法律法规也作出了规定。但是在特定情形下，根据培训类别的不同，部分受训员工亦需承担一些培训费用。有关培训费用支付详见表 4–2。

表 4–2　　培训费用支付说明表

培训类别	培训目的	费用支付方	法律依据
职业培训	提高员工与岗位工作的适应性，增强员工与用人单位的契合度	用人单位	《劳动法》第六十八条规定，用人单位应当建立职业培训制度，按照国家规定提取和使用职业培训经费，根据本单位实际，有计划地对劳动者进行职业培训。从事技术工种的劳动者，上岗前必须经过培训。 《职业教育法》第五十八条规定，企业应当根据国务院的标准，按照职工工资总额一定比例提取和使用职工教育经费。职工教育经费可以用于举办职业教育机构、对本单位的职工和准备招用人员进行职业教育等合理用途，其中用于企业一线职工的经费应当达到国家规定的比例。 可见，用人单位为员工提供职业培训是其应尽的义务，而支付培训费用是用人单位履行义务的表现。因此，用人单位需承担职业培训相关费用，并且不得要求受训员工偿还相关费用

续表

培训类别	培训目的	费用支付方	法律依据
专业技术培训	提高员工技能水平	用人单位（但受训员工出现违约时，用人单位可要求受训员工偿还部分培训费用）	《劳动合同法》第二十二条规定，用人单位为劳动者提供专项培训费用，对其进行专业技术培训的，可以与该劳动者订立协议，约定服务期。劳动者违反服务期约定的，应当按照约定向用人单位支付违约金。违约金的数额不得超过用人单位提供的培训费用。用人单位要求劳动者支付的违约金不得超过服务期尚未履行部分所应分摊的培训费用。用人单位与劳动者约定服务期的，不影响按照正常的工资调整机制提高劳动者在服务期期间的劳动报酬。 《违反〈劳动法〉有关劳动合同规定的赔偿办法》第四条规定，劳动者违反规定或劳动合同的约定解除劳动合同，对用人单位造成损失的，劳动者应赔偿用人单位下列损失： （1）用人单位招收录用其所支付的费用； （2）用人单位为其支付的培训费用，双方另有约定的按约定办理； （3）对生产、经营和工作造成的直接经济损失； （4）劳动合同约定的其他赔偿费用

2. 培训服务期

上文已经提到，《劳动合同法》及其他相关法规并未对培训时间作限制性的规定，只规定了可约定服务期，根据《劳动合同法》第二十二条有关内容可知，服务期约定是为员工提供专项培训费用及专业技术培训的用人单位的一项权利，用以平衡用人单位和员工双方在培训过程中的权益。

用人单位需根据专项培训费用的使用情况、相关专业技术培训的特点以及相关工作岗位的工作特点等，与员工共同协商确定服务期限。在服务期约定过程中，用人单位需注意服务期与试用期及劳动合同期之间的关系，以便约定合适的服务期。

（1）服务期与试用期出现重合。试用期是用人单位和员工为了相互了解、相互选择而约定的，不超过六个月的考察期。服务期与试用期重合，即在员工试用期间，用人单位为员工提供了专项培训或专业技术培训，并约定了服务期，导致二者出现重合的部分。对这一情形的分析，重点是接受用人单位专业技术培训的试用期员工在试用期期间离职，用人单位办理离职手续时是以员工试用期离职规定为依据，还是以员工培训服务期离职规定为依据。

在培训服务期与试用期重合情形下，用人单位在试用期员工违反服务期约定辞职时，需优先按照相关法律对于试用期员工解除劳动合同的规定进行处理，即无论用人单位是否与试用期员工约定了培训服务期及相关违约赔偿事宜，只要员工在试用期内提前三天提出解除劳动合同的要求，用人单位就需为其办理离职，并不得要求其赔偿培训服务期违约金。

因此，用人单位在确定培训服务期时，需注意服务期尽量不要与试用期重合，以免出现受训员工在试用期离职，而用人单位难以要求赔偿的情形。如用人单位确实需要为试用期员工提供相关专业技术培训，可提前为试用期员工办理转正，以确保双方约定培训服务期及违约赔偿的有效性。

（2）服务期长于劳动合同期限。劳动合同期限是劳动合同的有效时间，一般起始于劳动合同的生效时间，而终止于劳动合同的终止时间。服务期长于劳动合同期是指劳动合同期已满但服务期未满的情形。

《劳动合同法实施条例》第十七条规定，劳动合同期满，但是用人单位与劳动者依照劳动合同法第二十二条的规定约定的服务期尚未到期的，劳动合同应当续延至服务期满；双方另有约定的，从其约定。由此可见，服务期长于劳动合同期时，除双方另有约定外，用人单位可依法要求员工将劳动合同续延至服务期满。如果用人单位放弃对剩余服务期的要求时，劳动合同可以终止，此时用人单位不得要求员工承担剩余服务期的赔偿责任。

3. 违约金

培训服务期违约金是指员工在违反培训服务期约定时，需按照与用人单位的事先约定支付给用人单位的赔偿。收取违约金是用人单位在员工违反培训服务期约定时，对用人单位为员工提供专业技术培训相关费用，而员工在服务期离职的一种补偿措施，具体实施要求如下：

（1）明确违约金核算范围。培训服务期违约金核算的范围是用人单位用于员工培训的直接费用，《劳动合同法实施条例》第十六条规定，培训费用具体包括用人单位为了对劳动者进行专业技术培训而支付的有凭证的培训费用、培训期间的差旅费用以及因培训产生的用于该劳动者的其他直接费用。而对于其他超出违约金核算范围的费用，用人单位在核算时不得计入其中。

（2）确定违约金的数额。对于培训服务期违约金的数额，用人单位可同员工进行商议确定，但是其上限不得超过《劳动合同法》第二十二条中规定的数额，即违约金的数额不得超过用人单位提供的培训费用。用人单位要求员工支付的违约金不得超过服务期尚未履行部分所应分摊的培训费用。

（三）外部培训实施风险管理

外部培训主要是指学历教育培训、参加专题讲座或交流会、赴国外参观或访问考察、到其他公司进行参观访问与交流等。

外部培训同样存在一定的风险，如果外部培训员工的学习效果未达到用人单位的预期，或不能满足用人单位要求，会使用人单位的培训费用白白浪费。如果外部培训员工在培训后没有完成约定的服务期就主动离职，用人单位势必会蒙受经济损失。

为了规避外部培训的风险，用人单位可以采取以下四种措施。

1. 做好培训需求分析

做好培训需求分析，合理制订员工培训计划是培训成功的关键。培训需求分析过程包括组织分析、人员分析和任务分析。经过培训需求调查后，用人单位要根据培训需求分析的结果，制订符合用人单位实际的外部培训计划。

2. 做好人力资源规划

用人单位应根据目前的人力资源状况，以及未来一段时间内单位的人力资源质量和数量方面的需要，做好引进、保持、提高、流出人力资源的预测和相关事项。用人单位正常的人员流动是不可避免的，因此用人单位在实施外部培训之前应提前做好预测与规划，减少人员流失的损失。

3. 谨慎选择培训对象

用人单位应对参加外部培训人员的资格进行审核，谨慎选择培训对象，尽量选择与公司签订劳动合同的，在本单位连续就职多年，且有长期在本单位工作意愿的正式员工，以及根据单位的人才储备计划被列为储备人才的员工。

4. 签订培训服务协议

占用一定工作时间，或用人单位统一支付培训费用且数额较大的外部培训，用人单位可以与劳动者签订培训服务协议书，约定服务年限、明确用人单位和劳动者的权利和义务及违约责任，并将其作为劳动合同的附件执行。劳动者如果违反服务期约定，应当按照规定向用人单位支付违约金。

二、商业秘密与竞业限制

（一）商业秘密

1. 商业秘密概述

《反不正当竞争法》第九条规定，商业秘密是指不为公众所知悉、具有商业价值并经权利人采取相应保密措施的技术信息、经营信息等商业信息。

商业秘密具有以下三个特点。

（1）客观秘密性。商业秘密首先必须是处于秘密状态的信息，不可能从公开的渠道所获悉。《国家工商行政管理局关于禁止侵犯商业秘密行为的若干规定》指出，不为公众知悉，是指该信息是不能从公开渠道直接获取的。

（2）实用性和价值性。首先，商业秘密与其他理论成果的根本区别就在于，商业秘密具有现实或潜在的实用性。商业秘密必须是一种现在或者将来能够应用于生产经营或者对生产经营有用的具体的技术方案和经营策略。不能直接或间接使用于生产经营活动的信息，不具有实用性，不属于商业秘密。其次，作为商业秘密的信息应能为权利人带来现实的或潜在的经济利益，具有一定的经济价值。这里的经济价值既包括经济收益，也包括市场竞争优势。

（3）权利人采取了保密措施。只有当权利人采取了能够明示其保密意图的措施，才能成为法律意义上的商业秘密。

具有下列情形之一，在正常情况下足以防止涉密信息泄露的，应当认定权利人采取了保密措施：

1）限定涉密信息的知悉范围，只对必须知悉的相关人员告知其内容；

2）对于涉密信息载体采取加密等防范措施；

3）在涉密信息的载体上标有保密标志；

4）对于涉密信息采用密码或者代码等；

5）签订保密协议；

6）对于涉密的机器、厂房、车间等场所限制来访者或者提出保密要求；

7）确保信息秘密的其他合理措施。

实践中，保密措施包括订立保密协议、建立保密制度及对商业秘密的存放、使用、转移各环节采取有效的监管措施等。如用人单位与员工仅约定某些信息是商业秘密，但是除了与员工签订保密协议外，并未采取任何其他措施保守该商业秘密，每一个员工都可以轻易获取，这种信息就不能被认定为商业秘密。

上述三个特征，是商业秘密缺一不可的构成要素。反过来说，只有同时具备以上三个特征的技术信息和经营信息，才属于商业秘密。

2. 商业保密协议的签订

《劳动合同法》第二十三条规定，用人单位与劳动者可以在劳动合同中约定保守用人单位的商业秘密和与知识产权相关的保密事项。为了确保保密协议的顺利签订，企业人力资源管理人员需要设计好相应的保密协议条款。

（1）保密协议条款的内容包括以下七项。

1）保密范围和内容。企业人力资源管理人员在设计保密协议时，应当首先明确保密的范围和具体内容，以免对是否属于商业秘密及是否应保密产生分歧。商业秘密的范围一般包括技术信息、经营信息和特殊约定的其他秘密。

2）保密期限。保密协议中应明确约定保密期限，虽然法律规定员工保守秘密的义务不因劳动合同的解除、终止而免除，但由于商业秘密存在过期、被公开或被淘汰的情况，因此企业人力资源管理人员最好还是约定保密义务的起止时间，以免引起不必要的纠纷。

3）保密主体。企业人力资源管理人员应设计保密条款，要求相关人员保守企业的商业秘密。

①商业秘密的保密主体一般为涉密岗位的劳动者，企业需设计条款要求其不得披露、赠予、转让、销毁或者协助第三人侵犯公司的商业秘密。

②非主要承担保密义务的劳动者在工作中有意或无意获悉企业秘密时，也应该列入保密主体的范围，承担保密责任。

③那些掌握了商业秘密的劳动者的家属、朋友，对保守商业秘密也应该负有同等义务。

4）双方的权利、义务。在保密协议中应设计如何使用商业秘密、涉及商业秘密的职务成果的归属、涉密文件的保存与销毁方式等内容，有特殊条款的还应以列举的方式进行约定。

此外，根据《劳动合同法》的规定，保密协议中不得直接设定违约金。但这并不意味着保密协议中不可约定违约责任，保密协议中可约定违反保密义务的赔偿内容以及计算赔偿数额的方式。

5）保密津贴。员工在职期间，不少企业会按月支付“保密津贴”，这主要是为了进一步提高职工保密意识和保密的积极性。保密津贴应当在工资单上单独列支，注明费用名称。但是对于保密津贴的支付标准，我国现行法律并无明确规定，企业人力资源管理人员可视自身情况进行适当规定。

6）违约责任条款。保密协议的违约责任可以用赔偿金来体现。赔偿金是指因员工违约泄密给企业造成经济损失时，应对企业的实际损失予以相应的赔偿。

7）纠纷管辖机构。保密协议中可以约定纠纷管辖机构，但纠纷管辖机构必须确定、唯一。

每个企业需要保密的情形不尽相同，如何设计保密协议条款以更好地保护企业的权益还需具体情况具体分析。设计保密协议条款时最好咨询专业律师。

（2）签订保密协议的注意事项。为了保守企业商业秘密，维护企业利益，企业人力资源管理人员要与员工在签订劳动合同的基础上，补充签订保密协议。企业人力资源管理人员在签订保密协议时，需要注意以下事项。

1）保密协议签订的形式。企业与员工既可以在劳动合同中约定保密条款，也可以订立专门的保密协议。但无论选择何种方式，都应当采取法定的书面形式，并做到条款清晰、明确。

2）主要保密条款齐全。签订保密协议需要包括保密的内容、保密的人员范围、保密协议双方的权利和义务、保密协议的期限、保密津贴和违约责任等主要条款，确保保密协议条款完善齐全。

3）明确保密条款内容。不同的企业和同一企业的不同时期，所持的商业秘密是不一样的，在约定保密内容时，务必把需要保密的对象、范围、内容和期限等明确下来。

4）遵循公平原则。《劳动法》第二十二条规定，劳动合同当事人可以在劳动合同中约定保守用人单位商业秘密的有关事项。这是劳动领域中订立保密协议的法律依据。保密协议跟其他协议一样，首先必须遵循公平、平等的原则，才具有法律效力。

3. 商业秘密侵权行为处理

商业秘密侵权行为是行为人侵犯权利人商业秘密权的行为，主要指负有保密义务的员工或实施侵权行为的第三人等相关行为人，未获得用人单位许可，以非法手段获取商业秘密并进行公开或使用的行为。

（1）侵权途径。相关行为人非法获得用人单位商业秘密的途径主要有直接侵权和间接侵权两种。

1）直接侵权是指直接从用人单位处非法获取商业秘密并进行公开或使用。

2）间接侵权是指通过第三人从用人单位处非法获取商业秘密并进行公开或使用。

（2）侵权表现形式。商业秘密侵权行为的表现形式有多种。根据《反不正当竞争法》第九条和《刑法》第二百一十九条的相关规定，易发生于用人单位的商业秘密侵权行为的表现形式主要如下：

1）以盗窃、贿赂、欺诈、胁迫、电子侵入或者其他不正当手段获取权利人的商业秘密；

2）披露、使用或者允许他人使用以前项手段获取的权利人的商业秘密；

3）违反保密义务或者违反权利人有关保守商业秘密的要求，披露、使用或者允许他人使用其所掌握的商业秘密；

4）教唆、引诱、帮助他人违反保密义务或者违反权利人有关保守商业秘密的要求，获取、披露、使用或者允许他人使用权利人的商业秘密。

经营者以外的其他自然人、法人和非法人组织实施以上所列违法行为的，视为侵犯商业秘密。第三人明知或者应知商业秘密权利人的员工、前员工或者其他单位、个人实施以上所列违法行为，仍获取、披露、使用或者允许他人使用该商业秘密的，视为侵犯商业秘密。

（3）侵权行为处理。侵权行为的处理方法主要有以下四种。

1）与侵权人协商。用人单位发现相关行为人侵犯商业秘密时，可根据事先签订的保密协议或根据相关法律法规的规定与相关行为人进行协商，确定停止侵权行为及相关赔偿事宜。与相关行为人协商时，主要可参考的法律依据有：《劳动法》第一百零二条规定，劳动者违反本法规定的条件解除劳动合同或者违反劳动合同中约定的保密事项，对用人单位造成经济损失的，应当依法承担赔偿责任。《反不正当竞争法》第二十一条规定，经营者以及其他自然人、法人和非法人组织违反本法规定侵犯商业秘密的，由监督检查部门责令停止违法行为，没收违法所得，处十万元以上一百万元以下的罚款；情节严重的，处五十万元以上五百万元以下的罚款。

2）向市场监管部门投诉。用人单位发现商业秘密侵权行为，并与相关行为人协商不成后，用人单位可向市场监管部门投诉，申请市场监管部门对相关行为人的侵权行为进行查处。如经市场监管部门调查确定存在侵权行为时，用人单位可申请市场监管部门禁止侵权人的侵权行为。而对于损害赔偿问题，用人单位可依据《国家工商行政管理局关于禁止侵犯商业秘密行为的若干规定》的有关规定作出要求。

3）申请仲裁。用人单位发现商业秘密侵权行为，并与相关行为人协商不成或调解不成后，用人单位可向当地劳动争议仲裁委员会提交仲裁申请，申请劳动争议仲裁委员会对相关行为人的侵权行为进行裁决。

4）提起诉讼。如用人单位对仲裁裁决的结果不服时，用人单位应在接到仲裁结果后，在规定的时间向人民法院提起诉讼。

（二）竞业限制

根据《劳动合同法》第二十三条有关内容，对负有保密义务的员工，企业可以在劳动合同或者保密协议中与员工约定竞业限制条款。

1. 竞业限制的人员

《劳动合同法》第二十四条规定，竞业限制的人员限于用人单位的高级管理人员、高级技术人员和其他负有保密义务的人员。这意味着并非所有的员工都需要签订竞业限制协议，企业需要考虑到成本等问题，因为进行竞业限制就必须得支付补偿金，对那些根本不可能接触到商业秘密和知识产权信息的人员，如保安、清洁工、司机等员工，就没有必要进行竞业限制。至于哪些员工需要进行竞业限制，应该根据企业的实际情况来确定。

2. 竞业限制的地域范围

《劳动合同法》第二十四条规定，竞业限制的范围、地域、期限由用人单位与劳动者约定，竞业限制的约定不得违反法律法规的规定。

竞业限制协议限制了员工的就业权，因此不能任意扩大竞业限制的范围，原则上竞业限制的地域范围，应当以能够与企业形成实际竞争关系的地域为限。

3. 竞业限制的期限

《劳动合同法》第二十四条规定，在解除或者终止劳动合同后，上述规定的竞业限制人员到与本单位生产或者经营同类产品、从事同类业务的有竞争关系的其他用人单位，或者自己开业生产或者经营同类产品、从事同类业务的竞业限制期限，不得超过两年。

因此，竞业限制的期限虽然可以由员工和企业约定，但不得超过劳动合同解除或者终止之后两年，超过部分无效。

4. 竞业限制的从业范围

根据《劳动合同法》第二十四条有关内容的规定，竞业限制的从业范围可以分为如下两类：

（1）不得加入同类企业，即不得到与本单位生产或者经营同类产品、从事同类业务的有竞争关系的其他用人单位。

（2）不得自己开设同类的公司，即不得自己开业生产或者经营同类产品、从事同类业务。

5. 竞业限制的补偿

竞业限制限制了员工的劳动权利，由于受到协议的限制，就业范围大幅缩小，因此对其进行补偿成为必要。

《劳动合同法》第二十三条规定，对负有保密义务的员工，用人单位可在解除或者终止劳动合同后，按照竞业限制约定，在竞业限制期限内按月给予劳动者经济补偿。由此可以看出，补偿金支付是用人单位的法定义务。

6. 竞业限制的违约金

《劳动合同法》第二十三条规定，劳动者违反竞业限制约定的，应当按照约定向企业支付违约金。因此，违反竞业限制的违约金是单方面的违约金，仅限于员工向企业支付，而企业违反竞业限制约定的，体现为不按时支付竞业限制经济补偿金，而不承担支付违约金的义务。违反竞业限制义务而产生的违约金的具体数额由企业与员工进行约定，法律法规对该数额并没有明确规定。

竞业限制违约金的存在增加了员工违反竞业限制约定行为的成本，对员工的违约行为起到一定的限制作用，因此用人单位可使用竞业限制违约金对竞业限制期的员工进行约束。具体应注意以下三点：

（1）用人单位和员工需按照公平合理的原则协商约定违约金数额，其制定依据由用人单位商业秘密被侵害而受到的实际损失、违约员工因违反约定所获得的收益及因员工违约造成该商业秘密完全公开时商业秘密的全部价值等。

（2）用人单位和员工即使未事先协商约定竞业限制违约金数额，也不影响竞业限制协议的有效性，如员工违约，用人单位可要求员工及其违约服务的经营者赔偿。

（3）在离职员工违反竞业限制约定并向用人单位支付违约金后，用人单位可要求其按照约定继续履行竞业限制义务。

以下是竞业限制协议范例，供参考。

竞业限制协议

甲方（用人单位）：

乙方（劳动者）：

鉴于乙方知悉的甲方商业秘密对甲方具有重要影响，为保护双方的合法权益，双方根据《中华人民共和国劳动法》《中华人民共和国劳动合同法》及其他相关法律法规的规定，本着平等自愿和诚信的原则，经协商一致，达成以下协议，双方共同遵守。

一、甲乙双方权利和义务

（一）乙方承诺

1. 未经甲方同意，乙方在职期间不得自营或者为他人经营与甲方同类的业务。

2. 乙方不论因何种原因从甲方离职，离职后 ___ 年内（自劳动关系解除之日起计算，到劳动关系解除 ___ 年后的次日止）都不得到与甲方有竞争关系的单位就职。这些单位包括但不限于：

（1）同行业与甲方有竞争关系的公司；

（2）甲方认为已经成为或者可能成为竞争对手的各类公司。

3. 乙方不论因何原因从甲方离职，离职后 ___ 年内（自劳动关系解除之日起计算，到劳动关系解除 ___ 年后的次日止）都不得自办与甲方有竞争关系的公司或者从事与甲方商业秘密有关产品的生产。

4. 乙方在甲方工作期间及乙方从甲方离职后，乙方承担的其他义务包括但不限于：不泄露、不使用、不使他人获得或使用甲方的商业秘密；不传播、不扩散不利于甲方的消息或报道。

（二）甲方承诺

从乙方离职后开始计算竞业限制期起，甲方应当按照竞业限制期限向乙方支付一定数额的竞业限制补偿费。

二、合同的权利义务终止

双方商定，出现下列情况之一的，本协议自行终止。

（一）乙方所掌握的甲方重要商业秘密已经公开，而且由于该公开导致乙方对甲方的竞争优势已无重要影响。

（二）甲乙双方约定的其他终止事项：________________________。

三、违约责任

（一）乙方如违反本协议任何条款，视违约情况向甲方支付不低于______元的违约金，并且甲方有权不经预告便解除与乙方的聘用关系。

（二）乙方的违约行为给甲方造成重大损失的，甲方有权视造成损失的情况向乙方索赔，直至追究其法律责任。

四、争议处理

因本协议引起的纠纷，如果协商解决不成，任何一方均有权向甲方所在地的人民法院提出诉讼。

五、其他

（一）本协议如与双方以前的口头或书面协议有抵触，以本协议为准。

（二）本协议经双方签字或盖章完成之日起生效。双方确认，在签署本协议之前已仔细审阅协议内容，并完全了解协议各条款的法律含义。

（三）本协议一式两份，双方各执一份，具有同等法律效力。

甲方（盖章）　　　　　　　　乙方（签名或盖章）

法定代表人签名：

日期：____年____月____日　　　　日期：____年____月____日

本章自测题

1. 简述企业规章制度的特点。
2. 简述企业规章制度的制定要求。
3. 说出几种奖励与惩罚类型。
4. 简要说明培训协议的主要内容。
5. 商业秘密侵权行为有哪些处理办法？
6. 简述竞业限制的对象、期限和限制范围。

第五章　劳动权益保护

学习目标

➢ 了解职业病及其分类，劳动安全相关法律条文

➢ 掌握工作时间制度，最低工资相关法律条文，工资计算、工资支付内容

➢ 熟悉劳动安全防护措施，劳动防护用品管理

引导案例

吴某是某四星级酒店的服务员，每天工作 6 小时，但是没有休息日，长时间的工作使他疲惫不堪。2020 年 11 月，吴某提出每周应该有休息日，请求部门经理批准。于是部门经理向总经理请示，结果被拒绝，并给吴某反馈的理由是：酒店每日只工作 6 小时，每周工作的时间比《劳动法》规定的每日 8 小时还少 2 小时，因此不再有休息日。为此，双方发生争执。吴某最终向当地的劳动争议仲裁委员会提出申请，请求给予休息日待遇。

最后吴某对酒店已失去信心，无法再为酒店继续工作，所以他"跳槽"去了某食品公司，吴某在入职的第一年年底，就遇到公司销售的高峰期，产品供不应求，订单飞涨。但是由于人员有限，想要按期完成所有订单，必须增加员工人数或者延长上班时间。公司高层经讨论之后，决定让现有员工加班来完成订单，并向全体员工发布了相关公告：全体员工，由于公司销售订单剧增，生产任务加重，为了如期完成订单，公司准备安排部分员工每天加班4小时，周六、周日不休息。加班按自愿原则，凡愿意参加加班的员工，公司会按高于法定加班工资的标准支付加班费，并在周六、周日接送上班。通知下发后，多数员工认为这次公司安排加班给予了很好的待遇，比较公平，可以接受，然而吴某认为加班时间过长，违反了相关法律，但是看其他员工都乐于接受，吴某也不好提出反对意见，只好跟随大家一起加班。

请认真阅读以上案例，回答下面问题：

（1）请分析吴某曾任职过的酒店，工作时间是否合法，说出具体原因。

（2）请分析吴某现就职的食品公司，加班时间是否合法，说出具体原因。

第一节　工作时间与工资制度

一、工作时间

（一）工作时间的概念

工作时间，即法定工作时间，是指员工为履行工作义务，依法为用人单位工作或者生产的时间。

工作时间制度是指由国家统一制定的，规范和约束用人单位用工时间的相关制度。

工作时间由国家相关法律具体规定，用人单位通过劳动合同形式遵守执行。不同的工作时间段及采用不同类型工作时间制的用人单位，劳动报酬支付标准也不同，员工或用人单位不遵守相关规定或约定的，要承担相应的法律责任。

（二）工作时间的种类

工作时间分为标准工作时间、综合工作时间、不定时工作制、计件工作时间和缩短工作时间及加班加点工作时间。

1. 标准工作时间

《国务院关于职工工作时间的规定》是我国现行工时制的主要依据，它将1994年的《劳动法》规定的工作时间从每日8小时、每周不超过44小时，改为每日8小时、每周不超过40小时。

2. 综合工作时间

综合工作时间是指分别以周、月、季、年等为周期，综合计算工作时间，但平均日工作时间和平均周工作时间应符合法定工作时间。

3. 不定时工作制

不定时工作制也叫无定时工时制，是指没有固定工作时间限制，针对因生产特点、工作性质特殊需要或职责范围的关系，需要连续上班或难以按时上下班，无法适用标准工作时间或需要机动作业的职工而采用的一种工作时间制度，如用人单位高级管理人员、外勤人员、推销人员、部分值班人员、从事交通运输的工作人员等。

4. 计件工作时间

计件工作时间是以员工完成一定劳动定额为标准的工作时间。对实行计件工作的员工，用人单位应根据国家有关规定合理地确立劳动定额和计件报酬标准。

5. 缩短工作时间

缩短工作时间是指法律规定的在特殊情况下，员工工作时间长度少于标准工作时间的工时制度。常见情况有以下三种：从事矿山井下，高温、有毒有害环境，特别繁重或过度紧张等作业的员工；从事夜班工作的员工；哺乳期内的女员工。

6. 加班加点工作时间

对于非正常工作日的工作时间，《劳动法》第四十一条明确规定，用人单位由于生产经营需要，经与工会和劳动者协商后可以延长工作时间，一般每日不得超过1小时；因特殊原因需要延长工作时间的，在保障劳动者身体健康的条件下延长工作时间每日不得超过3小时，但是每月不得超过36小时。

有下列情形之一的，延长工作时间不受上述规定的限制：

（1）发生自然灾害、事故或者因其他原因，威胁劳动者生命健康和财产安全，需要紧急处理的；

（2）生产设备、交通运输线路、公共设施发生故障，影响生产和公众利益，必须及时抢修的；

（3）法律、行政法规规定的其他情形。

（三）工作时间的特点

1. 工作时间是员工履行劳动义务的时间

根据劳动合同的约定，员工必须为用人单位提供劳动合同约定的相应劳动，员工提供劳动的时间即为工作时间。工作时间包括工作小时、工作日和工作周三种。

2. 工作时间不局限于实际工作时间

工作时间不仅包括实际作业的时间，还包括准备时间、工作结束收尾时间、法定非劳动消耗时间，以及依据法律法规或单位行政安排离岗从事其他活动的时间。法定非劳动消耗时间是指员工自然中断的时间、工艺中断时间、停工待活时间、女员工哺乳婴儿时间、出差时间等。

3. 工作时间是用人单位计发员工报酬的依据之一

员工按照劳动合同约定提供劳动，即可获得约定的相应劳动报酬。加班加点的，另行计算加班加点工资。

4. 工作时间是依法制定的

工作时间由国家规定，用人单位通过劳动合同约定形式遵照执行。

（四）工作时间制度的相关法律规定

（1）《国务院关于职工工作时间的规定》第三条规定，职工每日工作8小时、每周工作40小时。

（2）《国务院关于职工工作时间的规定》第五条规定，因工作性质或者生产特点的限制，不能实行每日工作8小时、每周工作40小时标准工时制度的，按照国家有关规定，可以实行其他工作和休息办法。

（3）《国务院关于职工工作时间的规定》第七条规定，国家机关、事业单位实行统一的工作时间，星期六和星期日为周休息日。企业和不能实行上述规定的统一工作时间的事业单位，可以根据实际情况灵活安排周休息日。

（4）《劳动法》第三十八条规定，用人单位应当保证劳动者每周至少休息一日。

（5）《劳动法》第四十一条规定，用人单位由于生产经营需要，经与工会和劳动者协商后可以延长工作时间，一般每日不得超过1小时，因特殊原因需要延长工作时间的，在保障劳动者身体健康的条件下延长工作时间每日不得超过3小时，但是每月不得超过36小时。

二、最低工资保障

（一）最低工资的概念

为了维护劳动者取得劳动报酬的合法权益，保障劳动者个人及其家庭成员的基本生活，根据劳动法和国务院有关规定，2003年12月30日劳动和社会保障部第7次部务会议通过了《最低工资规定》，并于2004年3月1日起施行，1993年11月24日劳动部发布的《企业最低工资规定》同时废止。《最低工资规定》指出，最低工资标准是指劳动者在法定工作时间或依法签订的劳动合同约定的工作时间内提供了正常劳动的前提下，用人单位依法应支付的最低劳动报酬。

最低工资保障将会影响劳动者的生活状况和工作稳定性，进而影响社会的安定。用人单位应在符合国家规定的基础上，明确支付给劳动者的最低工资标准。

（二）最低工资组成

最低工资的组成包括基本工资、奖金、津贴、浮动工资以及员工在完成工作时所获得的奖金等。用人单位应支付给员工的最低工资不包括以下内容：

（1）延长工作时间工资；

（2）中班、夜班、高温、低温、井下、有毒有害等特殊工作环境和条件下的津贴；

（3）法律、法规和国家规定的员工福利待遇等。

（三）不同情形的最低工资

国家对不同情形的最低工资均有相应的规定，具体内容如下。

1. 试用期月最低工资

员工在试用期的工资不得低于本单位同岗位最低档工资或者劳动合同约定工资的 80%，并不得低于用人单位所在地最低工资标准。

2. 合同中最低工资

集体合同中，劳动条件和劳动报酬等标准不得低于当地人民政府规定的最低标准；用人单位与员工订立的劳动合同中劳动条件和劳动报酬等标准，不得低于集体合同规定的标准。

3. 小时最低工资

非全日制用工小时计酬标准不得低于用人单位所在地人民政府的规定。

（四）最低工资标准的参考依据

随着经济的发展，人民生活水平的不断提高，每个地区的最低工资标准基本上都在变化，国家相关法律也明确了确定最低工资标准的参考因素。一般情况下，确定和调整最低工资标准应当综合参考五项因素，即员工本人及平均赡养人口的最低生活费用、社会平均工资水平、劳动生产率、就业状况、地区之间经济发展水平的差异。

（五）法定最低工资标准的确定和调整

用人单位执行的最低工资标准应该满足以下三个条件。

（1）最低工资标准由省、自治区、直辖市人民政府规定，报国务院备案。

（2）小时最低工资标准的确定和调整，在月最低工资标准基础上，考虑单位应缴纳的基本养老保险费等因素，同时适当考虑非全日制员工在工作稳定性、劳动条件和劳动强度、福利等方面与全日制就业人员之间的差异。

（3）月最低工资标准的确定和调整遵照以下依据：

1）员工本人及平均赡养人口的最低生活费用；

2）用人单位所在地的社会平均工资水平；

3）劳动生产率；

4）社会劳动力就业状况；

5）地区之间的经济发展水平的差异。

（六）最低工资标准的测算

1. 确定最低工资标准应考虑的因素

确定最低工资标准一般考虑城镇居民生活费用支出，职工个人缴纳社会保险费、住房公积金，职工平均工资，失业率，经济发展水平等因素。可用如下公式表示：

$$M=f（C、S、A、U、E、a）$$

其中，M——最低工资标准；C——城镇居民人均生活费用；S——职工个人缴纳社会保险费、住房公积金；A——职工平均工资；U——失业率；E——经济发展水平；a——调整因素。

2. 确定最低工资标准的通用方法

（1）比重法。根据城镇居民家计调查资料，确定一定比例的最低人均收入户为贫困户，统计出贫困户的人均生活费用支出水平，乘以每位就业者的赡养系数，再加上调整数。

（2）恩格尔系数法。根据营养学会提供的年度标准食物表及标准食物摄取量，结合标准食物的市场价格，计算出最低食物支出标准，除以恩格尔系数，得出最低生活费用标准，再乘以每位就业者的赡养系数，最后加上调整数。

以上方法计算出月最低工资标准后，再考虑职工个人缴纳社会保险费、住房公积金，职工平均工资水平，社会救济金和失业保险金标准，就业状况，经济发展水平等进行必要的修正。

例如，某地区最低收入组人均每月生活费支出为210元，每位就业者赡养系数为1.87，最低食物费用为127元，恩格尔系数为0.604，平均工资为900元。

按比重法计算得出该地区月最低工资标准为：

月最低工资标准（元）$=210\times1.87+a=393+a$

按恩格尔系数法计算得出该地区月最低工资标准为：

月最低工资标准（元）$=127\div0.604\times1.87+a=393+a$

公式中 a 的调整因素主要考虑当地个人缴纳养老、失业、医疗保险费和住房公积金等费用。

国际上一般月最低工资标准相当于月平均工资的40%～60%，由此来看，该地区月最低工资标准范围应为360～540元。

小时最低工资标准（元）=［（月最低工资标准 ÷20.92÷8）×（1+单位应当缴纳的基本养老保险费、基本医疗保险费比例之和）］×（1+浮动系数）

表5–1为我国31个地区最低工资标准情况（截至2020年3月31日）。

表 5-1　　全国 31 个地区最低工资标准情况　　单位：元

地区	月最低工资标准				小时最低工资标准			
	第一档	第二档	第三档	第四档	第一档	第二档	第三档	第四档
北京	2 200				24			
天津	2 050				20.8			
河北	1 900	1 790	1 680	1 580	19	18	17	16
山西	1 700	1 600	1 500	1 400	18.5	17.4	16.3	15.2
内蒙古	1 760	1 660	1 560	1 460	18.6	17.6	16.5	15.5
辽宁	1 810	1 610	1 480	1 300	18.3	16.3	15	13.2
吉林	1 780	1 680	1 580	1 480	17	16	15	14
黑龙江	1 680	1 450	1 270		16	13	12	
上海	2 480				22			
江苏	2 020	1 830	1 620		18.5	16.5	14.5	
浙江	2 010	1 800	1 660	1 500	18.4	16.5	15	13.6
安徽	1 550	1 380	1 280	1 180	18	16	15	14
福建	1 800	1 720	1 570	1 420	18.5	18	16.5	15
江西	1 680	1 580	1 470		16.8	15.8	14.7	
山东	1 910	1 730	1 550		19.1	17.3	15.5	
河南	1 900	1 700	1 500		19	17	15	
湖北	1 750	1 500	1 380	1 250	18	16	14.5	13
湖南	1 700	1 540	1 380	1 220	17	15	13.5	12.5
广东	2 100	1 720	1 550	1 410	20.3	16.4	15.3	14
其中：深圳	2 200				20.3			
广西	1 810	1 580	1 430		17.5	15.3	14	
海南	1 670	1 570	1 520		15.3	14.4	14	
重庆	1 800	1 700			18	17		
四川	1 780	1 650	1 550		18.7	17.4	16.3	
贵州	1 790	1 670	1 570		18.6	17.5	16.5	
云南	1 670	1 500	1 350		15	14	13	
西藏	1 650				16			

续表

地区	月最低工资标准				小时最低工资标准			
	第一档	第二档	第三档	第四档	第一档	第二档	第三档	第四档
陕西	1 800	1 700	1 600		18	17	16	
甘肃	1 620	1 570	1 520	1 470	17	16.5	15.9	15.4
青海	1 700				15.2			
宁夏	1 660	1 560	1 480		15.5	14.5	13.5	
新疆	1 820	1 620	1 540	1 460	18.2	16.2	15.4	14.6

注:本表数据统计时间截至 2020 年 3 月 31 日。

三、工资支付管理

（一）工资支付的概念

工资支付是劳动者权利保护的内容之一，用人单位应在相关制度中明确劳动者工资支付的具体内容。《劳动法》第五十条规定，工资应当以货币的形式按月支付给劳动者本人。不得克扣或者无故拖欠劳动者的工资。

（二）工资支付的形式

工资应以法定货币支付，不得以实物及有价证券代替货币支付。工资支付可以是现金也可以委托银行代发或者是通过网上电子银行转账。

（三）工资支付的时间

工资应在用人单位与劳动者约定的日期支付。通常按月支付，至少每月支付一次。实行周、日、小时工资制的，可按周、日、小时支付。用人单位因生产经营困难暂时无法按时支付工资的，应当向劳动者说明情况，并经与工会或者职工代表协商一致后，可以延期支付工资，但最长不得超过 30 日。

（四）工资支付折算方法

根据《全国年节及纪念日放假办法》的规定，全体公民的节日假期为 11 天。据此，职工全年月平均制度工作天数和工资折算办法分别进行调整。

1. 月工作天数

（1）年工作日计算方法如下：

365 天 –104 天（休息日）–11 天（法定节假日）=250 天

（2）月工作日计算方法如下：

250 天 ÷12 月 =20.83 天 / 月

根据此方法，可以计算出季度、年度相应的工作天数，天数乘以日工作时数（每天 8 小时）即可计算出月度、季度、年度相应的工作时数。

2. 工资折算办法

《劳动法》第五十一条规定，法定节假日用人单位应当依法支付工资，即折算日工资、小时工资时不剔除国家规定的 11 天法定节假日。因此，日工资、小时工资的折算方法如下：

（1）月计薪天数为（365 天 –104 天）÷12 月 =21.75 天；

（2）日工资为月工资收入 ÷ 月计薪天数 = 月工资收入 ÷21.75；

（3）小时工资为月工资收入 ÷（月计薪天数 ×8 小时）= 月工资收入 ÷（21.75×8）= 月工资收入 ÷174。

（五）法定假日支付

劳动者依法享受年休假、探亲假、婚假、丧假期间，以及依法参加社会活动期间，用人单位应按劳动合同规定的标准支付工资。

（六）支付额度

工资应依法足额支付，除法定或约定允许扣除工资的情况外，严禁非法克扣或无故拖欠劳动者工资。用人单位正常代扣的工资包括以下几种情况：

（1）用人单位代扣代缴的个人所得税；

（2）用人单位代扣代缴的应由劳动者个人负担的社会保险费用；

（3）法院判决、裁定中要求代扣的扶养费、赡养费；

（4）法律法规规定可以从劳动者工资中扣除的其他费用。

（七）工资支付的原则

工资支付应遵循以下四项原则：

（1）货币支付原则，即工资应当以法定货币支付；

（2）直接支付原则，即工资支付的对象应该是劳动者本人；

（3）定期支付原则，即工资必须在用人单位与劳动者约定的日期支付，禁止无故拖欠工资；

（4）全额支付原则，即禁止任意克扣工资。

（八）工资支付风险规避

国家在工资支付保障、最低工资支付、加班加点工资支付、特殊情况的工资支付等方面制定了许多相关的法律法规，用人单位要对有关工资支付的相关条款充分了解，这样才能有效地规避工资支付带来的不必要的风险。

有关工资支付保障方面，《劳动法》第四十六条规定，工资分配应当遵循按劳分配原则，实行同工同酬。工资水平在经济发展的基础上逐步提高。国家对工资总量实行宏观调控。

第五十条规定，工资应当以货币形式按月支付给劳动者本人。不得克扣或者无故拖欠劳动者的工资。

第五十一条规定，劳动者在法定休假日和婚丧假期间以及依法参加社会活动期间，用人单位应当依法支付工资。

有关最低工资支付方面，《劳动法》《劳动合同法》《工资支付暂行规定》《最低工资规定》等法律法规，对最低工资的给付进行了规范，用人单位不得以任何名义克扣或减少工资给付的数额。

有关加班加点工资的支付方面，《工资支付暂行规定》第十三条规定，用人单位在劳动者完成劳动定额或规定的工作任务后，根据实际需要安排劳动者在法定标准工作时间以外工作的，应按以下标准支付工资：

（1）用人单位依法安排劳动者在日法定标准工作时间以外延长工作时间的，按照不低于劳动合同规定的劳动者本人小时工资标准的150%支付劳动者工资；

（2）用人单位依法安排劳动者在休息日工作，而又不能安排补休的，按照不低于劳动合同规定的劳动者本人日或小时工资标准的200%支付劳动者工资；

（3）用人单位依法安排劳动者在法定休假节日工作的，按照不低于劳动合同规定的劳动者本人日或小时工资标准的300%支付劳动者工资。

实行计件工资的劳动者，在完成计件定额任务后，由用人单位安排延长工作时间的，应根据上述规定的原则，分别按照不低于其本人法定工作时间计件单价的150%、200%、300%支付其工资。

有关特殊情况下的工资支付方面，《工资支付暂行规定》第十一条规定，劳动者依法享受年休假、探亲假、婚假、丧假期间，用人单位应按劳动合同规定的标准支付劳动者工资。

第十四条规定，用人单位依法破产时，劳动者有权获得其工资。在破产清偿中用人单位应按《企业破产法》规定的清偿顺序，首先支付欠付本单位劳动者的工资。

《职工带薪年休假条例》第五条规定，单位确因工作需要不能安排职工休年休假的，经职工本人同意，可以不安排职工休年休假。对职工应休未休的年休假天数，单位应当按照该职工日工资收入的300%支付年休假工资报酬。

《劳动争议调解仲裁法》第十六条规定，因支付拖欠劳动报酬、工伤医疗费、经济补偿或者赔偿金事项达成调解协议，用人单位在协议约定期限内不履行的，劳动者可以持调解协议书依法向人民法院申请支付令。人民法院应当依法发出支付令。

除了了解上述法律规定的硬性条款外，用人单位自身也要制定好有关工资支付的规章制度，例如薪酬福利管理制度。另外，用人单位要根据自身的性质特征、同行业的平均工资水平以及物价水平等，确定科学、合理的工资水平和工资结构，使得用人单位稳定有序地发展。

第二节　职业健康与安全管理

一、职业病

（一）职业病的概念

《职业病防治法》规定，职业病是指企业、事业单位和个体经济组织等用人单位的劳动者在职业活动中，因接触粉尘、放射性物质和其他有毒、有害因素而引起的疾病。

职业病危害是指对从事职业活动的劳动者可能导致职业病的各种危害。职业病危害因素包括职业活动中存在的各种有害的化学、物理、生物因素以及在作业过程中产生的有其他职业有害的因素。

《职业病防治法》第四条规定，劳动者依法享有职业卫生保护的权利。用人单位应当为劳动者创造符合国家职业卫生标准和卫生要求的工作环境和条件，并采取措施保障劳动者获得职业卫生保护。

《职业病防治法》第五条规定，用人单位应当建立、健全职业病防治责任制，加强对职业病防治的管理，提高职业病防治水平，对本单位产生的职业病危害承担责任。

《职业病防治法》第七条规定，用人单位必须依法参加工伤保险。国务院和县级以上地方人民政府劳动保障行政部门应当加强对工伤保险的监督管理，确保劳动者依法享受工伤保险待遇。

（二）职业病的分类

为适应我国职业病防治工作需要，切实保障劳动者的职业健康及其相关权益，促进经济社会的可持续发展，国家卫生和计划生育委员会、国家安全生产监督管理总局、人力资源和社会保障部、中华全国总工会根据《职业病防治法》对2002年卫生部和劳动社会保障部联合印发的《职业病目录》进行修订，形成了《职业病分类和目录》(见表5–2)。

表5–2　职业病分类和目录

分类	目录
尘肺病	矽肺、煤工尘肺、石墨尘肺、碳黑尘肺、石棉肺、滑石尘肺、水泥尘肺、云母尘肺、陶工尘肺、铝尘肺等
其他呼吸系统疾病	过敏性肺炎、棉尘病、哮喘、金属及其化合物粉尘肺沉着病(锡、铁、锑、钡及其化合物等)、刺激性化学物所致慢性阻塞性肺疾病等
职业性皮肤病	接触性皮炎、光接触性皮炎、电光性皮炎、黑变病、痤疮、溃疡、化学性皮肤灼伤、白斑等
职业性眼病	化学性眼部灼伤、电光性眼炎、白内障(含放射性白内障、三硝基甲苯白内障)
职业性耳鼻喉口病	噪声聋、铬鼻病、牙酸蚀病、爆震聋
职业性化学中毒	铅及其化合物中毒(不包括四乙基铅)、汞及其化合物中毒、锰及其化合物中毒、镉及其化合物中毒、铍病、铊及其化合物中毒、钡及其化合物中毒、钒及其化合物中毒、磷及其化合物中毒等
物理因素所致职业病	中暑、减压病、高原病、航空病、手臂振动病、冻伤、激光所致眼(角膜、晶状体、视网膜)损伤
职业性放射性疾病	外照射急性放射病、外照射亚急性放射病、外照射慢性放射病、内照射放射病、放射性皮肤疾病、放射性肿瘤(含矿工高氡暴露所致肺癌)、放射性骨损伤等
职业性传染病	炭疽、森林脑炎、布鲁氏菌病、艾滋病(限于医疗卫生人员及人民警察)等
职业性肿瘤	石棉所致肺癌、间皮瘤，联苯胺所致膀胱癌，苯所致白血病，氯甲醚、双氯甲醚所致肺癌，砷及其化合物所致肺癌、皮肤癌，焦炉逸散物所致肺癌等
其他职业病	金属烟热、滑囊炎(限于井下工人)等

(三)职业病防治的必要性

职业病严重威胁、危害劳动者的健康。随着社会经济的不断发展和人们生活水平的不断提高，人们越来越认识到社会进步与经济发展处于同等重要的地位，经济发展的最终目的不仅仅是创造财富，而且是使人们能够过上高质量的生活，经济的发展不应以牺牲劳动者的健康作为代价。因此，预防和治疗职业病迫在眉睫。

在社会上出现的重大职业病危害事故中，多是由于用人单位不遵守《职业病防治法》，无视劳动者健康权益，作业场所环境恶劣，卫生防护设施差，职业卫生管理制度不落实造成的。劳动者缺乏健康权益意识和自我保护意识，违规、违章操作也是导致职业病的重要原因。因此，职业病防治应当从树立正确的职业病防治观念做起。

（四）职业病前期预防

职业病对劳动者会造成一定程度的危害，用人单位应加强对劳动者职业病的危害防治和控制。《职业病防治法》第五条规定，用人单位应当建立、健全职业病防治责任制，加强对职业病防治的管理，提高职业病防治水平，对本单位产生的职业病危害承担责任。

职业病危害的防治措施应该以预防为主，具体内容可概括为三个方面。

1. 对工作场所的要求

用人单位提供符合职业卫生标准的工作场所是防治职业病的基础环节，这一环节工作做得好，可以最大限度地消除或者减少劳动者受到职业病危害因素的侵害。根据《职业病防治法》的相关规定，产生职业病危害的用人单位的设立除应当符合法律、行政法规规定的设立条件外，其工作场所还应当符合下列职业卫生要求：

（1）职业病危害因素的强度或者浓度符合国家职业卫生标准；

（2）有与职业病危害防护相适应的设施；

（3）生产布局合理，符合有害与无害作业分开的原则；

（4）有配套的更衣间、洗浴间、孕妇休息间等卫生设施；

（5）设备、工具、用具等设施符合保护劳动者生理、心理健康的要求；

（6）法律、行政法规和国务院卫生行政部门关于保护劳动者健康的其他要求。

2. 职业病危害项目申报

用人单位工作场所存在职业病目录所列职业病的危害因素，应当及时、如实向所在地卫生行政部门申报危害项目，接受监督。职业病危害因素分类目录由国务院卫生行政部门制定、调整并公布。职业病危害项目申报的具体办法由国务院卫生行政部门制定。

3. 职业病危害评价

新建、扩建、改建建设项目和技术改造、技术引进项目（以下统称建设项目）可能产生职业病危害的，建设单位在可行性论证阶段应当进行职业病危害预评价。职业病危害预评价报告应当对建设项目可能产生的职业病危害因素及其对工作场所和劳动者健康的影响作出评价，确定危害类别和职业病防护措施。

建设项目在竣工验收前，建设单位应当进行职业病危害控制效果评价。医疗机构可能产生放射性职业病危害的建设项目竣工验收时，其放射性职业病防护设施经卫生行政部门验收合格后，方可投入正式生产和使用。

（五）职业病防治

1. 劳动过程中的防护

（1）劳动合同订立。用人单位与劳动者订立劳动合同时，应当将工作过程中可能产生的职业病危害及其后果、职业病防护措施和待遇等如实告知劳动者，并在劳动合同中写明，不得隐瞒或者欺骗。

（2）工作安排。用人单位在安排员工工作时，需要遵循以下规定：

1）不得安排未成年工从事接触职业病危害的作业；

2）不得安排孕期、哺乳期的女职工从事对本人和胎儿、婴儿有危害的作业；

3）不得安排未经上岗前职业健康检查的劳动者从事接触职业病危害的作业；

4）不得安排有职业禁忌的劳动者从事所禁忌的作业；

5）对在职业健康检查中发现有与所从事的职业相关的健康损害的劳动者，应当调离工作岗位，并妥善安置；

6）对未进行离岗前职业健康检查的劳动者不得解除或者终止与其订立的劳动合同。

（3）职业健康培训。用人单位应当组织对劳动者进行上岗前的职业卫生培训和在岗期间的定期职业卫生培训，普及职业卫生知识，督促劳动者遵守职业病防治法律、法规、规章和操作规程，指导劳动者正确使用职业病防护设备和个人使用的职业病防护用品。

2. 职业健康检查

对从事接触职业病危害作业的劳动者，用人单位应当按照国务院卫生行政部门的规定组织员工进行上岗前、在岗期间和离岗时的职业健康检查，并将检查结果书面告知劳动者。职业健康检查费用由用人单位承担。

用人单位应当为劳动者建立职业健康监护档案，并按照规定的期限妥善保存。职业健康监护档案应当包括劳动者的职业史、职业病危害接触史、职业健康检查结果和职业病诊疗等有关个人健康资料。劳动者离开用人单位时，有权索取本人职业健康监护档案复印件，用人单位应当如实、无偿提供，并在所提供的复印件上签章。

3. 职业病诊断治疗

发生或者可能发生急性职业病危害事故时，用人单位应当立即组织采取应急救援和控制措施，并及时报告所在地卫生行政部门和有关部门。

对遭受或者可能遭受急性职业病危害的劳动者，用人单位应当及时组织救治、进行健康检查和医学观察，所需费用由用人单位承担。

劳动者进行职业病诊断、鉴定过程中，用人单位应当如实提供职业病诊断、鉴定所需的劳动者职业史和职业病危害接触史、工作场所职业病危害因素检测结果等资料。

为了贯彻执行“预防为主，防治结合”的方针，保障劳动者在生产劳动过程中不受职业病危害因素的影响，预防职业病的发生，用人单位须根据职业健康管理相关规定制定职业健康管理制度。

（六）国家规定的职业病防治措施

1. 管理措施

根据《职业病防治法》相关规定，用人单位应当采取下列职业病防治管理措施：

（1）设置或者指定职业卫生管理机构或者组织，配备专职或者兼职的职业卫生管理人员，负责本单位的职业病防治工作；

（2）制定职业病防治计划和实施方案；

（3）建立、健全职业卫生管理制度和操作规程；

（4）建立、健全职业卫生档案和劳动者健康监护档案；

（5）建立、健全工作场所职业病危害因素监测及评价制度；

（6）建立、健全职业病危害事故应急救援预案。

2. 防护措施

（1）用人单位必须采用有效的职业病防护设施，并为劳动者提供个人使用的职业病防护用品。用人单位为劳动者个人提供的职业病防护用品必须符合防治职业病的要求。

（2）用人单位应当优先采用有利于防治职业病和保护劳动者健康的新技术、新工艺、新设备、新材料，逐步替代职业病危害严重的技术、工艺、设备、材料。

（3）产生职业病危害的用人单位，应当在醒目位置设置公告栏，公布有关职业病防治的规章制度、操作规程、职业病危害事故应急救援措施和工作场所职业病危害因素检测结果。对产生严重职业病危害的作业岗位，应当在其醒目位置，设置警示标识和中文警示说明。警示说明应当载明产生职业病危害的种类、后果、预防以及应急救治措施等内容。

（4）对可能发生急性职业损伤的有毒、有害工作场所，用人单位应当设置报警装置，配置现场急救用品、冲洗设备、应急撤离通道和必要的泄险区。对放射工作场所和放射性同位素的运输、贮存，用人单位必须配置防护设备和报警装置，保证接触放射线的工作人员佩戴个人剂量计。

（5）对职业病防护设备、应急救援设施和个人使用的职业病防护用品，用人单位应当进行经常性的维护、检修，定期检测其性能和效果，确保其处于正常状态，不得擅自拆除或者停止使用。

二、劳动安全管理

（一）劳动安全管理的概念

劳动安全管理是指用人单位去除危害劳动者身体健康的一切不良影响以保证劳动者安全、健康、舒适地工作，以及消除损坏劳动设备、产品、原材料的一切危险因素，以保证生产劳动顺利进行的一系列活动。

国家在安全生产方面也制定了相关法律法规，为劳动者的安全健康提供了保障，不断加强安全生产责任的法制化管理，为安全生产工作发展提供指导意见和推动力，促进用人单位的安全生产，确保用人单位效益的发展和国家经济水平的提升。

关于安全生产的法律法规有多种类型，如《安全生产法》《职业病防治法》《危险化学品安全管理条例》等，用人单位需要严格按照相关法律法规安全生产。

（二）劳动安全预防

1. 职业健康检查与职业伤害

为了有效避免职业伤害的发生，用人单位在日常工作中应严格执行各项管理制度，仔细排查并及时解决工作场所中设备、环境、人身等各个方面存在的安全隐患。同时，对从事接触职业危害作业的劳动者，用人单位应当按照规定组织上岗前、在岗期间和离岗后的职业健康检查，并将检查结果如实书面告知劳动者。职业健康检查费用由用人单位承担。

上岗前职业健康检查是劳动者正式进入工作岗位之前进行的身体健康检查。通过上岗前职业健康检查发现职业危害易感染人群，以保护劳动者的身心健康。上岗前职业健康检查通常由用人单位安排待体检劳动者到指定的医院进行相关项目的检查，检查项目视用人单位行业性质而定。

职业伤害是指劳动者在从事职业活动或者其他有关的活动时，所遭受的事故伤害和职业病伤害。用人单位的各种岗位都可能存在一定的职业病危害因素，但随着科技的发展和各种防护手段、措施的不断进步，这些危害因素不一定就会对劳动者造成伤害。职业伤害的产生需要一定的诱导因素或激发条件。通常引发职业伤害的客观条件有以下五种：

（1）劳动条件不良；

（2）劳动组织环境不完善；

（3）错误管理行为和错误操作行为；

（4）对自然规律认识不完全；

（5）防护手段和方法缺失。

2. 特殊作业环境下的劳动保护

特殊作业环境是指对劳动者身体健康有严重危害的作业环境。用人单位需要加强对特殊作业环境下的劳动保护管理工作，以保证劳动者的身体健康、减少职业病的发生。下文以粉尘作业环境为例，对特殊作业环境下的劳动保护进行介绍。

粉尘是指能悬浮于空气中的固体微粒。粉尘作业的劳动防护管理应采取三级防护原则。

（1）一级预防：

1）综合防尘。即改革生产工艺、生产设备，尽量将手工操作变为机械化、自动化和密闭化、遥控化操作；尽可能采用不含或含游离二氧化硅低的材料代替含游离二氧化硅高的材料；在工艺要求许可的条件下，尽可能采用湿法作业；使用个人防尘用品，做好个人防护。

2）定期检测。即对作业环境的粉尘浓度实施定期检测，确保作业环境的粉尘浓度在国家标准规定的允许范围之内。

3）健康体检。即根据国家有关规定，对工人进行健康体检，对患有职业禁忌证的职工、未成年工、女职工，不得安排其从事禁忌范围的工作。

4）宣传教育。即普及防尘的基本知识。

5）加强维护。即对除尘系统加强维护和管理，使除尘系统处于完好、有效状态。

（2）二级预防：

1）建立专人负责的防尘机构，制定防尘规划和各项规章制度。

2）对新从事粉尘作业的劳动者，必须进行健康检查，对在职的从事粉尘作业的劳动者，必须定期进行健康检查；发现不宜从事接触粉尘工作的劳动者，要及时调离。

（3）三级预防：对已确诊为尘肺病的劳动者，应及时调离原工作岗位，安排合理的治疗或疗养，其社会保险待遇应按国家有关规定执行。

3. 安全生产管理

用人单位在实施劳动者安全与卫生保护制度时，应根据本用人单位的业务性质或要求实施安全生产责任制，将有关业务项目涉及的安全责任根据职务级别和责任大小逐级分配到人，以增强人员的安全意识、责任意识。

各级安全生产责任人在日常安全生产管理工作中，要督促被派遣员工在内的操作人员严格按照国家规定的标准和流程实施操作，并加强安全生产意识。用人单位要为劳动者提供符合国家标准的安全生产设备设施、操作环境和劳动防护用品，为劳动者安全生产提供基本保障。

（三）劳动安全保护与卫生

1. 职业安全卫生预算

用人单位在为劳动者提供正常劳动条件的同时，还应根据劳动者所从事职业的特点，提供正常的劳动安全与卫生保护措施，这也是劳动者权利的内容之一。用人单位为劳动者提供的职业安全卫生保护工具和器材应满足相关职业的特定要求，并根据工具和器材的价格、数量编制相关的费用预算，还要对相关人员给予必要的安全技术培训，确保职业安全卫生保护措施的正常实施。用人单位在编制职业安全卫生预算时，应注意做好以下重要工作。

（1）职业安全卫生费用的类别。进行职业安全卫生费用预算，首先要明确职业安全卫生费用的类别。职业安全卫生费用根据用人单位会计规则的规定，部分属于制造费用范畴，部分属于管理费用范畴等。职业安全卫生费用主要包括八项，即劳动安全卫生保护设施建设费用，劳动安全卫生保护设施更新改造费用，个人劳动安全卫生防护用品费用，劳动安全卫生教育培训费用，健康检查和职业病防治费用，有毒有害作业场所定期检测费用，工伤保险费用，工伤认定、评残费用。

（2）职业安全卫生费用预算审核程序。职业安全卫生费用预算编制完毕后，要经历严格的审核程序，具体操作如下：

1）用人单位最高决策部门决定本单位劳动安全卫生管理的总体目标和任务，并应提前下达到中层和基层单位；

2）劳动安全卫生管理职能部门根据本单位总体目标的要求，制定具体目标，提出本单位自编预算；

3）自编预算在部门内部协调平衡，上报单位预算委员会；

4）单位预算委员会经过审核、协调平衡，汇总成为单位全面预算，并应在预算期前下达相关部门执行；

5）编制费用预算；

6）编制直接人工预算；

7）根据单位管理费用预算表、制造费用预算表及产品制造成本预算表的相关预算项目对职业安全卫生预算进行审核。

2. 职业安全卫生防护

职业安全卫生防护是指用人单位对劳动者从事的职业中可能遇到的危害采取一定的保护措施提前防护，以防劳动者遭遇职业危害。

（1）职业病危害因素。进行职业安全卫生防护工作需要先认识产生职业病危害因素的原因。通常职业病危害因素可分为以下三大类。

1）生产工艺过程中的职业病危害因素：

①化学因素，如生产性毒物，铅、苯、汞、一氧化碳、有机磷农药、粉尘等；

②物理因素，如高气压、低气压、噪声、振动、非电离辐射等；

③生物因素，如炭疽杆菌、布氏杆菌等。

2）劳动过程中产生的职业病危害因素。劳动过程中产生的职业病危害因素主要包括劳动组织和劳动制度不合理、劳动强度过大、过度精神或心理紧张、劳动时个别器官或系统过度紧张、长时间不良体位和劳动工具不合理等。

3）生产环境中的职业病危害因素。生产环境中的职业病危害因素主要包括自然环境因素、厂房建筑或布局不合理以及来自其他生产过程散发的有害因素造成的生产环境污染。

（2）职业安全卫生防护的措施。劳动者可采取一定的措施，科学、合理地享受自己的职业安全卫生防护的权利，具体如下：

1）劳动者在与用人单位签订合同时，有了解所在工作场所的职业病危害因素和防护设施情况的权利，以及对健康检查结果知情的权利；

2）劳动者有获得职业卫生培训、教育的权利；

3）未成年工、女职工、有职业禁忌证的职工享有特殊的职业卫生保护的权利；

4）劳动者享有对用人单位违反职业病防治法律法规，侵害自身健康的行为进行检举、控告的权利；

5）劳动者有权拒绝在没有防护的条件下从事职业危害作业，有权拒绝违章指挥和强令冒险作业；

6）劳动者享有参与用人单位职业卫生民主管理的权利；

7）劳动者享有职业卫生健康监护和职业病诊疗、康复等职业卫生保健的权利；

8）劳动者患职业病后享有获得赔偿的权利。

3. 岗位安全教育培训

为保证劳动者上岗后，能在相应的岗位上正确操作各种设备设施，对各种安全隐患进行识别并处理，正确使用劳动防护用品等，用人单位应对劳动者定期实施劳动安全教育，提高劳动者对劳动安全重要性的认识，以确保劳动者的人身财产安全。

《劳动法》第五十二条规定，用人单位必须建立、健全劳动安全卫生制度，严格执行国家劳动安全卫生规程和标准，对劳动者进行劳动安全卫生教育，防止劳动过程中的事故，减少职业危害。第五十五条规定，从事特种作业的劳动者必须经过专门培训并取得特种作业资格。

因此，用人单位应建立岗位安全教育培训，定期组织劳动者实施安全教育培训。

对于已经接受了岗位安全教育培训的劳动者，在实际工作中应严格遵守相应的操作规范。《劳动法》第五十六条规定，劳动者在劳动过程中必须严格遵守安全操作规程。这也是用人单位要对劳动者实施安全教育培训的法律依据。

劳动者在实际工作中，对于用人单位管理人员的违章指挥、强令冒险作业，有权拒绝执行，对危害劳动者生命财产安全和身体健康的行为，有权提出批评、检举和控告。

4. 安全生产责任制

用人单位应根据本单位的业务性质或项目要求实施安全生产责任制，将相关业务项目涉及的安全责任根据职务级别和责任大小逐级分配到人，以增强相关人员的安全意识、责任意识。

各级别安全生产责任人，在日常安全生产管理工作中，要督促各作业人员严格按照国家规定的标准和流程实施作业，并加强安全生产意识。用人单位同时也要为劳动者提供符合国家标准的安全生产设备设施、操作环境和劳动防护用品，为劳动者实施安全生产提供基本保障。

《劳动法》第九十二条规定，用人单位的劳动安全设施和劳动卫生条件不符合国家规定或者未向劳动者提供必要的劳动防护用品和劳动保护设施的，由劳动行政部门或者有关部门责令改正，可以处以罚款，情节严重的，提请县级以上人民政府决定责令停产整顿；对事故隐患不采取措施，致使发生重大事故，造成劳动者生命和财产损失的，对责任人员依照刑法有关规定追究刑事责任。

5. 劳动安全卫生环境营造

用人单位应主动为劳动者提供安全生产的设备设施，建立并实施安全生产责任制度，并对劳动者进行必要的安全生产教育培训，除此之外，用人单位还要注意为劳动者营造劳动安全卫生环境。营造劳动安全卫生环境也是用人单位预防劳动安全卫生事故的基本对策。

（1）劳动安全卫生观念。将安全第一、预防为主、以人为本作为用人单位所有劳动者和管理者在劳动安全卫生保护工作中的职业道德行为规则，规范、引导劳动者和管理者的劳动行为和管理行为向着正确的方向发展。

（2）劳动安全卫生制度。建立健全的劳动安全卫生管理制度，严格执行各项劳动安全卫生规程，实施劳动安全卫生奖惩制度。

（3）劳动安全卫生技术：

1）直接使用安全技术和无害装置、无害工艺，从根本上避免劳动安全卫生事故；

2）完善劳动场所设计，实现工作场地优化；

3）劳动组织优化，包括不同工作、工艺阶段合理组织，准备性工作和执行性工作合理组织，作业班组合理组织，工作时间合理组织等。

（四）劳动防护用品管理

劳动防护用品是指为在劳动过程中的劳动者起到人身保护作用，使劳动者免遭或减轻各种人身伤害或职业危害的用品。使用劳动防护用品，是保障从业人员人身安全与健康的重要措施，也是保障生产经营单位安全生产的基础。同时，《安全生产法》第四十五条规定，生产经营单位必须为从业人员提供符合国家标准或者行业标准的劳动防护用品，并监督、教育从业人员按照使用规则佩戴、使用。因此用人单位需要加强劳动防护用品管理，以规范劳动防护用品的配备和使用。

1. 劳动防护用品种类

劳动防护用品的种类很多，从劳动卫生学角度，通常按防护部位分类。

（1）头部防护用品。为保护头部受到外来物体打击和其他因素危害配备的防护用品，如一般防护帽、防尘帽、防水帽、安全帽、防寒帽、防静电帽、防高温帽、防电磁辐射帽、防昆虫帽等。

（2）呼吸器官防护用品。防御有害气体、蒸气、粉尘、烟、雾从呼吸道吸入，或直接向使用者供氧，保证尘、毒污染或缺氧环境中作业人员正常呼吸的防护用品，如防尘口罩（面具）、防毒口罩（面具）等。

（3）眼面部防护用品。预防烟雾、尘粒、金属火花和飞屑、热辐射、电磁辐射、激光、化学飞溅等伤害眼睛或面部的防护用品，如焊接护目镜（面罩）、炉窑护目镜（面罩）等。

（4）听觉器官防护用品。能够防止过量的声能侵入外耳道，使人耳避免噪声的过度刺激，减少听力损失及其他由噪声对人身引起不良影响的防护用品，如耳塞、耳罩、防噪声头盔等。

（5）手部防护用品。保护手和手臂的防护用品，如一般防护手套、防水手套、防寒手套、防毒手套、防静电手套、防高温手套、防 X 射线手套、耐酸碱手套、防油手套、防振手套、防切割手套、绝缘手套等。

（6）足部防护用品。防止生产过程中有害物质和能量损伤劳动者足部的防护用品，如防尘鞋、防水鞋、防寒鞋、防静电鞋、防高温鞋、耐酸碱鞋、防油鞋、防烫鞋、防滑鞋、防刺穿鞋、电绝缘鞋、防震鞋等。

（7）躯干防护用品。躯干防护用品即通常讲的防护服，如一般防护服、防水服、防寒服、防砸背心、防毒服、阻燃服、防静电服、防高温服、防电磁辐射服、耐酸碱服、防油服、水上救生衣、防昆虫服、防风沙服等。

（8）护肤用品。用于防止皮肤（主要是面部、手部等外露部分）免受化学、物理等因素的危害，如防毒、防腐、防射线、防油漆的护肤品等。

（9）防坠落用品。防止人体从高处坠落，可通过绳带将高处作业者的身体系接于固定物体上，或在作业场所的边沿下方张网，以防不慎坠落，常见的防坠落用品有安全带、安全网等。

2. 劳动防护用品选择

《个体防护装备配备规范》（GB 39800—2020）是选用劳动防护用品的依据。用人单位选用劳动防护用品时，应购置符合国家标准，并且具有产品检验认证的劳动防护用品；选用的特种劳动防护用品应有相应的生产许可证编号、产品合格证和安全鉴定证；除此之外，劳动防护用品的选用还需考虑如下因素：

（1）根据国家标准、行业标准或地方标准选用；

（2）根据工作场所有害因素进行选用；

（3）根据作业类别选用；

（4）根据生产作业环境、劳动强度以及生产岗位接触有害因素的存在形式、性质、浓度（或强度）和防护用品的防护性能进行选用；

（5）根据有害因素对人体作用部位进行选用；

（6）根据劳动强度进行选用；

（7）根据人体尺寸进行选用；

（8）穿戴要舒适方便，不影响工作。

3. 劳动防护用品发放

2000年，国家经贸委颁布了《劳动防护用品配备标准（试行）》，规定了《中华人民共和国工种分类目录》中的116个典型工种的劳动防护用品配备标准。用人单位应当按照有关标准，按照不同工种、不同劳动条件给劳动者发放劳动防护用品。

4. 劳动防护用品的使用

用人单位需要对劳动者使用劳动防护用品的情况进行监督检查，确保劳动防护用品得到正确的使用。

（1）劳动防护用品使用前应首先做一次外观检查。检查的目的是认定用品对有害因素的防护效能；用品外观有无缺陷或损坏；各部件组装是否严密，启动是否灵活等。

（2）劳动防护用品的使用必须在其性能范围内，不得超出极限使用；不得使用未经国家指定、未经检测部门认可和检测达不到标准的产品；不能随便代替，更不能以次充好。

（3）严格按照说明书正确使用劳动防护用品。

本章自测题

1. 工作时间的种类有哪些？
2. 确定最低工资标准的方法有哪些？请详细说明。

3. 如何计算职工年工作日和月工作日？
4. 请简述职业病防治的必要性。
5. 请简述劳动防护用品的分类。

第六章　特殊员工关系管理

学习目标

- 了解女职工劳动保护的主要内容
- 掌握未成年工的登记制度
- 熟悉残疾员工保护的主要内容
- 了解特殊人才的工作特点

引导案例

2018 年 2 月 4 日，夏某到北京某公司工作，双方订立了为期 5 年的劳动合同，公司未依法为其缴纳社会保险费。自 2020 年 2 月 3 日起，夏某因处于孕期开始休假。同年 4 月 14 日至 20 日，夏某因生孩子住院 6 天（属难产），花销医疗费 7 359 元。2019 年度该公司在职职工月平均社会保险缴费基数为 3 629 元。

因该公司未给夏某缴纳生育保险费，导致她不能从生育保险基金领取生育津贴、报销生育医疗费，且公司拒绝支付。在此情形下，夏某向当地劳动争议仲裁委员会提出申请，要求公司支付生育津贴，并报销生育医疗费。

本案的焦点是公司未给员工缴纳生育保险费用，是否需要承担生育医疗费用和生育津贴。下面对其具体的处理规定进行说明。

《女职工劳动保护特别规定》第七条规定，女职工生育享受98天产假，其中产前可以休假15天；难产的，增加产假15天；生育多胞胎的，每多生育1个婴儿，增加产假15天。第八条规定，女职工产假期间的生育津贴，对已经参加生育保险的，按照用人单位上年度职工月平均工资的标准由生育保险基金支付；对未参加生育保险的，按照女职工产假前工资的标准由用人单位支付。女职工生育或者流产的医疗费用，按照生育保险规定的项目和标准，对已经参加生育保险的，由生育保险基金支付；对未参加生育保险的，由用人单位支付。

由上述规定可知，公司未给夏某缴纳生育保险导致她不能享受生育保险待遇，夏某有权要求公司给予赔偿。同时，夏某属难产，依法应多享受15天产假，夏某所在公司应按照2019年度单位在职职工月平均缴费基数，依法向夏某支付生育津贴，同时报销定额生育医疗费。

第一节 女职工劳动保护特别规定

一、女职工劳动保护的必要性

女职工劳动保护具有两层含义，一是保护女职工的劳动权利，二是保护女职工在生产劳动中的安全与健康。其基本任务就是，防止职业病危害因素对女职工的健康及生殖机能产生不良影响，保护女职工健康并能繁育健康的下一代。

为了减少和解决女职工在劳动中因生理特点造成的特殊困难，保护女职工健康，女职工在劳动过程中需要进行特别保护。用人单位应通过对女职工劳动保护的特别规定，确保女职工在劳动期间身心健康，保证女职工生活和劳动的合法权利。针对女职工的生理特点，对女职工实施特殊劳动保护的必要性主要体现在以下三点。

1. 经期

通过对女职工部分工作的从业限制，确保女职工在经期免受外来不良因素的影响，避免生理机能处于非正常状态，使女职工的人身健康受到保护。

2. 孕期

女职工在孕期，应遵循身体发育特征，为其灵活安排力所能及的工作，确保胎儿健康发育，确保女职工身体健康，安全待产。

3. 哺乳期

确保女职工在哺乳期间，身体能够较快地康复，避免对女职工和下一代健康产生不良影响，并确保下一代能够健康成长。

总之，对于女职工来说，由于其生理特点和繁衍后代的特殊使命，有必要对女职工的三期（经期、孕期、哺乳期）给予特殊保护。保护劳动妇女的健康，对优生优育，提高中华民族人口素质有着重要的现实意义和长远意义。

二、特别规定的主要内容

为了减少和解决女职工在劳动中因生理特点造成的特殊困难，我国出台了相关的法律法规来保护女职工健康，如自 2012 年 4 月 28 日起实施的《女职工劳动保护特别规定》。

中华人民共和国境内的国家机关、企业、事业单位、社会团体、个体经济组织以及其他社会组织等用人单位及其女职工都必须遵守《女职工劳动保护特别规定》。用人单位应当加强女职工劳动保护，采取措施改善女职工劳动安全卫生条件，对女职工进行劳动安全卫生知识培训。

用人单位应当遵守女职工禁忌从事的劳动范围的规定。用人单位应当将本单位属于女职工禁忌从事的劳动范围的岗位书面告知女职工。国务院安全生产监督管理部门会同国务院人力资源社会保障行政部门、国务院卫生行政部门根据经济社会发展情况，对女职工禁忌从事的劳动范围进行调整。

（一）女职工的劳动管理

用人单位不得因女职工怀孕、生育、哺乳降低其工资、予以辞退、与其解除劳动或者聘用合同。女职工在孕期不能适应原劳动的，用人单位应当根据医疗机构的证明，予以减轻劳动量或者安排其他能够适应的劳动。对怀孕 7 个月以上的女职工，用人单位不得延长劳动时间或者安排夜班劳动，并应当在劳动时间内安排一定的休息时间。怀孕女职工在劳动时间内进行产前检查，所需时间计入劳动时间。

（二）女职工产假管理

女职工生育享受 98 天产假，其中产前可以休假 15 天；难产的，增加产假 15 天；生育多胞胎的，每多生育 1 个婴儿，增加产假 15 天。女职工怀孕未满 4 个月流产的，享受 15 天产假；怀孕满 4 个月流产的，享受 42 天产假。

（三）女职工生育津贴管理

女职工产假期间的生育津贴，对已经参加生育保险的，按照用人单位上年度职工月平均工资的标准由生育保险基金支付；对未参加生育保险的，按照女职工产假前工资的标准由用人单位支付。

女职工生育或者流产的医疗费用，按照生育保险规定的项目和标准，对已经参加生育保险的，由生育保险基金支付；对未参加生育保险的，由用人单位支付。

（四）女职工哺乳时间规定

对哺乳未满 1 周岁婴儿的女职工，用人单位不得延长劳动时间或者安排夜班劳动。用人单位应当在每天的劳动时间内为哺乳期女职工安排1小时哺乳时间；女职工生育多胞胎的，每多哺乳1个婴儿每天增加1小时哺乳时间。

（五）女职工服务设施创建

女职工比较多的用人单位应当根据女职工的需要，建立女职工卫生室、孕妇休息室、哺乳室等设施，妥善解决女职工在生理卫生、哺乳方面的困难。在劳动场所，用人单位应当预防和制止对女职工的性骚扰。

三、女职工劳动保护监督

人力资源社会保障行政部门、安全生产监督管理部门按照各自职责负责对用人单位遵守《女职工劳动保护特别规定》的情况进行监督检查。工会、妇女组织依法对用人单位遵守《女职工劳动保护特别规定》的执行情况进行监督。

用人单位违反《女职工劳动保护特别规定》，侵害女职工合法权益的，女职工可以依法投诉、举报、申诉，依法向劳动人事争议调解仲裁机构申请调解仲裁，对仲裁裁决不服的，依法向人民法院提起诉讼。用人单位违反《女职工劳动保护特别规定》，侵害女职工合法权益，造成女职工损害的，依法给予赔偿；用人单位及其直接负责的主管人员和其他直接责任人员构成犯罪的，依法追究刑事责任。

四、女职工禁忌从事的劳动范围

女职工无论在日常工作中，还是在经期、孕期、哺乳期期间，用人单位都需要对其进行特别保护，不得安排其从事女职工禁忌从事的劳动范围内的劳动。女职工禁忌从事的劳动范围主要内容见表6–1。

表 6–1　　女职工禁忌从事的劳动范围

女职工所处时期	禁忌从事的劳动范围
女职工禁忌从事的劳动	1. 矿山井下作业； 2. 体力劳动强度分级标准中规定的第四级体力劳动强度的作业； 3. 每小时负重 6 次以上、每次负重超过 20 公斤的作业，或者间断负重、每次负重超过 25 公斤的作业
经期女职工	1. 冷水作业分级标准中规定的第二级、第三级、第四级冷水作业； 2. 低温作业分级标准中规定的第二级、第三级、第四级低温作业； 3. 体力劳动强度分级标准中规定的第三级、第四级体力劳动强度的作业； 4. 高处作业分级标准中规定的第三级、第四级高处作业
孕期女职工	1. 作业场所空气中铅及其化合物、汞及其化合物、苯、镉、铍、砷、氰化物、氮氧化物、一氧化碳、二硫化碳、氯、己内酰胺、氯丁二烯、氯乙烯、环氧乙烷、苯胺、甲醛等有毒物质浓度超过国家职业卫生标准的作业； 2. 从事抗癌药物、己烯雌酚生产，接触麻醉剂气体等的作业； 3. 非密封源放射性物质的操作，核事故与放射事故的应急处置； 4. 高处作业分级标准中规定的高处作业； 5. 冷水作业分级标准中规定的冷水作业； 6. 低温作业分级标准中规定的低温作业； 7. 高温作业分级标准中规定的第三级、第四级的作业； 8. 噪声作业分级标准中规定的第三级、第四级的作业； 9. 体力劳动强度分级标准中规定的第三级、第四级体力劳动强度的作业； 10. 在密闭空间、高压室作业或者潜水作业，伴有强烈振动的作业，或者需要频繁弯腰、攀高、下蹲的作业
哺乳期女职工	1. 孕期禁忌从事的劳动范围的第一项、第三项、第九项； 2. 作业场所空气中锰、氟、溴、甲醇、有机磷化合物、有机氯化合物等有毒物质浓度超过国家职业卫生标准的作业

第二节　未成年工特殊保护规定

一、未成年工特殊保护的必要性

未成年工是指年满 16 周岁，未满 18 周岁的劳动者。未成年工的特殊保护是针对未成年工处于生长发育期的特点，以及接受义务教育的需要，采取的特殊劳动保护措施。

未成年人身体尚在发育成长过程中，接触职业病危害因素对他们的生长发育不利，而且未成年人的各个器官功能容易受到损伤，容易发生职业病。因此不得安排未成年工从事有职业病危害因素的作业。对未成年工实施特殊保护体现了社会的进步和发展，有利于提高劳动生产率，有利于促进民族的兴旺发达。

二、招收未成年工的登记制度

任何组织和个人不得招用未满 16 周岁的未成年人（童工），国家另有规定的除外。任何组织和个人依照国家有关规定招收已满 16 周岁的未满 18 周岁的未成年人的，应当在工种、劳动时间、劳动强度和保护措施等方面执行国家有关规定，不得安排其从事过重、有毒、有害的劳动。我国对未成年工的使用和特殊保护实行登记制度，其主要内容如下。

（1）用人单位招收使用未成年工，除符合一般用工要求外，还须向所在地的县级以上劳动行政部门办理登记。劳动行政部门根据《未成年工健康检查表》《未成年工登记表》，核发《未成年工登记证》。

（2）各级劳动行政部门须遵照《未成年工特殊保护规定》中的有关规定，审核体检情况和拟安排的劳动范围。

（3）未成年工须持《未成年工登记证》上岗。

（4）《未成年工登记证》由国务院劳动行政部门统一印制。

（5）未成年工体检和登记，由用人单位统一办理和承担费用。

三、未成年工禁忌从事的劳动范围

（一）用人单位不得安排未成年工从事的劳动范围

根据《未成年工特殊保护规定》，用人单位不得安排未成年工从事以下范围的劳动：

（1）《生产性粉尘作业危害程度分级》国家标准中第一级以上的接尘作业；

（2）《有毒作业分级》国家标准中第一级以上的有毒作业；

（3）《高处作业分级》国家标准中第二级以上的高处作业；

（4）《冷水作业分级》国家标准中第二级以上的冷水作业；

（5）《高温作业分级》国家标准中第三级以上的高温作业；

（6）《低温作业分级》国家标准中第三级以上的低温作业；

（7）《体力劳动强度分级》国家标准中第四级体力劳动强度的作业；

（8）矿山井下及矿山地面采石作业；

（9）森林业中的伐木、流放及守林作业；

（10）工作场所接触放射性物质的作业；

（11）有易燃易爆、化学性烧伤和热烧伤等危险性大的作业；

（12）地质勘探和资源勘探的野外作业；

（13）潜水、涵洞、涵道作业和海拔 3 000 米以上的高原作业（不包括世居高原者）；

（14）连续负重每小时在 6 次以上并每次超过 20 公斤，间断负重每次超过 25 公斤的作业；

（15）使用凿岩机、捣固机、气镐、气铲、铆钉机、电锤的作业；

（16）工作中需要长时间保持低头、弯腰、上举、下蹲等强迫体位和动作频率每分钟大于 50 次的流水线作业；

（17）锅炉司炉。

（二）未成年工患有某种疾病或具有某些生理缺陷（非残疾型）

未成年工患有某种疾病或具有某些生理缺陷（非残疾型）时，用人单位不得安排其从事的工作，见表 6–2。

表 6–2 不得安排未成年工从事工作的情形

患有某种疾病或具有某些生理缺陷（非残疾型）的未成年工	1. 心血管系统：先天性心脏病；克山病；收缩期或舒张期二级以上心脏杂音。 2. 呼吸系统：中度以上气管炎或支气管哮喘；呼吸音明显减弱；各类结核病；体弱儿，呼吸道反复感染者。 3. 消化系统：各类肝炎；肝、脾肿大；胃、十二指肠溃疡；各种消化道疝。 4. 泌尿系统：急、慢性肾炎；泌尿系感染。 5. 内分泌系统：甲状腺机能亢进；中度以上糖尿病。 6. 精神神经系统：智力明显低下；精神忧郁或狂暴。 7. 肌肉、骨骼运动系统：身高和体重低于同龄人标准；一个及一个以上肢体存在明显功能障碍；躯干 1/4 以上部位活动受限，包括强直或不能旋转。 8. 其他：结核性胸膜炎；各类重度关节炎；血吸虫病；严重贫血，其血色素每升低于 95 克
用人单位不得安排其从事的工作	1.《高处作业分级》国家标准中第一级以上的高处作业； 2.《低温作业分级》国家标准中第二级以上的低温作业； 3.《高温作业分级》国家标准中第二级以上的高温作业； 4.《体力劳动强度分级》国家标准中第三级以上体力劳动强度的作业； 5. 接触铅、苯、汞、甲醛、二硫化碳等易引起过敏反应的作业

第三节 残疾员工的特殊保护规定

一、残疾员工保护的必要性

残疾人是指在心理、生理或人体结构上，因某种组织、功能丧失或者不正常而全部或者部分丧失以正常方式从事某种活动能力的人。依照我国法律的规定，残疾人享有与其他人一样的各项权利，因此用人单位及其他员工不得对残疾员工产生歧视心理。

二、残疾员工保护的主要内容

（一）残疾员工的招录

残疾人享有平等就业的权利，即每一个有劳动能力的残疾人，具有获得工作和参加劳动的权利。因此，各类用人单位应当根据《残疾人就业条例》第八条规定，按照一定比例安排残疾人就业，并为其提供适当的工种、岗位，并且安排残疾人就业的比例不得低于本单位在职职工总数的 1.5%，具体比例由所在的省、自治区、直辖市人民政府根据本地区的实际情况规定，跨地区招用残疾人的，也计入所安排的残疾人职工人数之内。

《残疾人就业条例》第九条规定，用人单位安排残疾人就业达不到其所在地省、自治区、直辖市人民政府规定比例的，应当缴纳残疾人就业保障金。

（二）残疾员工的报酬

获得劳动报酬是每一个劳动者应有的权利，残疾人也不例外。残疾人参加劳动，有权依照法律法规及劳动合同的规定取得报酬。企业人力资源管理人员有义务依照法律的规定及劳动合同的规定向残疾员工支付报酬。

同时根据《残疾人保障法》第三十八条的规定，任何用人单位在劳动报酬方面不得歧视残疾人。因此企业人力资源管理人员在劳动报酬方面不得存在歧视残疾人的问题，要确保同工同酬、分配公平，保证残疾人和其他人一样获得相应的劳动报酬。

（三）残疾员工的劳动安全保护

残疾人在参加劳动的过程中，享有获得劳动安全保护的权利，这是保护残疾人生命安全和身体健康的必然要求。劳动安全保护应当采取有效措施，创造相应的安全条件和劳动条件，防止工伤事故和职业病的发生，从而为从事劳动的残疾人提供必要的安全保护，有效维护残疾人的切身利益。

由于残疾员工可能对劳动条件和安全条件有特殊的要求，《残疾人保障法》第三十八条规定，用人单位应当根据残疾员工的特点，为残疾员工提供适应其特点的劳动条件和劳动保护，并根据实际需要对劳动场所、劳动设备和生活设施进行改造。

（四）残疾员工的职业技能培训

职业技能培训是劳动者增强就业能力和工作能力并提高自身素质的重要途径。根据《劳动法》的有关规定，劳动者享有接受职业技能培训的权利，国家应该采取措施发展职业培训事业，用人单位应当建立职业培训制度。由于残疾员工的就业能力和工作能力往往受到不同程度的制约，职业技能培训对于残疾员工提高就业能力和工作能力具有特别重要的意义，因此用人单位应当根据《残疾人保障法》第三十九条的规定，对残疾员工进行岗位技术培训，以提高其劳动技能和技术水平。

（五）残疾员工的社会保险和福利

残疾员工和其他员工一样，有享受社会保险和福利的权利。因此用人单位应当根据《残疾人保障法》第四十七条的规定，按照国家有关规定参加社会保险。

（六）残疾员工的休息和休假

根据《劳动法》的有关规定，劳动者享有休息和休假的权利。为了维护劳动者休息的权利，我国有关法律法规就劳动者的工作时间作出了规定。例如，《劳动法》第三十六条规定，国家实行劳动者每日工作时间不超过 8 小时、平均每周工作时间不超过 44 小时的工时制度。《国务院关于职工工作时间的规定》也规定，职工每日工作 8 小时、每周工作 40

小时。

因此残疾员工享有休息和休假的权利，用人单位应当按照有关劳动法律法规规定的工作时间安排残疾员工参加劳动，享受休息和休假。此外，为了更好保证残疾员工休息和休假，用人单位应当适当设置适合残疾员工休息和休养的特殊设施，对其进行特殊照顾。

第四节　农民工的劳动保护规定

一、农民工劳动保护的必要性

农民工一般是指户籍在农村的进城务工人员。随着我国市场经济的不断发展，农民工已经成为我国产业工人队伍的重要组成部分。

（一）农民工劳动保护问题的影响因素

由于农民工的文化、技能素质相对较低，以及我国相关的法律、法规、制度不健全等，导致的农民工职业安全卫生权益受到损害的事件时有发生。

当前农民工劳动过程中出现的问题是与我国经济社会结构存在的深层次矛盾紧密相关的。在农村富余劳动力逐步成为劳动力供给的主要来源的大趋势下，由于劳动力市场的供过于求，农民工在就业市场上处于先天的弱势地位，其劳动权益很容易受到侵害。引发农民工劳动保护问题的因素主要表现在以下四个方面。

1. 歧视农民工的观念比较严重

农民工也是产业工人中的一部分，与从事其他职业的劳动者一样，具有平等的社会地位。但是，在现实生活中歧视农民工的观念依然存在，农民工得不到作为公民应有的基本尊重。一些用人单位管理者的思想深处，存在着农民工不应与城镇职工享受同等权益和待遇的意识，有些管理者也错误地强调给农民工平等待遇会加重城市管理成本和难度，会影响当地的投资环境和地方财政收入。

2. 劳动保障法制建设滞后

现今针对农民工的劳动保障法制正在逐渐健全，但仍需要进一步普法宣传，在全社会范围内形成一个更加强有力的维护农民工权益的舆论氛围。

3. 一些用人单位有法不依，劳动用工管理混乱

一些用人单位不按国家有关劳动合同的规定与农民工建立劳动关系，有些用人单位会采取不签合同、口头约定等形式来规避法律责任，减轻自己义务。

4. 农民工组织化程度低，自我维权能力较弱

农民工进入城镇企业后，缺乏集体谈判能力，同时缺乏法律常识和维权意识，一旦自身权益遭受侵害，有的因不知法而放弃维权，有的因拿不出维权依据而放弃维权，还有不少农民工则为了保全工作机会而忍气吞声，从而导致其弱势地位更加突出。

（二）农民工劳动保护存在的问题

农民工劳动保护目前存在的问题总结起来主要有以下五种：

（1）安全措施不到位、劳动防护用品穿戴不规范，违章指挥、违章作业现象严重；

（2）被任意延长劳动时间，得不到充分休息，增大了发生安全事故的可能性；

（3）安全培训工作不到位，无证上岗现象普遍存在；

（4）索取工资难；

（5）工伤保险参保率极低，工伤事故赔付金额低。

二、农民工劳动保护措施

1. 政府应进一步完善有关制度并加强监督执法

政府相关部门应通过进一步依法建立工资宏观指导体系和最低工资保障制度，并加强监察执法，解决拖欠农民工工资问题。

《劳动和社会保障部　建设部关于印发〈建设领域农民工工资支付管

理暂行办法〉的通知》《劳动和社会保障部　建设部　全国总工会关于加强建设等行业农民工劳动合同管理的通知》对建筑企业工资支付、劳动合同管理等行为提出了规范意见。《国务院关于解决农民工问题的若干意见》《国务院办公厅关于切实做好当前农民工作的通知》《国务院办公厅关于切实解决企业拖欠农民工工资问题的紧急通知》《人力资源和社会保障部　国家发展和改革委员会　监察部　财政部　住房和城乡建设部关于加强建设工程项目管理解决拖欠农民工工资问题的通知》及《保障农民工工资支付条例》，规范了农民工工资支付行为，保障农民工按时足额获得工资。

同时，政府相关部门应全面推行劳动合同制度建设，印制适用于农民工的劳动合同示范文本，建立农民工劳动合同管理台账，并将其与劳动报酬支付、劳动防护用品的发放、社会保险缴费等有机结合起来，形成相互联系、相互印证的管理机制。

执法上应建立一种长效机制，把保障农民工权益的法律法规切实得以落实。通过劳动保障监察日常巡检、举报专查和集中专项检查，重点查处用人单位违法强迫农民工加班加点的行为。劳动监察部门应积极开展劳动用工和农民工工资执法大检查，特别是在麦收、春节等特殊敏感时期及窑场、建筑工地等用工较多较混乱的地方。在执法中还应建立和完善农民工工资支付的监控、保障制度，纠正和查处拖欠农民工工资的违法问题，确保有关工资支付法律法规得以全面贯彻落实。各级行政执法部门对欠薪单位的处罚不仅是经济上的，还应包括企业信誉、行业准入等一系列的降级限制措施。

2. 用人单位应进一步完善劳动合同制度和劳动保护制度

用人单位应按照有关法律法规规定，结合实际情况制定本单位劳动保护制度，建立劳动防护用品发放台账和劳动防护设备管理台账，形成外部检查、内部自查并及时整改的机制，明确劳动保护的资金来源，引导用人单位加大对劳动保护和事故预防的投入，切实保障农民工的生命安全。

3. 工会组织应建立健全农民工劳动保护监督机制

（1）建立健全农民工劳动保护监督检查网络体系，把劳动保护培训合格的农民工吸收到体系中来，担任工会劳动保护检查员，让农民工参与到保护自身职业安全卫生的行动中来，扩大工会组织在农民工中的影响力，使广大农民工信任工会，依靠工会及时解决劳动保护工作中存在的问题，自觉做好自身的劳动保护工作。

（2）定期组织劳动保护检查员开展农民工劳动保护检查，检查农民工劳动防护用品使用情况、工作环境安全情况、安全操作情况、劳动强度和劳动时间情况，检查农民工劳动合同签订、执行情况和工伤保险办理情况等。

4. 从根本上扭转歧视农民工的错误观念

政府管理部门在制定政策和执法监督时，应消除歧视农民工的观念，把农民工作为我国产业工人的重要组成部分，做到对农民工平等对待、一视同仁。用人单位的领导要扭转对农民工和城镇其他从业人员实行不同管理制度和管理办法的旧观念，把善待农民工的理念贯穿于企业管理的各项规章制度之中。

5. 通过法律援助途径保护农民工合法权益

人民法院在受理拖欠农民工工资的案件时，对经济确有困难的当事人的诉讼费应作出减、缓、免的决定。受理案件后尽量缩短审理时间，多用简易程序，依法快立案、快审判、快执行，对符合条件的可采取先予执行。在判决时，应当为农民工诉讼的误工费、交通费等直接损失列入赔偿范围，对故意不履行判决给付义务的，执行中应支付迟延履行金。

司法行政部门应加大普法宣传，不断提高农民工自身维权意识，广大律师应积极为符合司法救助条件的农民工实施无偿援助，法律援助中心还应对外来农民工提供维权服务。

公证机关应积极为农民工提供法律服务，对欠款用人单位和农民工签订的具有强制执行效力的债权书（欠条）进行公证，在欠款到期后，可由农民工直接申请法院强制从工程款中划拨。

三、农民工维权的主要途径

农民工维护自己的合法劳动权益，可通过五种途径实现，具体如图 6–1 所示。

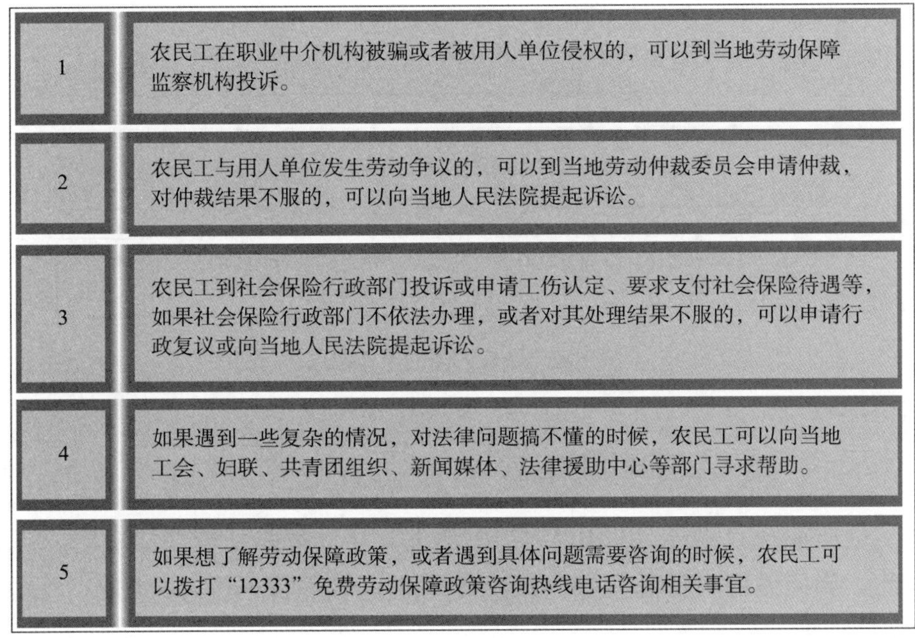

1	农民工在职业中介机构被骗或者被用人单位侵权的，可以到当地劳动保障监察机构投诉。
2	农民工与用人单位发生劳动争议的，可以到当地劳动仲裁委员会申请仲裁，对仲裁结果不服的，可以向当地人民法院提起诉讼。
3	农民工到社会保险行政部门投诉或申请工伤认定、要求支付社会保险待遇等，如果社会保险行政部门不依法办理，或者对其处理结果不服的，可以申请行政复议或向当地人民法院提起诉讼。
4	如果遇到一些复杂的情况，对法律问题搞不懂的时候，农民工可以向当地工会、妇联、共青团组织、新闻媒体、法律援助中心等部门寻求帮助。
5	如果想了解劳动保障政策，或者遇到具体问题需要咨询的时候，农民工可以拨打“12333”免费劳动保障政策咨询热线电话咨询相关事宜。

图 6–1　农民工维权五种途径

第五节　特殊人才员工关系管理

一、特殊人才的界定与其工作特点

对特殊人才的界定，并没有一个统一的标准。一般来说，特殊人才是指企业特别需要的、招聘难度系数大，具有特殊管理水平的管理人才和具有丰富实践经验的专业技术人才。

企业所引进和拥有的特殊人才虽然在员工总人数上占比不高，但却极大影响着企业未来的发展。如何激励特殊人才发挥自身的优势，必然成为众多企业在管理过程中努力探讨的问题。

要更好地激励特殊人才为企业作出更大的贡献，需要事先对这一类员工的工作特性有所了解。概括起来，他们的工作具有三大特点，具体内容如图 6–2 所示。

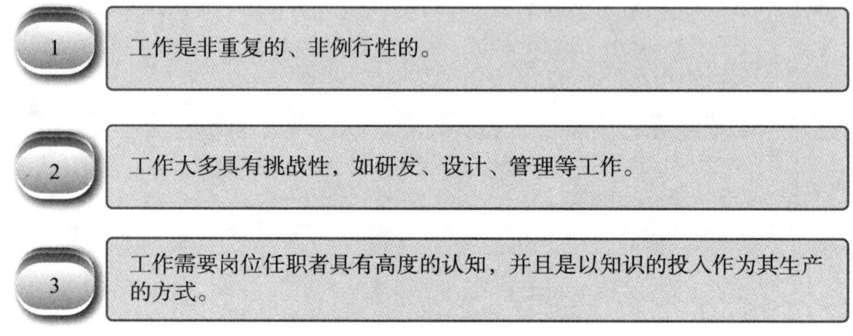

图 6–2　特殊人才的工作特点

二、特殊人才的激励管理

企业能在日益激烈的市场竞争中胜出，需要拥有一批优秀的人才。因此，如何做好对特殊人才的激励，是企业管理者不可忽视的一个重要问题。

企业可以依据员工的需求，设计出不同类别的人才激励方法。例如，高层管理人员需要的是实现理想、做事业，企业要跟他们建立事业共同体；中层干部需要的是荣誉、晋升，企业要跟他们建立荣誉共同体。需要注意的是，虽然特殊人才基本都是中高层管理者，但这并不表示企业只建立一个荣誉共同体就足以留住这些特殊人才。因为企业想留住人才，还必须让人才体会到归属感和成就感。

因此，企业需设计出一套富有吸引力的人才激励制度。图 6–3 提供了五种比较有效的人才激励方式。

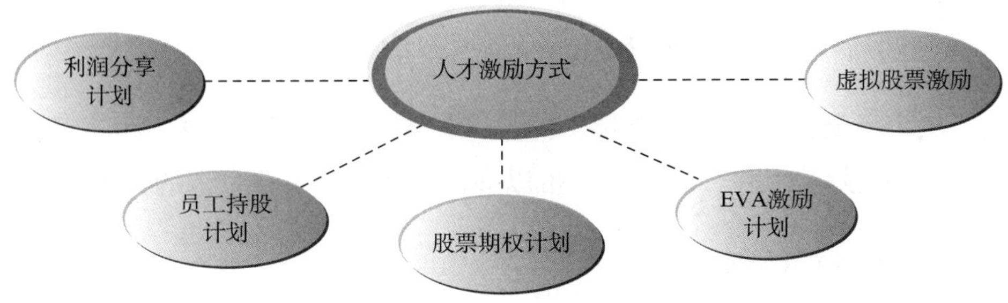

图 6–3　比较有效的人才激励方式

人才激励的方式是多样化的，并且需要随着环境的变化而调整。结合当前环境与员工需求，图 6–4 列出了五种创新的人才激励方式。

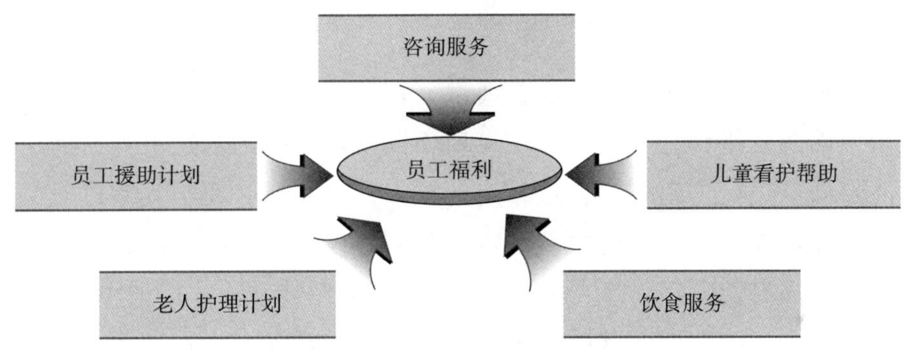

图 6–4　创新的人才激励方式

不同的企业，由于其经营水平、规模、资本运转状况、管理方法不同，所以在激励机制上，还要根据企业所处的环境、组织结构、人员实际心理需求的差异、个人的希望及未来发展来调整激励措施。否则，任何没有让员工由衷认可的激励都是徒劳，甚至会成为员工离开的“导火索”。

三、防止人才流失的措施

企业管理者都深知人才的重要性，然而人才流失现象却仍屡见不鲜，其对企业的影响不言而喻。在对特殊人才的管理方面，除了需要做到有效激励外，企业还需建立起一套防范人才流失的机制。

（一）做好人才储备计划

从市场上招聘掌握同类技术的员工作为人才储备，一方面可以激励特殊人才更好地工作，另一方面可以降低其离职给企业带来的损失。

（二）文档控制

采用文档控制管理方式，即定期对特殊员工的工作任务、流程及成果等内容以文档的方式记录。其好处在于一旦他们因某种原因离开企业，这些工作文档便可作为企业其他员工学习的参考。

（三）签订有关协议

鉴于特殊人才在企业中的重要性，企业对这类员工在培训、工作任务等方面的安排都会与普通员工有所不同。也正是因为这一点，为了尽可能降低这类员工离职给企业带来的损失，企业有必要与其签订有关的协议，如培训协议、保密协议、竞业限制协议等。保密协议、竞业限制协议参见第四章第三节相关内容，这里重点介绍特殊人才培训协议。

培训是企业发展的基础，企业应当出资让特殊人才在技术、管理方面接受培训，但为了避免特殊人才受训完毕后离职，员工在接受重点培训的项目前须与企业签订培训协议，以此来降低这一行为出现的概率。

下面是一份特殊人才员工培训协议，供参考。

特殊人才员工培训协议

甲　　方（企业）:＿＿＿＿＿＿＿＿

乙　　方（员工）:＿＿＿＿＿＿＿＿

经乙方本人申请，甲方审核同意，由甲方出资，选派乙方到＿＿＿＿＿（地方）参加＿＿＿＿＿＿项目的培训，自＿＿＿年＿＿月＿＿日始，至＿＿＿＿年＿＿月＿＿日止，学习期限为____天。

培训性质为：□脱产学习　□半脱产学习　□非学历培训　□学历培训。

甲乙双方协商一致、平等自愿签订本协议，内容如下。

一、乙方在培训期间应严格遵守培训机构有关规章制度和纪律，刻苦学习，全面达成培训目标。

二、培训缴费类型（两项只能选其一）

（一）培训费由乙方先行支付，培训结束后，按甲方的《培训管理制度》和本协议约定，凭相关证书及发票按比例报销培训费，乙方应按约定期限为甲方提供服务。

（二）培训费由甲方统一支付，培训结束后，按甲方的《培训管理制度》和本协议约定，乙方应按约定期限为甲方提供服务。

三、培训期间工作安排、工资及福利待遇按甲方的《培训管理制度》的相关规定执行。

四、乙方在培训学习期间，应严格保守企业机密，遵纪守法，虚心学习先进经验和技术，圆满完成培训学习任务。

五、由乙方先行支付培训费用的，若培训期间因乙方原因致使双方解除劳动合同，甲方不再有报销乙方培训费用的义务。

六、乙方培训学习结束，返回工作岗位后两周内，需向甲方人力资源部提交一份培训报告，作为企业内部培训材料，并有义务对本部门相关岗位的其他员工进行培训。

七、完成学业后

1. 乙方应取得________________________________证书。

2. 若乙方未能取得证书，由乙方先行支付费用的，甲方不予报销费用；由甲方先期统一支付的，甲方有权从乙方待发工资中扣除。乙方所占工作时间按甲方的《培训管理制度》的相关规定执行。

八、服务期限约定

1. 由甲方统一支付非学历培训费用的，乙方应为甲方服务满____月，自____年____月____日至____年____月____日。

2. 乙方完成学历培训后由甲方报销培训费用的，按学位证书记录的取得学位日起计算应为甲方服务的年限。按甲方的《培训管理制度》约定，乙方应为甲方服务满____年，自____年____月____日至____年____月____日。

九、培训费报销、费用递减约定

1. 非学历培训

由甲方统一支付培训费用的，培训费按服务期限月数分摊，服务期限每满一个月递减一个月费用。

2. 学历培训

（1）乙方完成学业后凭__________学位证书、毕业论文、学费发票及本协议到甲方人力资源部备案后，甲方一次性为乙方报销学费。

（2）报销比例为学费的 □ 60%　□ 80%　□_____%。

（3）报销金额为________元，大写________________。

（4）服务期限满一年递减所报学费的______%；服务期限满两年递减所报学费的______%；服务期限满三年递减所报学费的______%。

十、违约责任

甲方为乙方支付或报销培训费用后，无论因何原因致使乙方未能为甲方工作至本协议约定期限的，按下列标准执行。

1. 乙方因个人原因提出提前解除劳动合同的，从乙方离职之日起，计算乙方未满服务期限应支付的违约金。

2. 因违反甲方规章制度被辞退、除名或开除的，或在合同期内擅自离职的，除向甲方支付未满服务期限违约金作为补偿外，还应赔偿未满服务期限给甲方造成的经济损失，按每月______元计。

3. 除上述所列两个原因外，因其他原因使员工未能为甲方工作达到约定期限而提前与甲方解除合同的，从解除劳动合同之日起，计算乙方未满服务期应支付的违约金。

十一、附则

1. 本协议为劳动合同的附件；本协议未尽事宜，双方应友好协商解决，若不能达成共识，可报本市劳动争议仲裁委员会申请仲裁。

2. 本协议自双方签字之日起生效，本协议一式两份，甲乙双方各持一份，具有同等法律效力。

甲方（签字）:____________　　乙方（签字）:____________

日期:____年____月____日　　日期:____年____月____日

本章自测题

1. 为什么要立法进行女职工劳动保护？
2. 招收未成年工的应如何登记？
3. 残疾员工保护的主要内容有哪些？
4. 农民工劳动保护的措施有哪些？
5. 企业如何防止人才流失？

第七章　沟通与满意度管理

学习目标

- 了解心理契约概念，心理契约维度
- 掌握沟通技巧，员工申诉管理，员工援助计划实施要点
- 熟悉员工满意度调查分析，员工满意度结果应用

引导案例

某企业随着业务的不断发展壮大和海外市场的拓展，人员需求量不断增加，人力资源成本也不断提升。为了降低因招聘工作量较大所导致的人力成本上升，企业管理层决定从 2022 年开始全面开展校园招聘，扩大应届生的招聘数量，从而提高企业的招聘效率。张丽正是在这样一个时机下，凭借自己优异的成绩、对口的专业和较高的综合素质被该公司录取为品牌推广专员。

张丽在正式入职后，通过新媒体，满腔热情地将自己所学应用到企业品牌推广实际工作中去，很快在自己的岗位上取得了一定成绩，从而获得了成就感，希望能够得到经理的认可，并在接下来的岗位竞聘中提升自己的职位。同时，张丽发现企业在职责分配上存在很大问题：职责不清、权责不明。于是借经理与她谈话的时机对企业管理提出了一些建议，她说："管理对任何企业的发展都很重要，目前公司中存在职责权限不清晰的问题，如王主管和李主管之间就存在很多权限交叉和冲突的地方，有时候一个事情不知道该听谁的。"

经理在听到张丽提出的建议后，表现出很大的不满，并且强制性地打断了她，之后也没有做出任何反馈。张丽对此很失落，她认为即使经理不同意自己的观点也应该说明理由并肯定自己勇于提出建议的做法。至此，张丽开始消极对待工作，甚至有辞职的想法。

通过上面的案例，试着分析张丽为何从最初的积极对待工作变成最后的消极怠工，以及经理应如何通过反馈满足张丽的成就动机需要。

第一节　沟通管理

一、有效沟通概述

（一）有效沟通的概念

有效沟通主要指企业内部成员之间的沟通，包括管理者与被管理者之间的沟通和平级人员之间的沟通。有效沟通在企业日常员工关系管理中发挥着越来越重要的作用，成功的企业管理不仅会重视沟通，而且会把沟通作为一种重要的员工关系管理手段，通过有效沟通来实现对企业员工的管理和激励，为企业的发展营造良好的心理环境。

因此，企业内部应建立健全有效沟通的工作标准、规范，拓宽企业内部沟通的有效途径，提高沟通信息的有效性。企业员工应统一思想、提高认识，积极克服沟通障碍，争取实现有效沟通，为实现个人和企业的共同发展而努力。

（二）有效沟通的原则

企业内部实现有效沟通应遵循一定的原则，具体内容包括如下几点：

（1）准确性原则，即表达意思准确、无误；

（2）及时性原则，即沟通要及时、迅速、快捷；

（3）完整性原则，即表达的内容要全面、完整；

（4）策略性原则，即要注意表达的态度、技巧和效果。

（三）有效沟通的实施障碍

除了具备以上有效沟通的基础条件之外，企业内部要实现有效沟通，还需要先了解有效沟通的障碍是什么，在排除沟通障碍的基础上加强沟通，方能实现沟通的有效性。

企业内部有效沟通的障碍主要源于以下三个方面。

1. 个人原因

（1）对待事务的态度、观点和信念不同造成沟通的障碍。人们在接受信息时，存在知觉选择性，符合自己利益需要或与自己切身利益有关的内容很容易被接受，而对自己不利或可能损害自己利益的则不容易被接受。

（2）个性特征差异引起沟通的障碍。个人的性格、气质、态度、情绪、兴趣等差别，都可能在企业内部沟通中，引起沟通障碍。

（3）语言表达、交流和对事物的理解造成沟通的障碍。同一个企业中员工个人背景不同，说话方式和风格不同，对同样的事物有着不一样的理解，因此，即使对相同的词汇，不同的人理解的含义也不同，这些都造成了沟通的障碍。

2. 人际关系原因

在人际关系原因中，主要包括沟通双方的相互信任程度和相似程度。

（1）沟通是发送者与接收者之间“发送”与“接收”信息的过程，信息传递是双方的事情，因此沟通双方的诚意和相互信任至关重要。相互的猜疑只会增加抵触情绪，减少坦率交谈的机会，也就会影响沟通的有效性。

（2）沟通双方特征的相似性也会影响沟通的有效性，如性别、年龄、种族、社会地位、兴趣、价值观、能力等，相似性越大，沟通的效果也会越好。

3. 结构原因

信息传递者在企业中的地位、传递链长短、企业规模大小等结构因素也都影响着沟通的有效性，研究表明：

（1）沟通的方向和频率受沟通双方的地位高低影响。

（2）传递链越长，则信息传递层次越多，到达目的地时间也越长，信息越容易失真，越不利于沟通。

（3）企业组织机构越庞大、层次越多，越影响信息沟通的及时性和真实性。

（四）建立有效沟通的标准

企业内部要实现有效沟通，应针对造成沟通障碍的原因，积极想办法消除沟通障碍。在实际工作中，企业可从以下三个方面建立有效沟通的工作标准，以实现有效沟通的目的。

1. 树立有效沟通的工作规范

（1）树立企业领导者对沟通认可的态度。企业领导者要认识到沟通的重要性，并把这种思想付诸行动。如果领导者通过自己的言行认可了沟通，这种观念会逐渐渗透到企业管理的各个环节中去。

（2）提高企业成员沟通的水平。企业成员克服沟通的障碍可以从以下几个方面着手：

1）在沟通中认真感知，集中精力，准确及时地传递和接收信息，避免信息错传、漏传；

2）强化记忆的准确性，记忆准确性越高，传递信息越可靠，接收信息也越准确；

3）提高思维能力和水平是提高沟通效果的重要心理因素，高的思维能力和水平对于正确地传递、接收和理解信息，起着重要的作用。

（3）压缩信息传递链，扩充沟通渠道。信息传递链过长，会减慢信息流通速度并造成信息失真，因此要精简企业组织机构，拓宽信息渠道。

2. 建立有效的沟通模式

除了日常沟通中做到以上工作标准，企业管理者还可以畅通企业成员自下而上的沟通渠道。具体如下：

（1）运用交互式广播电视系统，允许下属提出问题，并得到高层领导者的解答；

（2）在企业内部刊物设立"有问必答"栏目，鼓励所有员工提出自己的疑问；

（3）企业领导者走出办公室，亲自和员工们交流信息；

（4）开好沟通会，坦诚、开放、面对面地沟通，让领导者充分地理解员工的需要和关注。

3. 强化沟通信息的有效性

沟通信息的有效性是实现有效沟通的关键因素之一，信息的有效程度决定了沟通的有效程度。信息的有效程度主要取决于以下三个方面。

（1）信息的透明程度。公开的信息并非简单的信息传递，而是要通过准确的文字语言，确保信息接收者能理解信息的内涵。信息发送者与信息接收者掌握的信息要对称，方便信息接收者获得与自身利益相关的信息内涵，否则信息发送者的行为动机容易受到怀疑。

（2）信息的反馈程度。有效沟通是一种动态的双向行为，在沟通过程中，信息接收者要及时对信息发送者进行充分的反馈。只有沟通双方都充分表达了对某一问题的看法，才真正具备沟通的意义。

（3）语言文字准确程度。语言文字运用恰当与否直接影响沟通的效率。语言文字使用时要简洁、明确，叙事说理要言之有据、条理清楚，富有逻辑性；措辞要得当，通俗易懂，不要滥用辞藻，不要讲空话、套话。进行非专业性沟通时应少用专业性术语。适当借助手势语言和表情动作，以增强沟通的生动性和形象性，使对方更容易接受。

二、沟通渠道与技巧

（一）沟通渠道

1. 沟通渠道的概念

沟通渠道是指信息源选择和建立的传输信息的媒介，也是指信息传播者传递信息的方式。

2. 沟通渠道的划分方式

企业中的沟通渠道主要分为两种，即正式沟通渠道和非正式沟通渠道。一般来说，组织建立的，用来传播与工作相关的活动信息，并遵循组织权力网络的沟通渠道为正式沟通渠道。正式沟通渠道通常是遵循权利体系的自上而下的垂直网络。非正式沟通渠道通常被称为小道信息的传播，可以自由地向任何方向移动，而不受权利水平的限制。

对于企业来讲，沟通渠道的构建也映射了企业的文化，对企业的发展有着较深的影响。

（1）正式沟通渠道。正式沟通渠道是指在组织系统中按照一定的组织原则进行信息的传递和沟通的渠道，如文件的传递、召开会议、上级和下级之间定期交换信息等。此外，还包括集团组织的参观、技术交流、市场调研等。

正式沟通渠道的优点是：沟通效果好、有约束力、容易保密，能使信息沟通保持权威性。重要的信息通常是以正式沟通渠道传达的。正式沟通渠道的缺点是：由于依靠组织体系层层传播，所以比较死板，信息传播速度缓慢。

（2）非正式沟通渠道。非正式沟通渠道是指在正式沟通渠道之外交换和传递信息的渠道，可以相互反馈，以达到双方的利益和最终目的。它不受组织控制，可以任意选择沟通对象，可作为正式沟通渠道的补充。

在许多组织中，决策过程中使用的大部分信息都是通过非正式沟通渠道传送的。与正式沟通渠道相比，非正式沟通渠道往往更灵活、能够更快地适应形势的变化，省去了许多烦琐的程序，而且往往能提供大量通过正式沟通渠道难以获得的信息。非正式沟通渠道能够真正反映员工的思想、态度和动机，这些动机往往在管理决策中发挥着重要作用。

非正式沟通渠道的优点是：沟通不拘形式、直截了当、方便快捷，容易及时了解到正式沟通渠道难以提供的隐藏信息，可以在群体中建立的良好人际关系的基础上发挥作用。非正式沟通渠道的缺点是：难以控制；信息不准确，容易产生失真、扭曲；导致小团体、小圈子，影响人的稳定性和群体凝聚力。

（3）两渠道结合。随着互联网的快速发展，员工个体之间非正式的横向沟通对价值信息的传递变得更为重要。将正式和非正式的沟通渠道结合起来，为员工提供良好的企业价值来源和有效的反馈，对加强企业文化建设十分重要。

（二）沟通技巧

沟通技巧是指人们利用文字、语言、肢体语言等手段与他人进行交流时使用的技巧。沟通技巧主要包括纵向沟通、横向沟通及标准信息载体的建立。

1. 纵向沟通

纵向沟通是根据企业责权分配的管理层级结构，建立的指挥、命令、执行、反馈的信息系统，包括下向沟通与上向沟通。

（1）下向沟通。下向沟通是企业内高层管理机构和职能人员逐级或越级向下级机构和职能人员，直至生产作业一线员工的信息传输，在沟通的各个环节要对信息加以分解并使之具体化。管理人员在与下级沟通时，应当掌握并运用以下技巧。

1）传达命令时的技巧：

①态度和善，语言礼貌。在传达任务和命令时，领导要保持和善的态度，因为在现代化企业管理实践中，上下级关系的维持不能仅仅依靠上级的个人权威，上级的态度和语言通常会直接影响下级对其的看法，

进而影响命令的执行效果。

②给下级提出疑问的机会。上级在向下级传达完命令后，应主动询问下级关于命令的意见，以确保沟通的全面性和理解的一致性。

③引导下级认识到命令的重要性。上级对命令进行的重复和强调并不能使下级完全理解命令的重要性，应通过介绍命令的背景、要求、意义等信息使下级充分了解命令的重要性。

2）批评下级时的技巧：

①尊重客观事实。上级批评下级时，一定要从客观事实出发，坚持就事论事，做到批评有据。如果在批评时对客观事实妄加引申、偏离事实，就会使下级反感，从而增加上下级的隔阂，无益于批评的本意。

②选择恰当的场合。上级在批评下级时，要选择合适的场合，要考虑到下级的自尊心。

③恰当运用赞美。上级在批评下级时，要适当地对下级进行肯定和赞美，让下级在意识到自己价值的同时能够虚心接受批评。

3）赞扬下属时的技巧：

①以诚相见，由衷赞扬。上级的赞扬是一种领导的艺术，当赞扬建立在领导者诚挚的感情上时，才会让下级真正受到鼓舞和激励。

②及时赞扬下级。每一位下级都在自己的工作中创造了价值，都渴望获得上级的肯定和承认，上级应该创造机会及时对下属的工作给予肯定。

③不以小事放弃赞扬。小事最能体现下级的工作心态和积极程度。因此，上级要善于发现下级所做的有意义的事情，并且能够给予真诚的赞扬。

4）其他提高日常沟通能力的技巧：

①换位思考。上级和下级对企业内外环境关心的侧重点不同，对企业发展使命、发展战略、管理特征及管理规范等认识也存在极大的差异。上级要想同下级保持良好的沟通，就必须从下级的立场出发进行换位思考。

②进行细节沟通。上级在同下级沟通时要恰当地运用细节，因为下

级在同上级沟通时往往会十分在意上级的细节动作，包括一个姿势、一个眼神、一个小动作等。细节处理得不好，就会影响沟通的效果，甚至传递出负面的信息，导致误解；如果处理恰当，则会给双方的沟通带来积极的正面影响。

（2）上向沟通。上向沟通是指下级机构、人员向上级机构、人员反映、汇报情况，提出建议或意见。上向沟通的信息应逐层集中，在各环节进行综合，然后向上一级传输。在上向沟通渠道中，应建立员工的申诉制度作为企业奖惩、考核制度的有机组成部分。下级与上级沟通时要讲究方法，可运用以下技巧。

1）选择恰当的时机。与上级沟通，并不一定要全在办公室内进行，因为上级每天要处理的工作很多，有时候在其非工作时间也可以解决许多问题，下级要注意场合，选择恰当的时机。

2）灵活运用事实数据。下级提出改进现有工作制度、程序的建议或者推广一项新的提案时，一定要有足够的说服力。下级要说服上级，应事先收集整理好有关数据和资料，然后做成书面材料提供给上级。

3）预测质疑，准备答案。对于下级提出的建议和设想，上级可能会提出各种质疑，如果下级毫无准备，对上级提出的问题不能有效解答，那么建议被采纳的概率就会大大减少，同时也会给上级留下逻辑性差、思维不够缜密的印象。因此，下级要做好充分准备，预想上级可能提出的疑虑，并一一准备答案。

4）突出重点，简明扼要。下级应先弄清楚上级最关心的问题，再想清楚自己最想解决的问题，在与上级沟通时，就能做到重点突出、简单明了。

5）尊重上级的决定。下级在阐述建议后应该给上级留一段思考的时间，即使建议被否定，也应该感谢上级倾听自己的意见，让上级意识到自己工作的积极性和主动性。

2. 横向沟通

横向沟通是企业组织内部依据具体分工，在同一级机构、职能业务人员之间的信息传递。横向沟通以争取配合为主要目的，并且在企业内部进行，不同于公关与谈判，应该直截了当、简洁明了。企业各部门及各员工之间的横向沟通，应注意掌握以下技巧。

（1）沟通从工作出发。如果需要沟通，一定是自己感到对方对正在进行的工作不够重视，或是对上级的安排理解不透彻，妨碍工作顺利进行。因此，沟通一定要着眼于工作，要认识到双方因工作产生误会而沟通也是为了工作。

（2）树立“内部客户”的理念。该理念认为工作的其他相关内部员工也是本工作的客户，要用对待外部客户、最终顾客的态度和热情去服务内部客户。

（3）沟通应遵循制度和流程。如果正在进行的工作遇到了阻碍，应按照制度和流程查找问题出现的环节及此环节的负责人。沟通应发生在自己与此环节负责人之间，而不是找不相干的人进行沟通，否则会让其他人觉得自己是无事找事，耽误工作时间。

（4）征询对方意见。与对方沟通一定要注意虚心听取对方的意见，了解对方不配合沟通的原因或存在的困难。听取对方意见时，不宜随意打断对方，以免分散对方注意，影响对方表达，同时要注意在沟通过程中要放低姿态，不可盛气凌人。

（5）双方求同存异。由于所处的位置不同、个人经历与经验不同，同事间在工作方式上存在不同态度、不同观点是正常的事情。因此，在沟通过程中要坚持求同存异的原则，不一定是一方完全说服另一方，只要确保工作能够正常进行就可以。

3. 标准信息载体的建立

信息载体（information carrier）是指在信息传播中携带信息的媒介，即用于记录、传输、积累和保存信息的实体。信息载体的种类丰富，常用的包括单据（凭证）、台账、报表、计划、标准及文件等，具体见表 7–1。

表 7–1 信息载体的种类

类型	含义
单据（凭证）	单据（凭证）包括收付钱款或货物（有形和无形）的凭据，一般发生在企业的运营层，记载某项具体工作实际的发生情况
台账	台账由格式一定、相互联结的账页组成，以单据（凭证）为依据，按照一定的要求（如时间次序、某种分类等），全面、连续、系统地记录各项管理业务
报表	报表是向上级报告情况的表格，按照一定的统计要求，将一定周期内的单据或者台账进行汇总、排序、分类等，形成具有价值的信息
计划	计划是企业各种决策的具体体现，是行动前所拟订的方案，它向下传达了行动的目标、行动的具体内容等信息
标准	标准是衡量事物或活动的准则。在企业中，标准是企业相应工作的准则
文件	文件大多是关于政策理论等方面呈非结构化的非数值型数据，其内容一般是难以事先设定的

依据信息载体的种类以及员工关系维护与发展的要求，企业标准信息载体的建立一般包括以下内容。

（1）劳动管理表单。劳动管理表单是由企业劳动管理制度规定的，有固定传输渠道并按照规定程序填写的统一表格，如统计表、台账、工资单及员工卡片等。管理表单记录并反映了企业组织的劳动关系系统的数据和现实情况，通过管理表单，企业可以掌握并分析自身劳动关系系统运行状况，并据此形成各类管理信息。

（2）汇报报表。汇报报表是为企业高层管理人员充分了解情况，掌握管理实际进程的工具，包括工作进行状况汇报报表与业务报告两类。

（3）正式通报和组织刊物。正式通报和组织刊物是主要用来说明企业劳动关系管理计划、目标、发布规定和管理标准等的信息载体。其优点是信息传递准确，不易受到歪曲，且沟通内容易于保存。

（4）例会。例会综合了上向沟通、下向沟通及横向沟通三种信息沟通方式，具体表现为会议、召见、询问、指示及讨论。这种信息载体具有亲切感，可以通过语调、表情、肢体语言增强沟通效果，容易获得对方的反馈，具有双向沟通的优势。

第二节　员工参与管理

一、员工参与管理的定义与形式

员工参与管理是指企业允许和鼓励员工在一定程度上参与组织决策和各级管理工作的一种员工管理形式。良好的员工参与管理可以强化员工的责任心和事业心，提高员工忠诚度和满意度，有效激发员工的工作积极性和创造性，进而促使员工不断提高工作技能和工作业绩并协助企业领导集思广益，共同作出明智决策，推动企业整体效益的提升。

一般而言，员工参与管理的方式主要有质量圈、合理化建议、代表参与、分享决策权、员工持股计划共五种。

（一）质量圈

质量圈又称质量改善小组，是由专门从事某项工作的员工组成的小组。该小组定期举行相关会议，指出工作中存在的问题，探讨和分析问题原因，灵活运用自身的知识、技能、经验和创造力提出有效的问题解决措施，并由企业领导审批通过后严格落实执行。

在质量圈管理中，企业通过赋予员工一定的问题分析和质量改进的职能，为其提供了良好的发挥自身聪明才智、提高自身工作技能和工作业绩的机会和空间，进而可有效调动员工的工作积极性和主观能动性，不断提高其工作业绩和工作质量。

（二）合理化建议

合理化建议又称奖励建议制度或改善提案制度，是指企业通过鼓励员工发现工作中现存的问题并提出建设性意见或构思，进而推动企业目标实现的一种员工参与管理方式。该方式鼓励员工对现行的生产工艺、操作规程、工作方法和程序、管理制度、审批流程等方面存在的问题向企业提出合理化建议。企业应认真审查、分析和评估员工提出的建议，选择优秀、可行的建议加以实施，并对提出相关建议者给予适当的奖励。

通过合理化建议，可有效提升员工对企业各工作业务和经营管理的了解和参与程度，集思广益地帮助企业发现和解决相关问题，促进企业管理水平和经营绩效全面提升。

（三）代表参与

代表参与是指由员工推选产生的员工代表参加企业日常经营管理活动的一种员工参与管理方式。员工代表将针对某些直接影响员工利益的事项及企业规定的其他事项，与企业管理者共同协商决定。

通过实施代表参与机制，企业可有效提高员工参与企业管理的程度，强化员工的责任心、事业心和忠诚度，充分激发员工的工作积极性、创造性，加大全员监督力度，有效维护和提升企业绩效水平，促进企业的健康、持续发展。

（四）分享决策权

分享决策权是指下级员工可在一定条件和程度上分享其直接管理人员决策权的一种员工参与方式。在实际工作中，当工作事项变得越发复杂、专业，需要快速应变时，上级管理人员有时会难以及时、准确地作出相关决策。在这种情况下，通过实施分享决策权机制，企业可让最了解工作状况的基层员工根据工作需要和情形变化，在一定范围内独自或与上级领导共同作出决策，进而提高决策准确性和科学性，快速有效地解决工作中的突发问题。

对企业而言，让员工分享决策权的管理方式可以有效缩短决策时间、降低决策成本，增加决策的准确性，及时解决各种突发问题；对员工而言，可不断提升自己的决策能力和解决问题的能力，更加清晰地理解和执行上级领导的决策内容。

（五）员工持股计划

员工持股计划是指企业通过让员工拥有一定数量的股份，将员工利益和企业发展效益联系在一起，鼓励其更好地参与企业管理的一种员工参与管理方式。该方式不仅可以增加员工福利和收入，提高企业人力资源的竞争能力，还能有效激发员工的工作积极性，鼓励其更加努力工作、更加深入地参与企业日常经营管理。企业可以分步骤实施员工持股计划。

1. 进行可行性分析

企业应对员工持股计划进行深入、全面的分析研究，客观判断其可行性和应用效果，明确其他因素对员工持股计划实施的影响和制约。

2. 评估企业价值

企业应聘请专业机构对企业资产进行全面、客观、真实的调查评估，准确确定企业的资产价值。

3. 设计员工持股细则

企业应聘请专业咨询机构，共同研究、分析和设计员工持股计划的具体实施细则。

4. 编制审批实施方案

企业应在专业咨询机构的协助和指导下，根据以上分析和设计内容认真编制员工持股计划实施方案，并及时上报企业领导审核审批。

5. 申请备案

企业领导审批通过后，企业有关人员应认真准备相关申请材料，及时向国家有关部门进行申请备案。

6. 实施员工持股方案

方案通过备案审批后，企业应依据方案内容实施员工持股计划，认真办理员工认购手续，并向员工出具“员工股权证明书”。

二、员工参与管理的实施

（一）员工参与管理的目的

员工参与管理既是对员工实施有效激励与约束的手段，又能够解决企业管理过程中存在的信息不对称问题，是提高企业管理效率的重要途径。员工的参与程度，关系到其自身职业发展和自我价值的实现，也关系到企业的持续发展。员工参与管理的目的主要有以下五点。

1. 提高企业的生产力和竞争能力

员工参与管理有利于实现企业和员工的双赢，通过构建和谐、共赢的员工关系，能够为企业发展创造有利的内部运营条件，并在此基础上发挥企业和员工对组织发展的积极性和创造性，不断提高企业的竞争能力。

2. 保障公平合理地分享工作成果、权利和地位

员工参与管理的理论基础是组织成员的目标一致原则，这就需要员工与企业管理者在遵循公平的基础上，保证个人目标和组织目标的一致性。

3. 保障员工的就业安全

员工参与管理需要建立在员工具有积极表达自身意愿的基础上，如果员工缺乏相关的就业保障，就很难关心企业的长远发展，即使参与管理，也只是徒有表面形式。

4. 提供持续的培训发展机会

员工参与管理前，需要对员工进行持续的培训。一方面，参与管理的员工需要具备管理与建议的能力，这些能力的培养主要来自企业对员工有计划的培训和员工工作经验的累积；另一方面，员工的培训与发展，能够有效提升企业的生产力，对员工提供持续的培训，能够保持员工高效地为企业生产提供服务，增强其参与管理的效率。

5. 促进企业内部合作，提高人力资源使用效率

员工参与管理能够增强部门、员工之间的沟通和协调，发扬企业团队合作精神，提高人力资源的使用效率。

（二）员工参与管理的实施

企业的竞争力来自内部和外部的资源整合能力，鼓励企业员工参与管理并建立配套的参与体系，能够有效提高组织内部沟通协调能力和生产力。

有效实施员工参与管理，需要把握好以下四点关键要素。

1. 沟通

在员工管理过程中，沟通一方面是管理者向员工传达信息的过程，目的是向员工提供组织信息，加深员工及其代表对企业问题和管理者地位的理解；另一方面是利用员工的知识和意见，扩展企业内部思想储备，鼓励合作，并使其变化趋向合理。

有效沟通具有以下三个方面的作用：

（1）沟通可以帮助企业更好地吸纳员工的意见，激发员工的力量和奋发精神，改善管理者与员工之间的关系，减少冲突。与员工进行面对面交流，能够及时了解员工的真实想法、对工作的意见和期望，通过有效沟通，能够构建令人满意的劳动关系，建立良好的人际关系和组织氛围。

（2）沟通是体现和实现员工参与管理的重要形式，有助于发挥员工的主动性和创造性。员工参与管理需要建立在有效沟通的基础之上，有效沟通能够帮助管理者准确迅速收集、处理和传递信息，使决策更加有效。

（3）沟通能够激励员工，提高员工士气。员工工作的动力和积极性，来自外在的奖励体系和工作本身的内在奖励，但是工作动力的大小取决于责任的大小和从工作中获得的成就感，以及企业对员工期望的满足度。员工对工作的想法和相关的奖励通常取决于管理者或领导者的沟通效率，因此建立一套完善的沟通系统，有利于改善企业劳动关系，提高效率。

2. 授权

授权是指企业给予员工相应的参与管理、作出决策的权力。企业授权管理既要充分合理，又要保证所授权力得到控制。在员工参与管理的过程中，可以从以下六个方面对员工进行授权：

（1）工作内容的选择权，即员工有权自我选择做什么工作；

（2）工作目标要求的决定权，即员工自己有权决定将工作做到什么程度；

（3）工作考核标准的决定权，即员工能够决定用什么标准对所承担的工作进行考核；

（4）工作时间限制的决定权，即员工能够决定所承担的工作什么时候开始、什么时候终止；

（5）工作方式的选择权，即员工可以选择以什么方式来完成工作目标；

（6）工作场所的选择权，即员工能够选择在什么地方履行职责，并完成工作任务。

3. 提高员工自身的素质

员工自身素质是有效实施员工参与管理的核心，员工参与管理实施效果取决于员工的素质和能力。因此，需要从以下三个方面提高员工的素质。

（1）培训。培训是提高员工素质的主要方式，企业为员工提供专业化的培训，能够增加其专业技能与知识，扩展其思考空间，促使员工对自身的工作进行深入思考，有利于发挥员工在参与管理过程中的作用。

（2）各种竞赛和活动。通过各种形式的竞赛和活动，如知识竞赛、文化征文、恳谈会、演讲比赛等，能够加强员工对企业战略、目标文化的理解，也能够为员工提供展示的舞台，发现员工的长处，以提高其工作的积极性和创造性。

（3）鼓励员工自我提高。可以通过“每月一书”“每周一题”等方式，使员工在学习中认识到不足，发现学习的重要性，达到员工主动学习、不断提高的目的。

4. 反馈和激励

反馈是指企业应及时将员工参与管理的情况，如开展过程、取得的效果以及存在的问题等信息传递给员工。激励是指对通过参与管理，为企业管理与决策出谋划策，并对企业业绩提高和目标的实现作出贡献的员工，企业应对其进行奖励，如发放奖金、进行榜样宣传、颁发证书等，这些做法都能够促使员工积极参与到管理当中，使其进一步了解和相信参与管理的重要性。

第三节　员工申诉管理

一、员工申诉的内容

（一）员工申诉的概念

关于申诉的概念，朱西斯（Jucius）认为，“申诉（grievance）系来自员工对机构有关事项，感到不公正或不公平时表示出来的不满”。戴维斯（Davis）认为，“申诉可以是员工对其雇佣关系所感到的任何真实的或想象的不公平”。

总而言之，申诉是指组织成员以口头或书面等正式方式，表示出来的对组织有关事项或劳动关系的不满，提出意见并要求解决的行为。

任何劳动者如果感到其自身没有得到公平待遇，或对雇佣条件不满时，都会影响工作情绪、降低工作效率甚至增加意外事件，并会严重打击员工士气，所以欧美许多大企业，都制定有申诉制度（grievance system），使员工能够通过正常途径宣泄其不满情绪，化解内部紧张关系，进而消除劳资争议。

（二）员工申诉的范围

1. 申诉种类

申诉通常可以分为个人申诉和集体申诉两大类。

（1）个人申诉。个人申诉多是由于管理者对员工进行惩罚引起的争议和不满，通常由个人或工会的代表提出。个人申诉争议的焦点是，个人利益被损害，认为管理者处置不当或是违反了集体协议中规定的个人和团体的权利，如有关资历的规定、违反工作规则、不合理的工作分类或工资水平等。

（2）集体申诉。集体申诉是为了集体利益而提起的政策性申诉，通常是工会针对管理方（在某些情况下，也可能是管理方针对工会）违反协议条款的行为提出的质疑。集体申诉虽不直接涉及个人权利，但却影响整个谈判单位的团体利益，通常由工会委员会的成员代表工会的利益提出。

2. 申诉范围

处理员工申诉主要是为了解决员工工作过程中的不满，其范围一般限于与工作有关的问题。凡是与工作无关的问题，通常应排除在外，例如员工的私人问题、家庭问题，虽然可能间接影响其工作绩效，但并不是应该或能够通过申诉处理的。

员工在劳动关系中可以通过申诉处理的事项主要有薪资福利、劳动条件、安全卫生、管理规章与措施、工作分配及调动、奖惩与考核、群体间的互动关系以及其他与工作相关的不满等。

二、员工申诉管理制度

（一）员工申诉步骤

1. 申诉制度的建立

为了化解员工的不满情绪，解决组织内部不合理的制度与流程安排，除了非正式的申诉渠道，组织应建立一个明确的申诉制度，给员工提供正式、合法的申诉渠道。企业内部申诉制度的建立，应当遵循以下五项准则。

（1）申诉规则的制度化。申诉制度和程序必须加以说明和明示，这对于保护员工及企业的合法权益具有重要作用。值得注意的是，企业在制定申诉制度的过程中，应仔细聆听员工的意见，不能单方自行制定，否则将难以为员工所接受和遵守。

（2）申诉机构的正式化。建立正式的申诉机构可以畅通员工申诉渠道，便于管理者了解员工的现状和心理，同时还能够避免直属主管刻意隐瞒或扭曲事实，保证申诉处理的客观、公正。正式的申诉机构应由劳资双方代表共同组成。

（3）申诉范围的明确化。明确申诉范围能够帮助企业全体人员准确判断申诉是否需要受理，是否有解决的实际意义，使员工明白什么样的问题可以申诉，什么样的问题不属于申诉的范围，使申诉制度运作方向更为明确。

（4）申诉程序的合理化。组织内部合理的申诉程序应具备以下特征：

1）员工有机会表达其意见；

2）企业有接受并处理意见的机构或执行者；

3）申诉处理以正式的渠道和程序进行；

4）问题处理结果必须能反馈给申诉者，明示处理过程及结果；

5）企业应定期公布申诉事件，让员工了解申诉的具体处理情况。

（5）申诉处理的技巧化。处理员工申诉，应注意切实做好保密工作，减少申诉者的疑虑，以公正及客观的立场处理员工申诉，同时要掌握处理时效，避免拖延不决。答复员工时，力求精确明示，切忌语意不明、模棱两可。处理申诉的人员应掌握申诉处理的技巧，增强员工对申诉制度的信心，确保申诉制度的正常运行。

2. 申诉处理步骤

不管企业内部是否有工会组织，员工申诉处理的主要步骤可以归纳为申诉受理、查明事实、解决问题以及申请仲裁四个阶段。

（1）申诉受理。管理者在接受审诉的过程中，要心平气和地对待申诉者，用客气、关怀的态度接纳申诉者，通过沟通找出问题产生的根源。

（2）查明事实。管理者要查明争议事实，不得有偏袒，在调查时要公平、公正，要对涉及的所有人员、事实进行调查。调查的方法有实地调查法，广泛面谈法，分析和检讨各项政策、规定和措施法，检查员工资料法，与有关人员研讨法等。

（3）解决问题。管理者在了解事实真相后，要想办法解决员工申诉的问题，并说明事实真相，消除员工误解。解决员工申诉的主要方法包括提供与申诉有关的信息、对各项事实真相给予解释、给予员工适当的保证、尊重员工的个人人格尊严和价值、协助员工勇于面对现实、帮助员工解决私人困难、利用工作轮换来解决冲突等。

（4）申请仲裁。如果员工的不满不能在组织内部得到满意解决，则双方都可以诉诸第三方或公权力来仲裁。在我国，劳动争议仲裁委员会对争议进行裁决后，双方当事人不服的，可以在规定的期限内向人民法院提起诉讼。

（二）建立员工申诉制度的意义

给员工提供维护其合法权益的正式渠道，使员工能够依照正式程序，维护其合法权益，有利于劳资双方在尽可能小的范围内达成共识，解决纠纷，避免仲裁。组织内部建立员工申诉制度具有如下意义。

1. 疏解员工情绪，改善工作气氛

申诉能够为员工提供表达心声的机制，为员工创造一个释放其不满的机会。同时，通过申诉，管理者与被管理者双方得到沟通，企业在沟通的过程中也可以获得重要的管理信息，有利于提升企业管理水平。

2. 审查人力资源管理制度与规章的合理性

员工申诉的过程是给管理者带来问题和压力的过程，管理者在处理申述的过程中，应思考为什么会引起员工的不满，是流程出了问题，还是制度不健全等，找出需要改进的地方，并在今后的工作中避免，促进企业在制度建设方面更加完善、合理、有效。

3. 防止不同层次管理权的不当使用

申诉制度的建立不仅为员工提供了工作场所中基本的民主权利和自由，而且有助于员工获得公平待遇，具有积极的人性化管理意义。

4. 与集体协议结合

申诉应成为集体协议的适用与解释上的行政机制，并用以对抗不法的争议行为。申诉为集体协议的切实执行提供了法律保障，确保了协议的整体性，对劳动法律制度和集体协议的落实至关重要，申诉为双方进行补充协议的谈判奠定了基础。

5. 减轻高层管理者处理员工不满事件的负荷

申诉程序的建立可以使员工的不满在规定的不同层次的渠道内得到解决，有助于减少高层管理者处理此类事件的频次，使他们可以将更多的精力投入企业经营当中。

6. 避免问题扩大或恶化

申诉可以作为解决组织内部冲突的手段，健全申诉制度有利于提高组织内部自行解决问题的能力，避免外力介入或干预导致问题扩大或恶化。

第四节　员工援助计划

一、员工援助计划的内容

（一）员工援助计划的概念

员工援助计划（employee assistance program，EAP），又称员工心理援助项目、全员心理管理技术，是当前企业实施员工关系管理工作中较为常用的管理方法。此方法可有效改善企业员工关系管理中存在的问题。

员工援助计划主要是指企业运用一些系统的干预方法来了解、诊断问题员工的行为并探讨问题产生的原因，积极主动地提供家庭、法律、医疗、财务等方面的援助，帮助员工解决问题。常见的干预方法主要包括评估、咨询、辅导、治疗等。

（二）员工援助计划的适用范围

员工援助计划作为一种先进的员工关系管理方法，目前已被较多的企业采用，该方法可用于压力管理、职业心理健康、裁员心理危机、灾难性事件、职业生涯发展、健康生活方式、家庭问题、情感问题、法律纠纷、理财问题等各个方面，全面帮助员工解决个人问题，并提高员工独立解决问题的能力。

（三）员工援助计划的内容

具体来讲，员工援助计划的内容可以划分为以下三个部分：

（1）处理造成问题的外部压力源本身，即减少或消除不适当的管理和环境因素；

（2）处理压力所造成的反应，即情绪、行为及生理等方面症状的缓解和疏导；

（3）改变个体自身的弱点，即改变不合理的信念、行为模式和生活方式等。

考虑到员工援助计划内容的广泛性，企业在确定其内容时，应考虑以下两个因素：

（1）根据企业文化、企业的内部和外部环境及企业面临的挑战和压力来选择员工援助计划的内容；

（2）注意区分心理咨询与员工援助计划的内容，心理咨询仅对个体负责，而员工援助计划的内容更倾向于针对企业现状，它不仅服务于个体，更重要的是要通过解决个体遇到的问题，完善个体心理和行为方式，使个体更好地服务于组织，促进组织绩效的提高。

二、员工援助计划实施要点

正因为越来越多的企业意识到其在内部管理中的重要性，所以员工援助计划被越来越多的企业所采纳。在具体运用员工援助计划过程中，企业要保证每一个步骤的实施过程严格规范，以保证其实施结果不偏离企业开设此项服务的目的，具体包括以下七点。

1. 问卷设计及访谈

在员工援助计划初期的调研中可以通过专业的访谈和问卷调查分析法，发现导致问题产生的原因，为此需要设计科学合理的调查问卷和谈话提纲。

2. 问题诊断

咨询师采用专业的心理健康评估方法评估员工心理健康状况，及其问题产生的原因，并针对性地减少或消除不适当的管理和环境因素，即减少或消除造成问题的外部压力源。

3. 员工援助计划的宣传推广

员工援助计划的宣传推广又叫员工援助计划的促进，是指利用报纸、杂志、宣传栏、海报、讲座等多种形式搞好职业心理健康宣传，强化员工对员工援助计划的了解和正确认识，鼓励员工遇到心理困惑时积极寻求帮助。

4. 员工援助计划培训

通过员工援助计划专业人员的培训，使得企业内部员工了解员工援助计划的内涵，明确企业开展员工援助计划的目的并积极接受。

5. 改善工作环境

工作环境包括物理硬环境和管理软环境两个方面。企业通过组织结构变革、领导力培训、团队建设、工作轮换、员工职业生涯规划等手段改善员工工作的软环境，并在企业内部建立支持性的工作环境，丰富员工的工作内容，指明员工的发展方向，消除问题的诱因。另外，要加强员工工作硬件环境的建设，为员工营造干净、舒适、宽敞、明亮，且先进、科学的硬件办公环境，以保证员工工作期间有良好的心情。

6. 员工援助计划服务实施

员工援助计划的服务包括针对企业团体的服务和针对员工个人的服务，服务方式包括工作场所健康知识和技能的培训，压力管理、挫折应对、保持积极情绪等一系列培训，帮助员工掌握提高心理素质的基本方法，增强对心理问题的抵抗力。员工援助计划服务的形式包括为员工提供个人咨询、电话咨询、电子邮件咨询、团体辅导等，充分解决困扰员工的心理问题，改变个体自身的弱点，改变员工不合理的信念、行为模式和生活方式等。但这一切的服务一定要秉承员工援助计划的基本理念和核心功能。

7. 员工援助计划实施效果评估

在项目实施过程中和结束时，分别提供阶段性评估报告和总体评估报告，帮助管理者及时了解员工援助计划的实施效果，也为改善和提高服务质量提供依据。

第五节 员工压力管理

一、员工压力管理概述

压力是一种动态情境。在这种情境中，个体要面对与自己所期望的目标相关的机会、限制及要求，并且这种动态情境所产生的结果被认为是重要而又不确定的。压力是个体对各种刺激做出生理、心理和行为反应的综合模式，对员工关系的影响既有积极的一面，也有消极的一面。

（一）压力对员工关系的积极影响

适度的压力可以使人集中注意力、提高忍受力、增强机体活力，从而减少工作错误的发生。在压力情境下，如企业管理制度、工作要求等压力源诱导的压力下，员工必须与上级、同级或者下级维持良好的关系，以确保工作任务的完成，因此，适度的压力有利于良好的员工关系的建立。在把握压力的“度”时，应遵循五项原则，具体如图 7–1 所示。

（二）压力对员工关系的消极影响

对工作不满意是过度工作压力最简单、最明显的心理影响后果。当个人工作过度且过于单调，工作反馈机制不健全，对工作缺乏控制感，员工的压力感和不满意感都会增强，工作投入程度也会降低。工作满意度是衡量员工关系的一个重要标准，若工作满意度降低，则说明员工的工作压力过大，不利于良好的员工关系的建立。

二、员工压力释放

考虑到过度的工作压力对员工关系造成的消极影响，企业应当采取积极的措施来释放员工的压力。

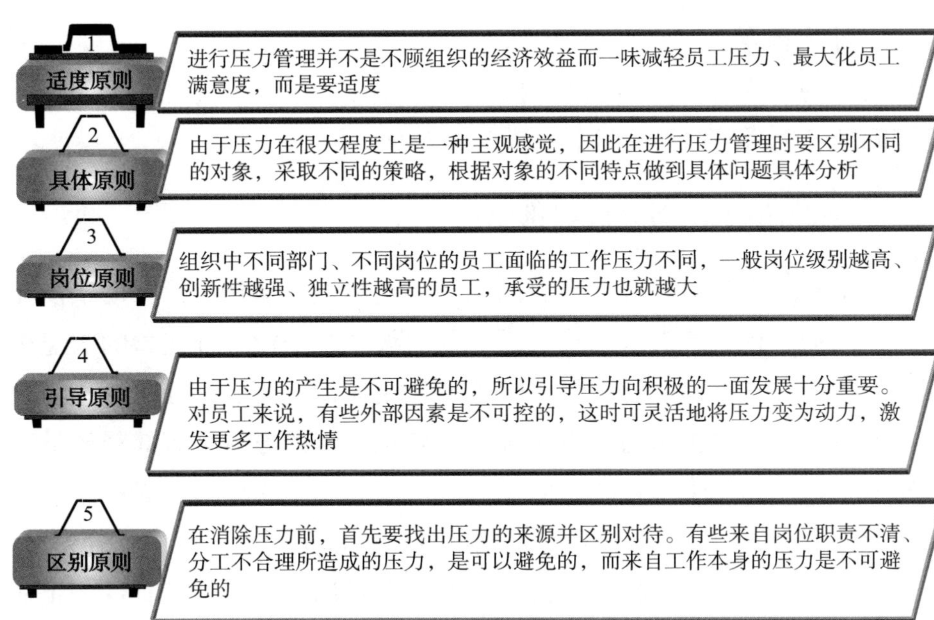

图 7-1　把握压力的“度”时应遵循的原则

（一）正确识别压力源

正确分析员工的压力来自哪些因素，有利于制定可行的、有针对性的“减压”办法。员工压力一般来自环境因素、组织因素及个人因素三个方面。

1. 环境因素

环境的不确定性不仅会影响组织结构的设计，也会影响组织中员工的压力水平，它包括经济的不确定性、政治的不确定性及技术的不确定性。经济的不确定性会使员工为自己的生活保障而忧虑，政治的不确定性会诱发不稳定感和压力感，技术的不确定性（革新和变革）会使员工产生压力感和紧迫感。

2. 组织因素

组织内有许多因素会使员工产生压力。例如角色模糊、角色转变、任务超载、人际关系、企业文化、工作条件等都会给员工带来压力。

3. 个人因素

员工的个人生活因素会影响员工的工作压力水平，包括家庭问题、经济问题、生活条件和员工个性特点等方面。

（二）为员工压力释放提供渠道

员工有压力就需要寻求释放的途径，适当地宣泄情绪，有助于恢复员工情绪的平衡，最有效的员工压力释放渠道是企业内部完善的沟通机制。沟通的方式可以多种多样，除了通过企业的例会、年终总结会等正式沟通方式外，也可以通过电子邮件、餐桌交流的方式来有效释放员工的压力。

此外，为员工提供宣泄不满情绪的场所，也是压力释放的有效渠道。例如，一些企业在计算机中放置了一些发泄不满的游戏，还有一些企业给员工提供了排解压力的书籍、音乐以及心理咨询热线电话等。

（三）加强培训

知识更新速度的加快，会使员工感到压力。针对这种情况，企业缓解员工压力的最直接有效的方法便是培训。通过培训提升员工的职业能力和职业竞争力，员工的能力得到提高，其自信心自然会增强，快乐与幸福指数自然会上升，从而使压力得以释放和缓解。

（四）设立心理辅导机构或人员

不论是管理层的领导人员，还是操作层的普通员工，都会面临越来越复杂的生活与工作环境，其心理承受压力的程度除取决于自身的个体因素外，较好的心理辅导对释放压力也会有所帮助。企业应当设立心理辅导机构或人员，帮助员工解决压力带来的各种困惑和疑难问题。通过适当的心理干预，压力不仅可以得以释放，而且可能会转变成工作的动力。

三、工作压力管理策略

对工作压力的有效管理是企业员工关系管理应关注的重点问题之一。工作压力管理可以从个体与组织两个角度来考虑。

（一）个体角度压力管理的策略

从个体角度来看，压力和紧张可针对其内在机制的压力源、反应及个性三个方面导向来进行管理。

1. 压力源导向

从个体角度对压力源的应付与管理，主要是从生活方式的管理和工作方式的管理两个方面着手。

（1）生活方式的管理主要是着眼于良好的、有规律的生活习惯的养成，从而减轻工作压力的影响。

（2）工作方式的管理主要是着眼于工作时间与任务的合理安排，即要求员工学会时间管理，按照重要程度和紧急程度来对任务进行先后顺序的安排，同时要了解自己的日常活动周期状况，在自己最清醒、最有效率的时间段内完成工作中最重要的部分。

2. 压力反应导向

压力反应导向的管理主要是从生理、情感及认知三个方面着手进行。

（1）对于压力生理反应的消除，主要是通过一系列的心理训练，使个体学会控制自己的生理反应，从而消除或减轻紧张反应，如放松训练、自生训练、冥想等。

（2）对于压力情感反应，可以通过寻求社会支持来应对。缺乏社会支持的人比那些经常跟朋友交往、有较多社会支持的人更有可能生病或死亡。

（3）认知评价反映了一个人对于压力或情境的总体评价，这是压力管理的一个重要部分。根据认知评价，在压力管理中应当做到以下三个方面：

1）对于存在的伤害，可以通过重新解释过去发生的事情来确定对策；

2）对于威胁的情境，可以用期待性应对，即人们可以通过对可能发生于未来的伤害进行预防性的准备，以避免即将发生的威胁；

3）挑战是一种积极的期待应对，其策略往往集中于能得到什么而不是会失去什么。

3. 个性导向

个性导向是通过改变某些容易产生压力的个性因素，从而缓解压力。可以通过建立员工的内部控制源和自我效能感，也可以改变个体对压力源的感知和应付方式，从而减少紧张反应产生的可能性和程度。

（二）组织角度压力管理的策略

从组织角度来看，压力管理主要是营造一个能充分调动员工积极性的、压力适度的工作环境，避免导致过度的压力产生。管理者可以通过以下策略来满足员工的各种需求，从而消除紧张情绪，缓解和消除员工的压力。

1. 工作任务和角色需求的管理

这种管理策略主要是从工作本身和组织结构入手，使任务清晰化、角色丰富化，增加工作自身的激励因素，激发员工工作的积极性，提高工作的满意度，从而减少压力和紧张产生的机会，具体可以从以下三个方面着手。

（1）加强沟通。加强与员工正式的组织沟通，有助于减轻角色模糊和冲突，从而减少不确定性。

（2）目标设置。当员工的目标比较具体且富有挑战性，而且能及时得到有关情况的反馈时，员工就会认为目标是可以达到的，这样能够相应减轻员工的压力和受挫感。

（3）工作再设计。工作的重新设计可以为员工带来更多的责任、更大的自主性和更强的反馈，这样有助于减轻员工的压力。工作再设计可通过工作轮换、工作扩大化及工作丰富化实现：

1）工作轮换是将员工轮换到技术水平相近的另一岗位上去工作。工作轮换的优点主要是通过丰富员工工作活动的内容，减少员工的枯燥感。

2）工作扩大化是通过工作的横向扩展，增加员工的工作数量，丰富工作内容，使工作本身更具有多样性。工作扩大化主要是应对工作数量不足、工作内容简单带来的工作压力。

3）工作丰富化是对工作内容的纵向扩展，可以提高员工对工作计划、执行和评估的控制程度。

2. 生理和人际关系需求的管理

这种管理策略的目的主要是为员工营造良好的生理和心理环境，满足员工在工作中的身心需求，以提高工作方面的保健因素，降低压力感。具体可通过以下方法实现：

（1）弹性工作制。弹性工作制主张员工在特定的时间段内，自由决定上班时间。弹性工作制有利于降低缺勤率，提高员工工作效率，减少加班费用开支，从而增加员工的工作满意度，减少压力的产生。

（2）参与管理。因为员工一般会在工作目标、工作预期、上级对自己的评价等问题上产生不确定感，而这些方面又会直接影响员工的工作绩效。因此，如果管理者让员工参与这些方面的决策，就能够增强员工的控制感，帮助员工减轻角色压力。

（3）有效疏导压力。企业应意识到员工有压力、有不满是正常现象。因此，企业应承担帮助员工发泄不满情绪的责任，开发多种情感发泄渠道，有效改善员工的压力症状。

第六节　心理契约

一、心理契约概述

心理契约是美国著名管理心理学家施恩（Schein）正式提出的。他认为，心理契约是“个人将有所奉献与组织欲望有所获取之间，以及组织将针对个人期望收获而提供的一种配合”。虽然这不是有形的契约，但却发挥着有形契约的作用。

心理契约的含义可以描述为一种状态：虽然企业的成长和员工的合作并不是通过纸上契约来阐述的，但企业和员工仍然可以找到自己决策的“重点”，并像签订了纸上契约一样来规范自己。也就是说，企业能够了解并满足每一位员工的发展期望，而每一位员工都完全致力于企业的发展，因为他们相信企业能够实现他们的期望。

心理契约是存在于员工与企业之间的隐性契约，其核心是员工满意度。如果将员工的任务分为封闭式和开放式，将雇主提供的报酬分为短期和长期，则可以将心理契约分为四种：交易型，有详细的任务，雇主提供短期报酬；过渡型，没有详细的任务，雇主提供短期报酬；平衡型，任务非常详细明确，而且雇主提供长期报酬；关系型，任务不明确，但雇主提供长期报酬。

心理契约通常包含七个方面的期望，即良好的工作环境、工作匹配、安全归属、薪酬、价值认同、培训发展机会、晋升机会。

心理契约的主体是企业员工的心理状态，衡量企业员工心理状态的三个基本概念是工作满意度、工作参与和组织承诺。在一个以经济活动为主导的组织中，员工的工作满意度是企业心理契约管理的重点和关键。心理契约管理的目的是通过人力资源管理提高员工的工作满意度，进而实现员工对组织的强烈归属感和对工作的高度承诺。

因此，为了实现最有效的人力资源配置，企业必须充分参与 EAR 循环的心理契约，通过影响 EAR 循环来实现员工的期望。

所谓 EAR 循环，是指心理契约建立（establishing，“E”阶段）、调整（adjusting，“A”阶段）和实现（realization，“R”阶段）的过程。

在“E”阶段，公司应该了解员工的期望，并让员工了解企业和部门的现状及未来几年的发展，帮助员工建立合理的期望，为共同目标而奋斗。

在“A”阶段，由于心理契约是以对企业未来的预测为基础的，当现实与预测发生偏离时，调整在所难免。企业应该及时与员工沟通，了解出现的新情况，期待员工做出调整。特别是当企业的形势发生了明显的变化，导致员工的心理波动较大时，及时和高层沟通可以减轻员工的心理负担，减少负面影响。

在“R”阶段，企业应及时考察实现程度，了解员工的合理预期，解决相关问题后，企业将随着员工进入下一个阶段的EAR循环。

总之，心理契约的无形规约，能使企业与员工在动态的条件下保持良好、稳定的关系，让员工看到自己是人力资源开发的主体，其个人的发展充分整合到了企业的发展之中。所以，只有充分把握心理契约，参与员工EAR循环的全过程，企业才能创造出永远充满活力的组织。

二、心理契约的维度

心理契约是一种具有主观性、个体性、动态性和社会性特征的复杂心理结构，受个人、组织、经济、政治和文化等因素的影响。

（一）交易契约与关系契约

美国契约法学家麦克尼尔（Macneil）提出的员工与组织之间的契约类型可划分为交易契约和关系契约两种类型。交易契约包括高额报酬、绩效奖励、提升和发展等与物质交换有关的契约项目，关系契约包括长期工作保障、职业发展、培训等与社会情感交换有关的契约项目。

（二）外在契约与内在契约

外在契约包括企业对员工完成工作所作出的承诺，如弹性工作时间、安全的工作环境、有竞争力的工资及奖金；内在契约包括企业根据员工工作性质作出的承诺，如自我选择、自我决策、自我控制、挑战性工作、提供组织支持、参与决策和发展机会。

（三）交易责任、培训责任和关系责任

交易责任包含提供与相同行业员工同等的报酬、同等的福利，确保报酬和责任相关，随着生活水平的提高调整工资等与经济水平有关的组织责任；培训责任包含必需的工作技能、新知识、新技能培训和组织支持等与员工知识和能力提升有关的责任；关系责任包含长期工作保障和

良好职业规划等与员工个人前途有关的责任。

三、心理契约的构建

要建立心理契约，必须以科学的职业生涯管理为前提。作为一种经济组织，企业的成长和发展始终处于一个动态的过程中，企业人力资源的生理和心理状态都在不断变化。如何确保企业的人力资源有效地长期服务于发展中的企业，而不会由于企业的变化和发展导致员工离散的发生，是企业人力资源管理的目标，企业和员工达到和维持一个动态平衡的心理契约可以生动地体现这一目标状态。

（一）建立以人为本的企业文化氛围

达到并维持心理契约，需要以人为本的企业文化氛围。健康向上的企业文化能营造出开拓、进取、和谐、平等的企业氛围和创业精神，形成全体员工强大的精神支柱，成为企业和员工坚不可摧的生活共同体。

以人为本的现代企业文化，是指现代企业的文化价值观应该以重视人的能力为基础，一切企业管理活动围绕着如何正确发挥人的能力展开。这里的能力是指有利于企业合理生存和发展、有利于专业活动和社会发展的能力，其精神在于倡导企业员工充分、正确地发挥自己的能力，为企业做出更多的贡献，实现自身的社会价值。

现代企业理论认为，员工之所以把自己的工作自由和权利交给企业安排，是因为他们相信企业能够实现自己的意愿，提供与自己的工作绩效对称的发展，否则，就无法维持这种平衡。建立一个以人为本的企业文化的目的是充分利用人的能力，高效开发员工的潜力，营造良好的气氛，增强员工努力工作的热情和信念，刺激企业和员工遵守各自的“契约”对应的“承诺”。

因此，以人为本的企业文化的建设需要企业的管理者提供良好的制度保障、有效的机制、正确的政策和宽松的企业氛围，也就是需要建立一个以价值为导向的企业经济体制及其运行机制，并要求每个企业员工将自身能力的最大化作为自己价值追求的主要目标，并积极为之奋斗。

在这种文化中，企业领导者和员工同心同德，使企业经营理念得以贯彻，共识得以建立，公司使命得以实践，实现人与物的理想结合。

（二）构建有效的员工激励方式

心理契约的建立应该认识到员工的具体需求和有效的激励。激励的形式分为精神激励和物质激励。精神激励用来满足心理上的需要，物质激励用来满足生理上的需要。

物质是人类生存的基础和基本条件，衣食住行是人类最基本的物质需求，从这个意义上说，物质利益对人类具有永恒的意义，是一种永恒的追求。

同时，现代心理学理论认为，人类行为是一个可控的系统，给予员工肯定和激励，更有利于生产，实现方向控制的目的，以便保持其动机，促进这些行为的维护和开发。

（三）柔性化管理

柔性化管理的心理契约常常能够取得事半功倍的效果。随着知识经济时代的到来，原有的金字塔管理模式带来的刚性管理开始向柔性管理转变。究其原因，是在知识经济条件下，劳资关系发生了革命性的变化。秩序越来越难以靠强权维持，企业和员工之间的关系越来越像契约关系。

柔性管理本质上是一种以人为本的管理，要求对人力资源进行柔性管理和开发。在现代市场经济条件下，企业要想使顾客满意，首先必须以员工的满意为基础和条件。人力资源的柔性管理是在尊重人的人格独立和人格尊严的前提下，以提高企业的凝聚力和员工归属感为基础进行的管理。

柔性管理的最大特点是不依赖外部力量（如上级的发号施令），而是通过权力平等、民主管理，激发每个员工的内在潜力、主动性和创造精神，使其能真正感到舒适，不遗余力地为企业不断开发新领域，成为企业在全球激烈的市场竞争中获得竞争优势的源泉。

第七节　员工满意度管理

一、员工满意度调查的内容与分析

（一）员工满意度调查的概念

员工满意度调查是企业员工关系管理的基本工具，它通常以问卷调查等形式收集员工对企业管理各个方面满意程度的信息，然后通过后续统计和分析，了解企业在员工关系管理中存在的问题或不足，进而有针对性地进行化解和改善。

企业通过员工满意度调查可以培养员工的认同感、归属感，激发员工参与组织管理与变革，不断增强员工的向心力和企业的凝聚力，保证企业工作效率和最佳经济效益，反映企业真实经营管理情况，为企业管理者提供客观的决策依据。

（二）员工满意度调查的内容

为确保员工满意度调查有序开展，保证调查结果准确、科学，企业应重点掌握以下内容。

1. 员工满意度调查方法

员工满意度调查最常用的方法主要有访谈调查法、问卷调查法和观察记录法。企业可适当地选择合适的方法进行员工满意度调查。

（1）访谈调查法。访谈调查法是一种开放度很高的双向信息交流的方法，可以收集口头资料并同时记录访谈观察到的细微之处。其优点是直接、灵活，具有较强的适应性和应变性，信息量大，准确率高，答复率高；缺点是规模小，耗时多，费用大，谈话技巧要求高，标准化程度低，适用于部门较分散的企业。

（2）问卷调查法。问卷调查法是设计出问卷后分发给员工，请员工认真、据实填写来间接获得材料和信息的一种方法。其优点是标准化程度高，范围广，结合访谈效果更佳；缺点是需要事先设计调查问卷，而且调查分析过程周期长，容易受问卷设计者立场的影响。

（3）观察记录法。观察记录法是一种单向的有针对性地获取信息的采集法。其优点是便捷、高效，可掌握直接调查难以掌握的信息；缺点是信息的表象化含量高，受观察人员的主观意识影响大，准确度不高。

2. 员工满意度调查问卷编制

员工满意度调查问卷的编制是员工满意度调查的关键环节，一份完美的调查问卷能对员工满意度调查工作起到事半功倍的效果。企业在设计员工满意度调查问卷时，不仅要注意内容方面应涵盖企业所要了解的全部内容，还要注意如下要点：

（1）问题内容设置要简洁明了、规范，便于员工回答，且保持中立性，避免诱导性；

（2）问题格式设置不能局限于某一种形式，而应涵盖封闭式问题、半封闭式问题及开放式问题三种形式，并且要注意给员工留有足够的作答空间，以全面了解企业现存的各种问题和员工的各种真实想法；

（3）问题回答方式设置可参考是非选择、多项选择、对比选择、排序选择、程度选择、自由回答等。

3. 员工满意度调查步骤

员工满意度调查通常以调查问卷等形式，收集员工对企业各个方面的满意程度，然后通过后续专业、科学的数据统计和分析，真实地反映企业经营管理的现状，为企业管理者决策提供客观的参考依据。为了切实达到以上效果，员工满意度调查应按照以下流程进行。

（1）明确调查目的与任务。调查目的与任务的确定是员工满意度调查的第一步，对员工满意度调查的其他步骤起到指引的作用。员工满意度调查的目的不同，决定了所调查的范围、内容、方法的不同。

（2）确定调查项目。根据调查目的，选择相应的调查项目。目的不同，员工满意度调查项目的侧重点也有所不同。

（3）实施调查。在实施员工满意度调查的前期，要做好相关的沟通工作，包括与各级管理者沟通及与企业员工沟通。若沟通不好，一方面得不到管理者的支持和重视，会直接影响到其所在部门员工的心态，从而影响到调查的参与度与质量；另一方面得不到员工的关注和理解，员工也不会抱着积极认真的态度来参与，效果必然受到影响。

（三）员工满意度调查的分析

为确保评价员工满意度调查信息具有针对性、时效性、科学性及可用性，在进行员工满意度评价前，企业应先对调查信息进行分析，将有效信息与无效信息进行区分，剔除部分错误信息以及偏离主题、重复或无用的信息。员工满意度调查信息分析的工作要点主要包括信息信度分析和信息效度分析。

1. 信息信度分析

信息信度即信息的可靠性，是指采用同一方法对同一对象进行调查时，调查结果的稳定性和一致性，可用于衡量调查的实得信息与真信息的相差程度。信息信度分析主要有重复检验法、交错法和折半法三种方法。

（1）重复检验法。采用同样的问卷对同一人群在尽可能相同的情况下先后测量两次，用两次测量结果间的相关性或差异的显著性评价信息信度的高低。

（2）交错法。在不同时间对同一群体用两个不同形式的等价问卷进行测量，通过结果相关性评价信息信度。

（3）折半法。将两份问卷合成一份问卷（通常要求这两份问卷的问题数目相等），每一份作为一部分，然后考查这两个部分的测量结果之间的相关性。

2. 信息效度分析

信息效度是指正确测量所要测量的变量的程度。检验员工满意度调查信息效度的主要指标有内容效度、准则效度和结构效度。

（1）内容效度。内容效度是指测量内容与测量目标之间是否切合，旨在系统地检查测量内容的适当性。

（2）准则效度。准则效度是指调查所得到的数据和其他被选择的变量（准则变量）的值相比是否有意义。根据时间跨度的不同，准则效度可分为同时效度和预测效度。

（3）结构效度。结构效度是指测量实际测到的理论结构和特质的程度。一份结构效度高的问卷，不仅应与测量相同特质或构想等理论上有关的变量高度相关，也应与测量不同特质或构想等理论上有关的变量有部分相关。结构效度评价方法实施步骤为首先提出结构假设，然后对结构假设进行验证。

二、满意度调查结果的应用

员工满意度调查应用广泛，但多用于薪酬福利体系设计、绩效考核体系设计、员工培训体系设计及内部激励机制设计。

（一）薪酬福利体系设计

薪酬福利是企业人力资源管理的基础性模块，合理的薪酬福利体系是对员工价值的有效认可，有助于提高企业内部的公平性，发挥基础性的激励作用，有效吸引和保留企业所需人才，提高员工的工作效率，并最终实现组织目标和员工个人发展目标的统一，促进企业更好地发展。

对于薪酬福利体系的设计，企业人力资源部需要依据设计薪酬福利体系的目的，结合企业自身的实际情况来进行。有些企业在设计薪酬福利体系时考虑不周，缺乏对员工需求的深入调查，以至于员工多样化的需求不能得到满足，再加上后期企业所面临的外部政策、市场因素和内部组织结构、业务流程、人才结构等的变化，导致企业在薪酬福利管理方面存在许多问题。因此，企业需要定期对薪酬福利体系进行员工满意度调查，通过员工满意度调查结果的数据分析，不仅能够了解员工对薪酬福利管理的满意度状况，还能够掌握导致员工不满的因素以及员工的期望，并有针对性地提出改进方向和应对策略。

（二）绩效考核体系设计

员工满意度与绩效考核管理工作是密不可分的，多数员工不满意的绩效考核体系注定是行不通的。企业对过去一段时间所采用的绩效考核体系进行员工满意度调查，根据调查结果反馈的信息制定一套行之有效的改进方案，可以使绩效考核体系得到完善和提高。

企业应首先对人力资源管理现状和绩效考核体系进行初步了解，找出绩效考核体系存在的问题，并分析原因；其次，采取调查问卷和访谈的方式对企业员工的绩效考核满意度进行调查，通过了解员工对当前绩效目标、考核方法、考核流程、考核制度以及考核结果应用的满意程度，获得可靠的数据支持；再次，通过对数据的统计分析，找出企业员工目前的主要不满意因素；最后，根据调查掌握的情况，结合企业实际情况，对绩效考核体系进行优化。

（三）员工培训体系设计

在企业对员工的培训管理中，员工对培训的满意度至关重要，提高员工培训满意度，不仅有助于企业建立完善的培训体系，保证员工的培训效果，还能提高员工对企业文化的认可度和忠诚度，从而提升企业的核心竞争力。企业进行员工培训满意度调查，基于对调查结果的研究分析，找出企业培训效率低、员工满意度低的原因，进而为员工培训体系的设计提供参考依据。

员工培训满意度调查主要是对培训前、培训过程中和培训结束后三个阶段进行相关调查，及时了解员工对培训组织、管理与服务、培训讲师授课以及培训效果等方面的态度，收集更加准确和有针对性的参考意见。在调查数据分析的基础上，对培训的管理工作和培训的具体实操过程中的培训项目、培训内容、培训课程、培训讲师等方面进行改进和完善，使培训体系的设计更加适合员工和企业发展的需要。

（四）内部激励机制设计

在进行内部激励机制设计时，应对激励对象和考核评价部门进行员工满意度调查，了解激励机制对激励对象积极性的影响。

在对调查结果分析的过程中，应着重围绕岗位工作标准、岗位评价、薪酬定位、考核指标、竞聘标准和程序评价等激励机制实施的基础工作，以及激励方式和力度、员工业绩目标、工作计划完成情况、员工的满足程度和新的需求等方面进行分析，制定出有效的改进措施，对激励机制体系存在的问题及时进行改善和调整。

以下是一份员工满意度综合调查问卷，供参考。

××公司员工满意度综合调查问卷

此次问卷调查的目的是了解公司的员工满意度现状，调查结果作为评价及改善公司管理工作的依据。公司对问卷调查的信息只作为统计使用并对其严格保密，感谢您的积极参与！

调查问卷说明：

1. 本次调查采用不记名方式进行。

2. 本调查问卷共有35道题，请认真填写。

请选择你的部门（打“√”）。

□生产部　□工程部　□品质部　□市场部　□财务部

□销售部　□人力资源部　□采购部

你的职务________________。

你在公司的工作年限__________。

1. 作为公司的一员，你是否对公司的总体情况感到满意？（　　）

A. 非常不满　　B. 不满　　C. 一般

D. 满意　　E. 非常满意

2. 你所在的部门，同事之间的分工协作是否具有团队精神？（　　）

A. 极不赞同　　B. 不太同意　　C. 中立

D. 同意　　E. 非常赞同

3. 你对本企业的文化是否了解？（　　）

A. 非常了解　　B. 比较了解　　C. 不确定

D. 不太了解　　　　E. 很不了解

4. 你对公司的劳动合同管理是否感到满意？（　　）

A. 极不满意　　　　B. 不满意　　　　C. 一般

D. 满意　　　　E. 非常满意

5. 你认为本部门成员的总体工作状况如何？（　　）

A. 非常不好　　　　B. 不好　　　　C. 一般

D. 好　　　　E. 非常好

6. 你认为日常工作中，部门内部、部门之间以及上下级之间的沟通是否及时、顺畅？（　　）

A. 很少　　B. 有时　　C. 一般　　D. 经常　　E. 总是

7. 你对工作的意见和建议能否得到及时的回复和落实？（　　）

A. 从不　　B. 很少　　C. 有时　　D. 经常　　E. 总是

8. 你愿意接受公司安排的员工培训吗？（　　）

A. 非常不愿意　　　　B. 不太愿意　　　　C. 中立

D. 愿意　　　　E. 非常愿意

9. 对公司为你提供的培训你是否满意？（　　）

A. 很不满意　　　　B. 不满意　　　　C. 一般

D. 满意　　　　E. 非常满意

10. 所在部门提供的培训能够满足你的工作需要吗？（　　）

A. 从不　　B. 很少　　C. 有时　　D. 经常　　E. 总是

11. 你对公司培训的组织工作总体评价如何？（　　）

A. 很差　　B. 差　　C. 尚可　　D. 好　　E. 优

12. 你认为培训形式应该如何改进？

13. 你认为本次培训的组织工作应该如何改进？

14. 你同意“你实际的工作绩效和绩效考核结果是一致的”这种看法吗？(　　)

A. 强烈反对　　B. 不同意　　C. 中立

D. 同意　　E. 非常赞同

15. 你认为公司实行的绩效考核制度对你有激励作用吗？(　　)

A. 几乎没有　　B. 较小　　C. 一般

D. 有较大的激励作用　　E. 有很强的激励作用

16. 你对公司现有的工作考核满意吗？(　　)

A. 很不满意　　B. 不满意　　C. 一般

D. 满意　　E. 非常满意

17. 你对公司奖励与处罚的执行标准满意吗？(　　)

A. 很不满意　　B. 不满意　　C. 一般

D. 满意　　E. 非常满意

18. 你对现阶段的薪资是否满意？(　　)

A. 非常不满意　　B. 不太满意　　C. 一般

D. 满意　　E. 非常满意

19. 你认为公司的调薪办法是否合理？(　　)

A. 很不合理　　B. 不太合理　　C. 一般

D. 还算合理　　E. 很合理

20. 你对公司食堂整体服务质量满意吗？(　　)

A. 很不满意　　B. 不满意　　C. 一般

D. 满意　　E. 非常满意

21. 你对公司住宿条件及生活设施满意吗？(　　)

A. 很不满意　　B. 不满意　　C. 一般

D. 满意　　E. 非常满意

22. 你对公司业余文体活动是否满意？(　　)

A. 很不满意　　B. 不满意　　C. 一般

D. 满意　　E. 非常满意

23. 你对公司的劳动保护、安全措施是否满意？(　　)

A. 非常满意　　B. 满意　　C. 一般

D. 不满意　　E. 很不满意

24. 你对自己所在部门的工作职责、分工、工作流程熟悉吗？(　　)

A. 很不熟悉　　B. 不熟悉　　C. 一般

D. 熟悉　　E. 非常熟悉

25. 你对工作环境和工作条件满意吗？(　　)

A. 非常不满　　B. 不满　　C. 一般

D. 满意　　E. 很满意

26. 你对所用的设备、工具条件（如是否先进、耐用、安全等）满意吗？(　　)

A. 很不满意　　B. 不满意　　C. 一般

D. 满意　　E. 很满意

27. 你对自己目前从事的岗位工作满意吗？(　　)

A. 很不满意　　B. 不满意　　C. 一般

D. 满意　　E. 很满意

28. 你对上级对你工作的信任、指导与支持程度满意吗？(　　)

A. 很不满意　　B. 不满意　　C. 一般

D. 满意　　E. 很满意

29. 在工作中能否有机会发挥你的能力、特长？(　　)

A. 几乎没有机会　　B. 很少　　C. 不太有机会

D. 还算有机会　　E. 大有机会

30. 你从现在的工作中获得新知识、能力的机会如何？(　　)

A. 几乎没有机会　　B. 很少　　C. 不太有机会

D. 还算有机会　　E. 大有机会

31. 你对自己工作能力的提升是否感到满意？（　　）

A. 极不满意　　B. 不满意　　C. 一般

D. 满意　　E. 很满意

32. 你对公司分配给你的工作量持何种态度？（　　）

A. 极不满意　　B. 不满意　　C. 一般

D. 满意　　E. 很满意

33. 工作中所需的劳动防护用品和必备工具能够得到保障吗？（　　）

A. 从不　　B. 很少　　C. 有时　　D. 经常　　E. 总是

34. 你认为公司的工作环境还需要进行哪些方面的改进？

35. 你认为公司关于员工职业生涯的发展规划还需要完善哪些方面？

本章自测题

1. 如何实施有效沟通？
2. 请简述沟通有哪些技巧及如何运用。
3. 如何实施员工参与管理？
4. 如何实施员工援助计划？
5. 请简述心理契约的维度。
6. 如何开展员工满意度调查？

第八章　员工离职管理

学习目标

- 了解员工离职的三种类型，掌握不同类型之间的区别
- 熟悉员工离职的影响，并熟练应用员工离职的计量方式
- 掌握“三金管理”，明确应用情况和支付条件，合理降低企业损失

引导案例

2005年，李某入职某科技公司逆变器部门。2018年年初，李某离职。

在公司工作期间，李某发现逆变器部门存在业绩造假等问题，涉及的项目金额高达数亿美元，于是他在2016年11月21日向公司的投诉邮箱发了一封匿名举报邮件。关于发送匿名举报邮件而不是实名邮件的原因，李某自己的说法是：“我为公司的这个隐患感到担忧，想帮助公司守住这个摊子，我以为高层会给我一个说话的机会。”

一年之后，公司审计组对逆变器部门开展了调查。调查结束后，人力资源部找到李某，告知其劳动合同已到期，并表示公司不打算再跟他继续签约。李某表示理解公司的决定，但仔细研究了一遍劳动法的他，要求公司给予自己12年以来辛苦工作应得的赔偿以及应发未发的年终奖。

2018年1月31日下午，李某和人力资源部开始了一场关于离职赔偿的谈判。离职谈判开始后，双方在“N+1”和“2N”的赔偿标准上有些争议。李某认为，劳动者在用人单位连续工作满10年，提出或者同意续订、订立劳动合同的，除劳动者提出订立固定期限劳动合同外，应当订立无固定期限劳动合同。无固定期限的劳动合同公司应该支付“2N”的赔偿，还应包括年终奖。

2018年3月，李某过去所在部门的秘书，通过私人账户向其转账30多万元（税后金额，交易摘要为“离职金额补偿”）。但这笔钱款未包含年终奖。因此，李某决定起诉公司，要求赔偿年终奖，其间也经过多次开庭，但诉讼结果还未有定论。

2018年12月，公司以涉嫌职务侵占、侵犯商业秘密、敲诈勒索罪对李某提起控告。12月16日，李某因涉嫌敲诈勒索罪被某市公安局刑事拘留，并于2019年1月22日被逮捕。最终因“犯罪事实不清、证据不足”，于2019年8月23日释放，总共关押251天。

李某表示将对公司提起进一步诉讼，以恢复自己的名誉和要求公司赔偿自己的损失。

这样的结局，对于员工和企业来说是双输的局面。请思考，如果你是公司的人力资源部负责人，你会如何妥善管理员工离职工作。

第一节 员工离职

一、员工离职的类型

从法律角度看，员工离职过程中会涉及许多权利与义务关系，比如工作交接、办理离职手续、支付经济补偿金等。《劳动合同法》对员工主动离职和被动离职的规定也有不同，员工主动离职几乎不受法律的限制，而用人单位如果辞退劳动者，则会受到严格的法律限制，这就意味着员工离职对用人单位而言还面临着相应的法律风险和成本。从企业管理的角度看，员工离职管理是员工流动的重要方式，合理有效的员工流动对企业人力资源的合理配置具有重要作用。

因此，无论是从法律角度还是企业管理角度，员工离职管理对企业来说都是至关重要的。从实践的角度来看，员工离职的过程也是劳动争议多发的时期，需要企业做好相应的准备，严格依法操作，避免员工离职过程中的法律风险，降低离职管理成本。

关于员工离职的类型，《劳动合同法》中将其分为劳动合同解除和劳动合同终止两种情况，另外，在企业中还存在员工自愿离职的情况。

（一）劳动合同解除

劳动合同解除是指劳动合同订立之后，尚未全部履行合同内容之前，由于某种原因导致劳动合同一方或双方当事人提前终止劳动关系的法律行为。

劳动合同解除分为协商解除和法定解除两种情况。

1. 协商解除

协商解除劳动合同是指双方当事人在不违反法律规定的前提下，协商一致提前终止劳动关系。

2. 法定解除

法定解除劳动合同是指法律规定的劳动合同解除条件出现，双方当事人按照法律的规定提前终止劳动关系。

《劳动合同法》第三十九条规定，劳动者有下列情形之一的，用人单位可以解除劳动合同：

（1）在试用期间被证明不符合录用条件的；

（2）严重违反用人单位的规章制度的；

（3）严重失职，营私舞弊，给用人单位造成重大损害的；

（4）劳动者同时与其他用人单位建立劳动关系，对完成本单位的工作任务造成严重影响，或者经用人单位提出，拒不改正的；

（5）因本法有关规定的情形致使劳动合同无效的；

（6）被依法追究刑事责任的。

第四十条规定，有下列情形之一的，用人单位提前30日以书面形式通知劳动者本人或者额外支付劳动者一个月工资后，可以解除劳动合同：

（1）劳动者患病或者非因工负伤，在规定的医疗期满后不能从事原工作，也不能从事由用人单位另行安排的工作的；

（2）劳动者不能胜任工作，经过培训或者调整工作岗位，仍不能胜任工作的；

（3）劳动合同订立时所依据的客观情况发生重大变化，致使劳动合同无法履行，经用人单位与劳动者协商，未能就变更劳动合同内容达成协议的。

由以上法律条款可知，企业享有单方解除权，即无须双方协商达成一致意见企业也可与员工解除劳动合同。具体来说，企业辞退员工的类型主要包括过失性辞退和无过失性辞退。

（1）过失性辞退。过失性辞退是指员工有过失性情形时，企业人力资源管理人员有权随时通知员工解除劳动合同的行为。过失性辞退不用提前一个月通知员工，且企业无须支付解除劳动合同的经济补偿金。企业在实施过失性辞退时，应注意不同情形下的实施要点，主要如下：

1）对于“在试用期间被证明不符合录用条件的”，企业要对“录用条件”事先进行明确界定并公示，并做好试用期内的考核。一经发现员工不符合录用条件，用人单位应即时与其解除劳动合同。此条款应用需注意一定要是“在试用期内”被证明不符合录用条件。如果过了试用期，则不能以此条款解除劳动合同。

2）对于“严重违反用人单位的规章制度的”，企业不仅要有合法有效的规章制度，而且必须在规章制度中对严重违纪作出明确的界定，否则企业也无法利用有关条款解除劳动合同。

3）对于“严重失职，营私舞弊，给用人单位造成重大损害的”，企业要在内部规章制度中对“严重失职”“重大损害”予以明确规定，并公示。

4）对于“劳动者同时与其他用人单位建立劳动关系，对完成本单位的工作任务造成严重影响，或者经用人单位提出，拒不改正的”，企业不仅要在内部规章制度中对“严重影响”予以明确规定并公示，同时还需要调查并获取证明材料，在掌握确凿证据的情况下方可单方面解除劳动合同。

若企业发现员工与其他用人单位建立劳动关系而未立即辞退只是提出改正意见，则应将有关证明材料、改正通知、改正确认书、后续工作跟踪情况等材料完善保存，以便将来合法辞退时作为有利证据。

5）对于“以欺诈、胁迫的手段或者乘人之危，使对方在违背真实意思的情况下订立或者变更劳动合同，致使劳动合同无效的”，一般需由劳动争议仲裁机构或者人民法院确认。劳动合同确认无效后，企业才享有即时解除劳动合同的权利。

（2）无过失性辞退。无过失性辞退是指员工本人无过失或过错，但是由于员工自身的客观原因或外部环境发生变化致使劳动合同无法履行，企业在符合法律规定的情形下、履行法律规定的程序后可以单方面解除劳动合同的情况。企业人力资源管理部门在实施无过失性辞退时，应掌握以下要点。

1）无过失性辞退的适用范围：员工患病或者非因工负伤，在规定的医疗期满后不能从事原工作，也不能从事由企业另行安排的工作的；员工不能胜任工作，经过培训或者调整工作岗位，仍不能胜任工作的；劳动合同订立时所依据的客观情况发生重大变化，致使劳动合同无法履行，经企业与员工协商，未能就变更劳动合同内容达成协议的。

2）无过失性辞退的具体做法。无过失性辞退的具体做法如图 8–1 所示。

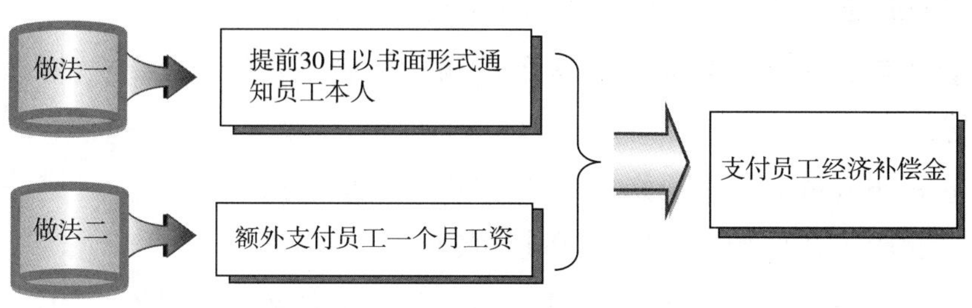

图 8–1　无过失性辞退的具体做法

（3）辞退员工风险。企业辞退员工时，应留有充分的时间、机会做好员工离职后岗位空缺、业务停滞等风险的防范工作。同时，由于辞退员工是企业提出的，若员工心生不平，或企业操作不当，极易产生劳动纠纷。因此，企业应对辞退员工的风险有所认识，并做好防范工作。

1）辞退理由不成立。《劳动合同法》对企业的过失性辞退和无过失性辞退的理由进行了明确规定，因此企业辞退员工必须有充分的依据、证据，若辞退理由不成立，会导致劳动争议的发生。

辞退理由不成立的风险防范措施主要包括两个方面：一是企业应健全和规范其规章制度，并履行完备生效程序，如企业规章制度的生效需经过职工代表大会或全体职工确认的，应履行报告程序并需明确告知职工本人；二是企业应重视有关证据的收集保管工作，确保相关依据、证据保存完整。

2）辞退程序不符合法律规定。企业辞退员工必须履行一定的程序，如提前 30 天以书面形式通知员工或额外支付一个月的工资等。若程序不合法，企业辞退员工将极易产生劳动争议。

为防范上述风险的发生，企业应对辞退程序进行严格规定并监督落实，将辞退员工的权利归集到人力资源部门，限制直线经理辞退员工的自由度。

3）未考虑不得辞退的情况。《劳动合同法》第四十二条规定，劳动者有下列情形之一的，用人单位不得依照有关规定解除劳动合同：

①从事接触职业病危害作业的劳动者未进行离岗前职业健康检查，或者疑似职业病病人在诊断或者医学观察期间的；

②在本单位患职业病或者因工负伤并被确认丧失或者部分丧失劳动能力的；

③患病或者非因工负伤，在规定的医疗期内的；

④女职工在孕期、产期、哺乳期的；

⑤在本单位连续工作满 15 年，且距法定退休年龄不足 5 年的；

⑥法律、行政法规规定的其他情形。

企业在辞退员工时，若未考虑法律法规对不得辞退情况的规定，则极有可能形成违法辞退，让企业蒙受支付赔偿金的损失。

（二）劳动合同终止

劳动合同终止是指劳动合同期满或劳动合同双方当事人约定的劳动合同终止条件出现，劳动合同的法律效力依法终止的情形。劳动合同终止意味着劳动合同双方当事人协商确定的权利和义务关系已经结束，不再存在，此时，企业应为员工办理终止劳动合同的有关手续。

1. 劳动合同终止的法定情形

劳动合同终止条件不能任意约定，只有存在法定的情形才可以约定终止。企业不应在劳动合同中任意约定合同终止的条件，否则将可能面临劳动合同无效所带来的法律风险。劳动合同终止的法定情形有以下四种：

（1）劳动合同期满终止，如固定期限劳动合同届满、以完成一定工作任务为期限的劳动合同的任务完成；

（2）劳动者主体资格终止，如劳动者开始依法享受基本养老保险待遇，或劳动者死亡、被宣告死亡以及被宣告失踪等；

（3）用人单位主体资格终止，如用人单位被宣告破产、提前解散、注销、被吊销营业执照等；

（4）法律、行政法规规定的其他情形。

2. 劳动合同不得终止的情形

《劳动合同法》第四十五条规定，劳动合同期满，有法律规定的不得解除劳动合同的情形之一的，劳动合同应当续延至相应的情形消失时终止。但是，在本单位患职业病或者因工负伤并被确认丧失或者部分丧失劳动能力劳动者的劳动合同的终止，按照国家有关工伤保险的规定执行。

根据上述规定并结合《劳动合同法》第四十二条规定，企业与员工终止劳动合同时，需依法对一些特殊情况作出处理。

（1）延至相应的情形消失。劳动合同期满，员工有表 8-1 所示的情形之一的，劳动合同应延至相应的情形消失时，企业方可与员工终止劳动合同。

表 8-1　延至相应情形消失再终止的情形

序号	情形
1	从事接触职业病危害作业的员工未进行离岗前职业健康检查，或者疑似职业病病人在诊断或者医学观察期间的
2	患病或者非因工负伤，在规定的医疗期内的
3	女职工在孕期、产期、哺乳期的
4	在本企业连续工作满 15 年，且距法定退休年龄不足 5 年的
5	法律、行政法规规定的其他情形

（2）按照有关工伤保险的规定执行。员工在本企业患职业病或者因工负伤并被确认丧失或者部分丧失劳动能力，企业应按照工伤保险的有关规定执行。

3. 劳动合同终止的注意事项

在终止劳动合同过程中，企业必须对以下事项予以重点关注，做好终止手续的办理及其他工作：

（1）劳动合同终止，员工与企业之前存在的权利和义务关系并非立即消失，如企业拖欠的工资、应缴而未缴的社会保险等，企业依然要依法承担。

（2）企业劳动合同期满即行终止，不存在任何附带条件。企业因实际需要可与员工续订劳动合同，但必须征得员工的同意，不得强迫员工续订劳动合同。

（3）劳动合同需要续订的，应在劳动合同终止前的一个月内办理续订手续。

（4）劳动合同终止应当以书面形式通知员工。

下面为“劳动合同终止通知书”的范本，供参考。

劳动合同终止通知书

________：

现因下列第___项情形，本公司决定与你终止劳动合同，终止劳动合同的日期为____年__月__日。

1. 劳动合同期满。
2. 你已经开始依法享受基本养老保险待遇。
3. 本公司被依法宣告破产。
4. 本公司被吊销营业执照、责令关闭、撤销。
5. 本公司决定提前解散。
6. 法律、行政法规规定的其他情形：____________________。

请你于____年__月__日到公司人力资源部办理离职手续。

特此通知！

________________公司（盖章）

____年__月__日

（三）员工自愿离职

员工的自愿离职对企业来说是一种损失，因此它又被称为员工的流失。员工流失分为两种情况，一是员工与企业彻底解除劳动关系或员工与企业脱离任何法律承认的契约关系，如辞职、自动离职；二是指员工虽然未与企业解除契约关系，但客观上已经构成离开企业的事实，如主动型在职失业。

1. 员工自愿离职的条件

一般情况下，满足以下条件之一的员工自愿离职，企业人力资源管理部门应予以受理：

（1）企业与员工协商一致的；

（2）员工提前30日以书面形式通知企业的；

（3）试用期员工提前3日通知企业的；

（4）企业未按照劳动合同约定提供劳动保护或者劳动条件的；

（5）企业未及时足额支付劳动报酬的；

（6）企业未依法为员工缴纳社会保险费的；

（7）企业的规章制度违反法律法规的规定，损害员工权益的；

（8）以欺诈、胁迫的手段或者乘人之危，使对方在违背真实意思的情况下订立或者变更劳动合同，致使劳动合同无效的；

（9）企业以暴力、威胁或者非法限制人身自由的手段强迫员工劳动的，或者企业违章指挥、强令冒险作业危及员工人身安全的；

（10）法律、行政法规规定员工可以解除劳动合同的其他情形。

2. 员工自愿离职的特点

员工自愿离职具有以下三个特点。

（1）群体性。员工流失往往发生在新兴行业需求量大、思维活跃、专业不对口、对企业不满、未来职业生涯不明晰、认为受到不公平待遇和人际关系不好的员工群体身上。

（2）时段性。员工流失的时间是有规律的，一般情况下，薪水结算及奖金分配后、春节过后、学历层次提高后、职称提高或者个人流动资本进一步提高后，最容易发生员工流失。

（3）趋利性。员工流失总是趋向于个人利益和个人目标，如果有更好的发展机会，员工会倾向于选择离开。这些员工可分为追求物质型、追求环境型和追求稳定型。

3. 自愿离职员工挽留技巧

一般来说，每一位提出离职的员工都会和企业人力资源管理部门直接接触，这就给企业人力资源管理部门创造了一个非常好的挽留机会。为留住企业经营所需的员工，减少员工离职带来的影响及损失，企业人力资源管理部门应掌握相应的挽留技巧（见表 8–2）。

表 8–2　自愿离职员工挽留的技巧

技巧	技巧说明
即刻反应	在收到企业不愿流失的员工的离职申请后，应在最短时间做出反应
离职信息保密	给挽留工作留下充分的回旋余地，减少员工继续留在企业的心理障碍，促使员工改变离职决定，同时也可防止其离职对其他员工的不良影响
判断挽留难易	通过沟通了解员工离职原因，准确判断挽留价值及难易程度，对容易挽留的着重挽留
迅速收集员工信息	尽快收集员工相关信息，对员工有一个全面的认识和评价，从而发现员工离职的真实原因，为挽留决策提供参考
倾听员工心声	获取员工真实有效的信息，了解员工离职的真正原因，也可趁机对员工进行心理辅导
帮助员工解决问题	帮助员工重新审视企业，重新认识自我，从而使其在全面了解自己及企业的情况下做出最有利于职业生涯发展的选择

4. 自愿离职员工的风险识别和应对

员工离职往往会带来一定的风险，如商业机密的泄露、企业管理的混乱、赔偿金的支付等，因此企业应掌握员工离职的风险，并做好应对工作。

员工自愿离职往往是不可预测的，也是难以控制的，会给企业带来难以预料的风险。为将员工自愿离职的风险降低到可接受的范围内，避免风险事故发生或降低风险事故发生概率，企业应针对员工自愿离职的风险制定防范措施，具体见表 8–3。

表 8-3　员工自愿离职风险识别及防范措施

员工自愿离职风险		防范措施
风险识别	风险说明	
绩效损失	1. 工作未交接； 2. 对在职员工的负面影响	1. 对员工离职的方法和离职工作交接做事先约定，并明确违约责任； 2. 在企业内部创建顺畅的沟通渠道，创造一种保持发展及热情的内部环境
关键技术或商业秘密泄露	1. 企业中掌握关键技术的人才“跳槽”，会将企业的关键技术带走； 2. 离职员工掌握着企业的商业秘密，若泄露给竞争对手，将给企业带来重大危机	1. 签订保密协议，采取保护商业保密的措施； 2. 签订竞业限制协议； 3. 建立并管理好研发与技术团队，不要过分依赖某一个或少数几个技术人员或工程师
岗位空缺	1. 后备人才不足，招聘不及时，导致岗位长时间空缺，影响企业运营； 2. 员工主动离职直接的后果就是岗位空缺，关键岗位的空缺会使企业无法正常运转，高层管理人员离职后的空位成本会更高	1. 做好人力资源规划工作，对于关键岗位、中高层管理岗位实施后备人才的培养计划，在内部设立后备人才的培养计划； 2. 在外部制订行业关键人才的监测计划
员工流失	如果是中高层有预谋的离职，有可能会带走大批行业精英或企业骨干	1. 做好离职面谈，切忌激化矛盾，以赢得员工支持； 2. 积极与核心员工进行沟通，帮助其做好职业规划，提高其满意度和忠诚度； 3. 选拔、聘用具有不同背景的员工； 4. 促使员工认同企业的价值观和目标，增加员工对企业的归属感和吸引力
客户流失	经常与客户打交道的人员，掌握着客户的第一手资料，与客户保持良好的交往，这些人离职会带走一部分客户	1. 建立客户信息数据库，实施客户关系管理，使客户信息为公司享有和使用； 2. 实施品牌战略，依靠品牌的知名度和美誉度来吸引顾客； 3. 适当让掌握客户信息的人员调区升职
影响员工心理	企业一旦发生员工离职，势必对未离职的员工产生负面影响，动摇他们对企业的信心，降低工作积极性	1. 就离职事件与员工进行积极的沟通，说明原因，鼓励未离职的员工努力工作； 2. 做好员工职业生涯的规划与开发，创建好的企业沟通机制，改善员工关系

二、离职影响及计量

员工的离职，会对企业产生一定的影响，对企业离职员工进行计量，能够量化地了解员工的离职率，进而将员工的流动控制在企业良性发展的合理范围之内。

（一）员工离职影响

员工离职对企业既有积极影响又有消极影响。

1. 员工离职的积极影响

在企业中保持一定的员工流动率，能够为企业不断输入新鲜血液，引进高素质员工，淘汰不合格员工，使企业保持活力。员工离职对企业的积极作用，具体表现为以下四个方面。

（1）员工因能力或健康状况不能胜任企业工作而要求辞职时，可以减少企业运行负担和管理成本。

（2）辞职人数保持在正常范围内，能够促进企业吸收新生力量，进而保持员工队伍正常的运转。

（3）员工离职能够改善员工和工作、员工和企业之间的搭配关系。

（4）离职促使企业重新配置和补充人员，从而避免了停滞，外部输入的新想法、新能力和新经验能帮助企业保持竞争活力。

2. 员工离职的消极影响

辞职人数超过正常范围，尤其是骨干技术人员、管理人员提出辞职，会严重影响企业正常的生产运营，对企业的发展极为不利，企业必然会因缺乏人才而面临被市场淘汰的风险。员工离职对企业的消极影响具体表现为以下五个方面。

（1）可能导致企业核心技术的泄露。掌握核心技术或商业机密的员工离职，可能会导致企业赖以生存的核心技术或商业机密的泄露。一旦发生这种情况，将使企业遭受极大的损失，尤其是当这些员工“跳槽”到竞争对手企业或另起炉灶时，企业将面临严峻的竞争压力。

（2）可能导致企业关键岗位的空缺。企业中知识型员工掌握着某种专门的技能，因此一旦他们离职，企业无法立刻找到可替代的人选，就会出现关键岗位空缺的现象，在一定程度上会影响企业的整体运作，甚至可能对企业形成严重的损害。

（3）增大招募和培训成本。员工的离职使企业必须重新招募和培训新员工，以满足企业对人员的需求，这就需要支付相应的招募和培训费用，以及付出赢得新客户所需的成本。而且招聘来的新员工能否胜任工作，能否融入企业都具有不确定性，这些都是企业面临的风险。

（4）增加企业经营风险。较多员工的离职，特别是员工的集体离职，必然会导致企业因缺乏必要的人力资源而不能正常经营，严重时必然会被市场所淘汰。

（5）使员工士气低落，效率下降。优秀员工的离职，会影响其他员工的心态，导致军心不稳、士气下降，进而工作效率下降，如果企业不能做到有效解决，则很容易产生员工离职的连锁反应。

（二）员工离职的风险识别和应对

企业在员工离职管理过程中，要注意对风险进行识别并做好防范措施，具体见表 8–4。

表 8–4　员工离职风险识别及防范措施

员工离职风险		防范措施
风险识别	风险说明	
辞退理由不成立	《劳动合同法》对企业的过失性辞退和无过失性辞退理由进行了明确规定，因此企业辞退员工必须有充分的依据、证据，否则因辞退理由不成立，会导致劳动争议	1. 检查企业的规章制度是否健全和规范，生效程序是否履行完备，如企业规章制度的生效需经过职工代表大会或全体职工确认的，应履行报告程序并需明确告知员工本人 2. 相关依据、证据必须保存完整
辞退程序不符合法律规定	《劳动合同法》规定企业辞退员工应提前 30 天以书面形式通知，若立即辞退，应额外支付一个月的工资为补偿，若程序不符合，会产生劳动争议	1. 企业对辞退程序进行严格规范 2. 人力资源部严格监督落实，特别是要对直线经理进行培训，要求其严格按照国家规定的法律程序辞退员工

续表

员工离职风险		防范措施
风险识别	风险说明	
辞退理由选择失误	辞退理由选择不合理，未考虑企业实际情况、规章制度完备程度、离职者及其所在部门现状等因素	1. 辞退的理由，决定了辞退的风险和难度系数 2. 如果企业规章制度或管理有漏洞，员工又无明显的错误行为，应尽可能使用“协商解除”
辞退成本	1. 经济补偿金、赔偿金等直接成本 2. 新员工招聘与培训成本、对其他在职人员的影响等间接成本	对辞退成本进行测算，如计算企业提前一个月通知与额外支付一个月的工资所负担的成本
诉讼风险	企业与员工未达成一致的解决方案，致使辞退处理时间长，在处理过程中激化了矛盾，与员工产生激烈的对抗	1. 人力资源部必须在辞退方案实施前与相关负责人进行充分沟通，详细了解员工既往工作状况，积极协商，寻求相互谅解的方案 2. 人力资源部制定的辞退方案必须得到主管经理和直线经理的全面理解和配合

（三）员工离职计量

员工离职计量最简单的方法是直接统计离职人数，但是在实际操作中，若单纯考查离职人数而不结合企业员工的规模，会缺乏进行比较的口径和基础。因此，企业更多地使用离职率来进行员工离职计量，具体内容见表 8–5。

表 8–5 员工离职计量

序号	离职率计量方式	说明
1	$离职率=\frac{考查期内离职人数}{（期初人数+期末人数）/2}\times 100\%$	这种离职率计算适用于人数保持稳定或稳定增长的企业在中短期（月、季度、半年）衡量，具有一定的综合性，但会由于淡季和旺季的影响造成过高或过低估计样本

续表

序号	离职率计量方式	说明
2	$离职率=\frac{考查期内离职人数}{预算员工人数}\times 100\%$	这种离职率计算主要应用于年度离职率的计量，在较大规模和经营预见性强的企业运用较多。预算员工人数不受月份影响，不会出现过高或过低估计样本的现象
3	$离职率=\frac{考查期内离职人数}{期初人数}\times 100\%$	这种离职率计算多用于短期（月）离职率的分析，通常能够得到较为精确的计量结果

三、员工离职的对策

企业要做到对员工离职进行有效合理的管理，只有了解造成员工离职的原因，才能够抓住问题的本质，针对问题提出相应的对策，科学管理员工离职问题。

（一）员工离职的原因

员工离职的原因主要可以从薪酬、激励措施、员工的发展空间以及组织发展与环境方面进行分析，具体有以下六点原因。

1. 薪酬低

一个企业的薪酬水平高低，将对员工的去留产生很大的影响。通常情况下，薪酬高低是决定员工满意度的重要因素之一，但是在现实中，企业总是刻意地回避员工的调薪问题，使员工的薪酬期望出现落差，导致员工选择离职。

2. 激励措施不当

员工激励是人力资源管理的重要核心内容，企业采取不同的激励方式，可能会产生完全不同的结果，而目前因激励不当引起的员工离职已不再是个别的现象。一些企业建立起激励机制以后，员工不但没有受到激励，努力水平反而下降，有的员工甚至一走了之。

3. **发展空间小**

随着员工的个性需求越来越多，其在工作过程中越来越追求满足感和目标实现的过程。而在市场竞争加剧的今天，如果企业的发展前景不明朗，员工自身的发展空间不足，则会使其失去信心，进而选择离职。

4. **工作压力大**

市场竞争的日趋激烈，导致了员工的压力也在逐渐增大，突出表现在工作时间的不断增加与娱乐时间的不断减少，甚至休息时间得不到保障，严重影响了员工的工作效率。当这些时间被工作完全或大部分占用时，员工大多会选择离职。

5. **企业文化欠缺**

企业文化如果不统一，就很难形成强大的凝聚力，员工会觉得难以融入企业而选择离开。

6. **组织动荡**

企业在经营中会根据自身的状况、发展战略、目标及市场的需要制定相关政策和规定，这些都与员工的利益息息相关。如果员工认为企业的改革影响到他们的利益，或是触犯了他们的底线，就会选择离职。

（二）离职管理的对策

1. **创建核心企业文化，营造好的文化氛围**

优秀的企业文化有利于形成员工共有的态度，增强员工的忠诚度。企业文化的形成需要集众家之所长，日积月累，再从中提炼，独树一帜，这样营造的企业文化才是经得起考验的、有价值的，能够得到员工认同并与企业一同发展的。优秀的企业文化可以有效降低员工的离职率。

2. **重视人本管理，给员工发展的空间和提升的平台**

员工需要的不仅仅是薪酬的增加，还需要职位的提升、被尊重、成就感及自我价值的实现等。较大的发展空间和提升的平台，能够给予员工更强的自信心和积极性，具体应注意以下两个方面：

（1）建立完善的竞争机制，鼓励员工通过正当方式竞争上岗；

（2）给员工提供足够多的培训机会。

3. 提高企业领导者的管理水平及管理风格

企业领导者管理水平的高低，在很大程度上左右着企业的发展。同样，领导者的管理风格，也在很大程度上影响着员工的工作积极性及团队的稳定性。在实践中，应注意以下三点：

（1）对企业领导者进行必要的培训，提高其管理水平；

（2）注重企业领导者在工作中的管理风格；

（3）要注重非正式组织中的领袖的作用。

4. 建立和完善薪酬制度，提供有竞争力的薪酬水平

（1）了解同行业及不同行业有共性的岗位的薪酬水平；

（2）对骨干员工或重要岗位员工，要舍得付高薪，即使高出其他岗位较多，也要通过拉大岗位薪酬档次来吸引和留住核心员工；

（3）奖惩分明、重奖重罚，对企业有重大贡献的员工，应对其实行重奖，这样一方面可以提高员工的收入水平，另一方面对员工也是一种有效的激励作用。

5. 加强人力资源信息管理，做好人才储备工作

建立信息化的人力资源管理系统，将企业内外部有关人力资源的信息集成为一个信息库，方便和增强管理者对这些信息的管理。其中，企业内部信息包括在职人员信息、离职人员信息、人才储备信息、员工工作动态跟踪信息等。

6. 强化离职员工管理

把离职后的员工也当成一种财富、一种资源。离职员工是公司的又一种财富，是公司的潜在资源，如果利用得好，将会对公司产生积极的作用。例如离职员工对公司的宣传，远胜于公司自己为自己所做的宣传。

第二节　离职员工的“三金管理”

一、违约金

违约金是指当事人在合同中约定的或法律规定的，一方违约时应支付给对方的一定数量的货币。

（一）违约金的类型

违约金可分为法定违约金、约定违约金、混合违约金三种。

1. 法定违约金

法定违约金是指由法律直接规定了数额、固定比例或者比例幅度的违约金，只规定了比例幅度的违约金的具体比例由当事人在规定幅度内商定。法定违约金是法律预先规定的，不得由当事人协商改变，且无论当事人是否把法定违约金条款写进合同，违约方都应支付违约金。

从我国现行法律的规定来看，法定违约金主要有以下三种情况：

（1）由法律法规具体规定违约金的数额；

（2）由法律法规直接规定违约金的固定比例；

（3）由法律法规直接规定违约金的比例幅度，具体比例由当事人在规定幅度内具体商定。

2. 约定违约金

约定违约金是指数额和支付条件都是由当事人双方约定的违约金。虽然约定违约金不像法定违约金那样受到法律的限定，但是，也不得违反国家的有关规定。

从我国现行法律规定来看，约定违约金主要有以下两种情况：

（1）法律法规对违约金未作具体规定，完全允许当事人约定的违约金；

（2）法律法规虽规定了违约金的数额、比例或比例幅度，但是又允许当事人自行协商，或规定当事人约定的违约金效力高于法定的违约金。

3. 混合违约金

混合违约金是指法律规定了违约金的比例幅度，当事人在规定幅度内商定具体比例的违约金。这种违约金是法定和约定相结合的违约金，也称混合违约金。

（二）劳动合同约定违约金的范围

根据《劳动合同法》的规定，劳动合同中可以约定违约金仅限于以下两种情形。

1. 用人单位与劳动者约定服务期

服务期是劳动合同当事人通过协商约定的劳动者为用人单位必须服务的期限。劳动合同期限与服务期限不是同一法律概念，劳动合同期限是双向约定的劳动关系存续期限，但在此期限内双方可以提前解除劳动合同，尤其是劳动者，只要按照法定条件和程序提前解除劳动合同就不需要承担任何责任；但在服务期限内，劳动者不能提前解除服务期，否则要承担相应的责任。

《劳动合同法》第二十二条规定，用人单位为劳动者提供专项培训费用，对其进行专业技术培训的，可以与该劳动者订立协议，约定服务期。劳动者违反服务期约定的，应当按照约定向用人单位支付违约金。违约金的数额不得超过用人单位提供的培训费用。用人单位要求劳动者支付的违约金不得超过服务期尚未履行部分所应分摊的培训费用。用人单位与劳动者约定服务期的，不影响按照正常的工资调整机制提高劳动者在服务期期间的劳动报酬。

因此，用人单位可以与劳动者约定服务期的情形只限于一种，即用人单位为劳动者提供专项培训费用，对其进行专业技术培训。

2. 用人单位与劳动者约定竞业限制条款

《劳动合同法》第二十三条的规定，用人单位与劳动者可以在劳动合同中约定保守用人单位的商业秘密和与知识产权相关的保密事项。对负有保密义务的劳动者，用人单位可以在劳动合同或者保密协议中与劳动者约定竞业限制条款，并约定在解除或者终止劳动合同后，在竞业限制期限内按月给予劳动者经济补偿。劳动者违反竞业限制约定的，应当按照约定向用人单位支付违约金。

用人单位可以与知悉单位商业秘密和与知识产权相关的保密事项的劳动者约定竞业限制条款，并可以约定在劳动者违反竞业限制条款时，应向用人单位支付的违约金。

同时，根据《劳动合同法》的有关规定，除上述的两种情形外，用人单位不得与劳动者约定由劳动者承担违约金。

二、经济补偿金

经济补偿金是在劳动合同解除或终止后，用人单位依法按照一定标准一次性支付给劳动者的经济上的补偿。法国《劳动法典》中将经济补偿金称为“辞退补偿金”，俄罗斯《劳动法典》则称其为“解职金”。

近几年，劳动合同解除过程中涉及经济补偿金的争议越来越多，因此，企业人力资源管理人员应了解有关法律法规规定，明确企业需要支付经济补偿金的情形，掌握经济补偿金的计算方法。

（一）经济补偿金的特征

我国的经济补偿金主要具有以下三大特征。

1. 概念的特殊性

经济补偿金是劳动法上特有的规定，即仅存在于劳动法中。

2. 应用情形和标准的法定性

经济补偿金是法定的，是基于法律的规定而产生的，也只在法定情形发生的前提下，才发生支付义务。

3. 主体的单向性

经济补偿金是由用人单位支付给劳动者的款项。

（二）经济补偿金的支付条件

根据《劳动法》《劳动合同法》《劳动合同法实施条例》等法律法规的规定，用人单位应当向劳动者支付经济补偿的情形主要包括三类。

1. 用人单位解约支付的经济补偿金

用人单位解除、终止劳动合同时应当向劳动者支付经济补偿金的 14 种情形具体见表 8-6。

表 8-6　　用人单位解约支付经济补偿金的情形

序号	具体说明
1	用人单位提出，双方协商一致解除劳动合同
2	劳动者患病或者非因工负伤，在规定的医疗期满后不能从事原工作，也不能从事用人单位另行安排的工作的
3	劳动者不能胜任工作，经过培训或者调整工作岗位，仍不能胜任工作的
4	劳动合同订立时所依据的客观情况发生重大变化，致使劳动合同无法履行，经用人单位与劳动者协商，未能就变更劳动合同内容达成协议的
5	用人单位依照企业破产法规定进行重整，依法裁减人员的
6	用人单位生产经营发生严重困难，依法裁减人员的
7	用人单位转产、重大技术革新或者经营方式调整，经变更劳动合同后，仍需裁减人员的
8	其他因劳动合同订立时所依据的客观经济情况发生重大变化，致使劳动合同无法履行，用人单位依法裁减人员的
9	劳动合同期满，劳动者同意续订劳动合同而用人单位不同意续订劳动合同，由用人单位终止固定期限劳动合同的
10	因用人单位被依法宣告破产而终止劳动合同的
11	因用人单位被吊销营业执照、责令关闭或者用人单位决定提前解散而终止劳动合同的
12	以完成一定工作任务为期限的劳动合同因任务完成而终止的
13	超过 1 个月未签订劳动合同而终止劳动关系的
14	法律、行政法规规定的其他情形

2. 劳动者依法解约获得经济补偿金

劳动者提出解除劳动合同时，用人单位应当向劳动者支付经济补偿的 11 种情形具体见表 8-7。

表 8–7　　劳动者依法解约获得经济补偿金的情形

序号	具体说明
1	用人单位未按照劳动合同约定提供劳动保护或者劳动条件的
2	用人单位未及时足额支付劳动报酬的
3	用人单位低于当地最低工资标准支付劳动者工资的
4	用人单位未依法为劳动者缴纳社会保险费的
5	用人单位的规章制度违反法律法规的规定，损害劳动者权益的
6	用人单位以欺诈、胁迫的手段或者乘人之危，使劳动者在违背真实意思的情况下订立或者变更劳动合同，致使劳动合同无效的
7	用人单位免除自己的法定责任，排除劳动者权利，致使劳动合同无效的
8	违反法律、行政法规强制性规定，致使劳动合同无效的
9	用人单位以暴力、威胁或者非法限制人身自由的手段强迫劳动的
10	用人单位违章指挥、强令冒险作业危及劳动者人身安全的
11	法律、行政法规规定的其他情形

3. 竞业限制经济补偿金

对负有保密义务的劳动者，用人单位可以在劳动合同或者保密协议中与劳动者约定竞业限制条款，并约定在解除或者终止劳动合同后，在竞业限制期限内按月给予劳动者经济补偿金。

（三）经济补偿金的计算标准

按照《劳动合同法》的相关规定，用人单位支付经济补偿金的计算标准如下：

（1）经济补偿按劳动者在本单位工作的年限，每满一年支付一个月工资的标准向劳动者支付。6 个月以上不满一年的，按一年计算；不满 6 个月的，向劳动者支付半个月工资的经济补偿。

（2）劳动者月工资高于用人单位所在直辖市、设区的市级人民政府公布的本地区上年度职工月平均工资 3 倍的，向其支付经济补偿的标准按职工月平均工资 3 倍的数额支付，向其支付经济补偿的年限最高不超过 12 年。

（3）经济补偿金的月工资按照劳动者应得工资计算，包括计时工资或者计件工资以及奖金、津贴和补贴等货币性收入。劳动者在劳动合同解除或者终止前 12 个月的平均工资低于当地最低工资标准的，按照当地最低工资标准计算。劳动者工作不满 12 个月的，按照实际工作的月数计算平均工资。

（4）以上所称月工资，是指劳动者在劳动合同解除或者终止前 12 个月的平均工资。

三、赔偿金

赔偿金是指当事人一方因违约行为给对方造成损失时，承担赔偿责任支付给对方的一定数额的货币。在这里我们主要介绍的是劳动合同赔偿金，即在劳动合同解除或终止时，用人单位或劳动者向对方支付的赔偿金。

（一）劳动者支付赔偿金

根据《违反〈劳动法〉有关劳动合同规定的赔偿办法》对劳动者支付赔偿金的情形做出的相关规定，劳动者违反规定或劳动合同的约定解除劳动合同，对用人单位造成损失的，劳动者应赔偿用人单位下列损失：

（1）用人单位招收录用其所支付的费用；

（2）用人单位为其支付的培训费用，双方另有约定的按约定办理；

（3）对生产、经营和工作造成的直接经济损失；

（4）劳动合同约定的其他赔偿费用。

（二）用人单位支付赔偿金

1. 赔偿金支付情形

在《劳动合同法》及相关法律法规规定的合法情形之外，用人单位单方面解除或终止劳动合同，即用人单位违法终止或解除劳动合同时，劳动者可以选择要求继续履行劳动合同，或不要求继续履行劳动合同，直接要求用人单位支付赔偿金。

当用人单位违法终止或解除劳动合同的，劳动者如果选择继续履行劳动合同的，则无权再要求用人单位向其支付赔偿金。但是在劳动合同客观上不能继续履行的情况下，用人单位应支付赔偿金。

2. 赔偿金的计算标准

（1）适用情况。在用人单位合法解除或终止劳动合同的情况下，适用经济补偿金；而在违法解除或终止劳动合同的情况下，适用赔偿金。

（2）支付标准。当用人单位违法解除或终止劳动合同，劳动者不要求继续履行劳动合同或劳动合同已经不能履行时，用人单位应当按照经济补偿标准的 2 倍向劳动者支付赔偿金。

（3）计算年限。赔偿金的计算年限自用工之日起计算。用人单位违反劳动合同法的规定解除或者终止劳动合同时，依照相关规定支付了赔偿金的，不再支付经济补偿。

此外，关于劳动合同赔偿金还需注意，用人单位应当支付劳动报酬、加班费、经济补偿等而未予支付，经劳动行政部门责令支付后仍然逾期不支付的，劳动行政部门可以责令用人单位按应付金额 50% 以上 100% 以下的标准向劳动者加付额外赔偿金。

案例与分析

［案例］

2011 年 1 月 1 日，李某与某公司签订了 5 年期的劳动合同，同时签订了一份专项培训协议，协议约定公司出资 4 万元培训费（包括差旅费、工资等费用）派李某到北京某公司对其进行为期 3 个月的专业技术培训，培训后服务期 5 年，如果李某在公司工作不满 5 年，需要赔偿公司全部培训费用 4 万元。2012 年 12 月 31 日，李某以不适应工作为由向公司提出离职申请，公司要求李某按协议约定支付违约金。李某不答应，公司遂向当地劳动争议仲裁委员会申诉，要求李某支付违约金 4 万元。

劳动争议仲裁委员会审理后认为，《劳动合同法》和《劳动合同法实施条例》明确规定了用人单位和劳动者可以签订专项协议，约定培训违约金和保密协议违约金。《劳动合同法》第二十二条第二款规定，劳动者违反服务期约定的，应当按照约定向用人单位支付违约金。违约金的数额不得超过用人单位提供的培训费用。用人单位要求劳动者支付的违约金不得超过服务期尚未履行部分所应分摊的培训费用。经过计算，李某支付公司违约金的数额应当是2.6万元。

经过调解，最终李某支付公司2.5万元，公司与李某解除劳动合同。

［分析］

《劳动合同法》对违约金的约定作了严格的限制，除了像本案中劳动者接受过单位提供的专业技术培训，或者有竞业限制的协议外，用人单位与劳动者自行约定劳动者违反劳动合同期限的违约金责任时，约定无效，劳动者不需向用人单位支付任何违约金。

而在本案中，李某接受了公司提供的专业技术培训，双方签订了专项培训协议，并在协议中约定了5年的服务期，因此在李某违反了服务期约定后，应当按照劳动合同及专项培训协议的约定，向公司支付相应的违约金。

本章自测题

1. 什么是劳动合同解除？劳动合同解除分为哪几种情况？
2. 劳动合同终止的特定条件有哪些？
3. 简述员工离职的影响。
4. 简述员工离职的原因和应对策略。
5. 违约金分为哪几种类型？
6. 用人单位支付经济补偿金的条件有哪几类？

第九章　劳动争议的预防和处理

学习目标

- 了解劳动争议的类别
- 了解企业合理高效预防劳动争议的措施
- 熟悉劳动争议的处理范围，正确规避劳动争议
- 掌握各类劳动争议处理方法

引导案例

胡某就职于国内某建设公司，双方签订的劳动合同约定胡某的月工资为 7 000 元。建设公司于每月 15 日发放上月 10 日至本月 9 日的工资。

2020 年 1 月底，胡某返回山东老家过节。因新冠肺炎疫情暴发，建设公司所属地区人民政府发布假期延长通知，延迟复工时间至 3 月 9 日。

2020 年 3 月底，建设公司复工复产，但是胡某因为各省之间不同的疫情防控政策无法正常返岗，其工作性质也无法远程办公。建设公司通过官网发布内部通知，告知公司将为未返岗的职工保留职位，同时参照国家有关停工停产的相关政策规定发放工资。胡某按照公司的要求提交了申请和相关证明。

建设公司按照规定正常发放了胡某1月1日至4月9日的工资，但5月15日，胡某仅收到4月工资1 120元。公司人力资源部总监解释，因建设公司停工，2月9日停工后的第一个工资支付周期已经结束，根据国家及当地政府的有关规定，自4月10日起对未返岗职工仅发放生活费。胡某以公司未及时足额支付工资为由提出了解除劳动关系，并申请仲裁。

胡某的仲裁请求为：裁决建设公司支付4月10日至5月9日的工资差额5 880元和解除劳动合同的经济补偿7 000元。

如果你是该建设公司的人力资源部总监，你会如何妥善处理此次劳动争议？

第一节　劳动争议的预防

一、劳动争议的法律界定

用人单位与劳动者之间经常会因种种原因而产生矛盾、争议等。在处理这些争议之前，用人单位首先需判断这些争议是否属于劳动争议，属于劳动争议的方可依照《劳动争议调解仲裁法》进行处理，不属于劳动争议的应区分其性质并参照其他法律法规进行处理。

根据《劳动争议调解仲裁法》《最高人民法院关于审理劳动争议案件适用法律问题的解释（一）》等有关法律法规规定，劳动争议法律界定情况见表9-1。

表 9-1　　劳动争议法律界定情况

法律界定		法律依据
属于劳动争议的情形	1. 因确认劳动关系发生的争议 2. 因订立、履行、变更、解除和终止劳动合同发生的争议 3. 因除名、辞退和辞职、离职发生的争议 4. 因工作时间、休息休假、社会保险、福利、培训以及劳动保护发生的争议 5. 因劳动报酬、工伤医疗费、经济补偿或者赔偿金等发生的争议 6. 法律法规规定的其他劳动争议	《劳动争议调解仲裁法》第二条
不属于劳动争议的情形	1. 劳动者请求社会保险经办机构发放社会保险金的纠纷 2. 劳动者与用人单位因住房制度改革产生的公有住房转让纠纷 3. 劳动者对劳动能力鉴定委员会的伤残等级鉴定结论或者对职业病诊断鉴定委员会的职业病诊断鉴定结论的异议纠纷 4. 家庭或者个人与家政服务人员之间的纠纷 5. 个体工匠与帮工、学徒之间的纠纷 6. 农村承包经营户与受雇人之间的纠纷	《最高人民法院关于审理劳动争议案件适用法律问题的解释（一）》第二条

此外，《最高人民法院关于审理劳动争议案件适用法律问题的解释（一）》第十五条规定，劳动者以用人单位的工资欠条为证据直接向人民法院起诉，诉讼请求不涉及劳动关系其他争议的，视为拖欠劳动报酬争议，按照普通民事纠纷受理。

在确定用人单位与劳动者之间的争议是否属于劳动争议时，除可参照国家法律法规规定，用人单位也可参照当地人民政府制定的涉及劳动争议界定的行政法规。

这里提供一个社会保险缴费纠纷案例来进行说明。

乔某是广州市某公司的一名保安，于 2019 年 7 月进入该公司工作，公司一直没有为其缴纳过社会保险费。2022 年 3 月，公司以经济性裁员为由，与乔某解除劳动合同，并依法支付了足额的经济补偿金。乔某要求公司为其补缴工作期间的各项社会保险费，公司却不予理睬。

乔某无奈，遂向公司劳动争议调解委员会申请调解，但公司劳动争议调解委员会却认为社会保险争议不属于劳动争议的范畴，对乔某的调解申请不予受理。乔某只好向当地劳动争议仲裁委员会申请仲裁。

法律解析：

本案中，公司劳动争议调解委员会认为社会保险争议不属于劳动争议的范畴，是错误的，其法律依据如下：

《劳动争议调解仲裁法》第二条规定，中华人民共和国境内的用人单位与劳动者因社会保险发生的争议，适用本法。即社会保险争议属于劳动争议调解仲裁的范围。

此外，《广州市中级人民法院关于审理劳动争议案件若干问题的意见综述》第二条规定，社会保险费纠纷属于《劳动法》调整范围。劳动者因用人单位不缴或少缴社会保险费不服仲裁，提起诉讼的，人民法院应予受理。

二、劳动争议的类别

劳动争议（labor disputes）是指劳动关系的当事人之间因执行劳动法律法规和履行劳动合同而发生的分歧，即企业与员工因实现劳动权利和履行劳动义务有分歧而引发的争议。

为做好劳动争议的预防及处理工作，减少企业经济损失，维护企业合法利益，企业应对劳动争议的类型有所了解。

（一）根据劳动争议的主体划分

劳动争议根据其主体、客体、性质和内容的不同，可以有不同的分类，对劳动争议分类研究，有助于采取有针对性的措施解决和预防劳动争议。劳动争议按不同的标准可以划分为不同的类别。从劳动争议主体上划分，劳动争议分为个人劳动争议和集体劳动争议。

1. 个人劳动争议

个人劳动争议是指个别员工与企业之间发生的具有独特内容的劳动争议。个人劳动争议具有如下特点：

（1）员工一方的劳动争议当事人人数未达到集体劳动争议的当事人人数的法定要求；

（2）劳动争议内容只是关于个别劳动关系、劳动问题的，而不是关于一类劳动关系、劳动问题或集体合同的；

（3）对于劳动争议的处理，员工一方的劳动争议当事人只能是员工本人而不能由别人代表，员工一方的劳动争议当事人为两人时，其中一人不能作为另一人的代表。

2. 集体劳动争议

集体劳动争议又叫团体劳动争议，是指员工一方为规定的多数人或某一团体并有共同劳动争议内容和请求的，与企业之间发生的劳动争议。

员工一方有劳动争议的人数在 10 名以上且有共同理由的，为集体劳动争议。

集体劳动争议一般包括两种：一种是员工一方在 10 人以上，且发生劳动争议的原因和请求是共同的；另一种是团体劳动争议，即指工会组织代表员工与企业因签订和执行集体协议而产生的劳动争议。

《劳动争议调解仲裁法》第三条规定，解决劳动争议，应当根据事实，遵循合法、公正、及时、着重调解的原则，依法保护当事人的合法权益。

第四条规定，发生劳动争议，劳动者可以与用人单位协商，也可以请工会或者第三方共同与用人单位协商，达成和解协议。

第五条规定，发生劳动争议，当事人不愿协商、协商不成或者达成和解协议后不履行的，可以向调解组织申请调解；不愿调解、调解不成或者达成调解协议后不履行的，可以向劳动争议仲裁委员会申请仲裁；对仲裁裁决不服的，除本法另有规定的外，可以向人民法院提起诉讼。

（1）集体劳动争议的特点。企业在经营过程中，为了平衡成本，其在追求自身利益最大化与员工保饭碗、求保障、追求收益最大化之间的矛盾，使得企业与利益相同的众多员工处于利益冲突的两端。由于部分企业漠视劳动法律法规，劳动合同的履行不规范，企业内部疏导、调节机制未发挥作用，导致了集体劳动争议逐渐凸显，成为社会热点问题。

集体劳动争议的特点具体有以下四项。

1）必然性。有些企业虚盈实亏、经营不善，而且经营者缺乏诚信意识，拖欠克扣员工工资，员工索要无门必然会引发集体劳动争议。

2）多发性。许多地区的集体劳动争议数量众多，且呈现面广人多的特性。

3）复杂性。在出现集体劳动争议的过程中，不可避免地会存在企业与员工之间的矛盾、企业与企业之间的经济纠纷、企业发生事故及企业规章制度不健全等问题，这些问题同时发生，增加了集体劳动争议处理的难度。

4）广泛性。集体劳动争议案件涉及的不仅是员工的利益，还往往关系企业共性的利益，因此争议通常会蔓延扩大，如果未能及时处理，则会发生围堵交通、上访等严重干扰社会秩序的突发事件。

（2）集体劳动争议处理的注意事项。集体劳动争议可以通过仲裁的形式进行处理，具体应注意以下内容：

1）仲裁委员会应自收到当事人集体劳动人事争议仲裁之日起 5 日内作出受理或不受理的决定；

2）仲裁委员会处理集体劳动人事争议案件，应当由 3 名仲裁员组成仲裁庭，设首席仲裁员；

3）员工一方当事人可以推举 3 ~ 5 名代表参加仲裁活动；

4）仲裁庭裁决案件，应自仲裁委员会受理仲裁申请之日起的 45 日内结束，需要延期的不得超过 15 日；

5）仲裁庭开庭场所可设在发生争议的企业或其他便于及时处理争议的地方。

（二）根据劳动争议的内容划分

根据劳动争议的内容，劳动争议可划分为如下六大类：

（1）因确认劳动关系发生的争议；

（2）因订立、履行、变更、解除和终止劳动合同发生的争议；

（3）因除名、辞退和辞职、离职发生的争议；

（4）因工作时间、休息休假、社会保险、福利、培训以及劳动保护发生的争议；

（5）因劳动报酬、工伤医疗费、经济补偿或者赔偿金等发生的争议；

（6）法律法规规定的其他劳动争议。

（三）根据劳动争议的性质划分

根据劳动争议的性质可将其分为权利争议和利益争议。

1. 权利争议

权利争议又称实现既定权利的争议，是指对现行法律、集体合同、劳动合同所规定的权利义务在实施或解释上所发生的争议。

2. 利益争议

利益争议又称确定权利的争议，是指因主张有待确定的权利和义务所发生的争议，也可以说是为争取集体合同、劳动合同相关利益而引起的争议。

（四）根据当事人的国籍划分

根据当事人国籍的不同，劳动争议可分为国内劳动争议与涉外劳动争议。国内劳动争议是指中国的企业与具有中国国籍的员工之间发生的劳动争议；涉外劳动争议是指具有涉外因素的劳动争议，包括中国在国（海）外设立的机构与中国派往该机构工作的人员之间发生的劳动争议、外商独资企业与员工之间发生的劳动争议。

三、劳动争议的预防措施

企业仅注重劳动争议的处理并不能从根本上降低劳动争议的发生频率及不良影响，应在正确处理劳动争议的基础上立足于预防工作，从根本上预防劳动争议的发生并防止其扩大，有效保障劳动合同的履行及双方权利义务的实现，保障企业生产经营的持续稳定开展，提高员工工作的积极性和对企业的忠诚度，降低劳动争议处理时间及经济成本。

如何防范劳动争议的发生，是企业提高劳动争议管理能力的重要内容。可以从以下七个方面实施劳动争议预防措施。

（一）深入钻研劳动保障法律法规及地方性法规

企业人力资源管理人员要深入钻研《劳动法》《劳动合同法》等法律法规及地方性法规，抓好人力资源管理法律风险防范体系建设，正确执行法律风险防范措施，从而确保企业的各项活动及管理工作符合法律法规规定，降低法律风险。

（二）制定完善的企业规章制度

企业规章制度指企业根据国家有关法律法规并结合本企业自身特点制定的，明确劳动条件、调整劳动关系、规范本企业生产经营及员工行为的各种制度的总称，是对企业所有员工具有普遍效力的内部规定。

企业应根据国家和地方性法规制定完善的内部规章制度，从而建立健康而良好的管理秩序。同时，企业规章制度中所包含的员工行为规范及员工的责任、权利和义务，对规范企业的管理起着至关重要的作用。

企业的规章制度可以作为劳动争议的处理依据，因此企业必须做好内部规章制度的建立和完善工作。企业内部规章制度在拟订时，必须满足如下三大要点。

1. 内容合法

企业内部规章制度的内容必须符合法律法规的规定，不能与法律法规相抵触，更不能违法。

2. 程序民主

企业内部规章制度要经过职工代表大会或全体职工讨论，提出的方案和意见应与工会或者职工代表平等协商确定，让职工有知情权和参与权。

3. 全员公示

企业内部规章制度需对全员进行公示，常见的公示渠道有员工手册、公告栏、内部刊物等。

（三）制定严密规范的劳动合同

劳动合同可以对劳动内容和法律未尽事宜作出详细、具体的规定，使双方明确自身的权利和义务，促进双方全面履行合同，防止因违约而产生的纠纷；劳动合同是员工与企业之间劳动关系的体现，也是处理劳动争议的重要依据。

（四）构建有效防范劳动争议的内部机制

企业应注重有效防范劳动争议的内部机制的构建，当企业与员工发生劳动争议时，力争通过内部的渠道化解劳动争议。建立有效的劳动争议内部应对机制可以及时防范、化解因劳动争议可能导致的劳动关系、劳资矛盾等问题的激化，保障生产经营活动的正常顺利开展，具体可采用如下方式方法。

1. 建立员工参与或影响决策的管理机制

增强员工对企业工作环境的认识，减少和克服员工因不了解企业管理者意图和措施而引起的不满心理，加强彼此的沟通和信任。

2. 做好员工关系管理

企业应清楚地了解员工的需求与愿望，并与其进行良好的沟通，从而提高员工满意度，保障组织管理目标的实现。例如设立员工投诉信箱，这样有利于真正了解广大员工的心声，促进相互交流。

3. 建立健全企业劳动争议调解委员会

加强本企业内部劳动争议调解委员会的自身建设，充分发挥其作用，建立健全企业的规章制度，主动了解员工的情况，预防劳动争议的发生。

（五）抓好组织建设

企业应重点抓好自身的工会组织、劳动争议调解组织、人力资源管理部门的组织建设，这些组织作为预防和处理劳动争议的“先遣部队”，是最熟悉企业员工、最了解企业情况、最易发现劳动争议发生征兆的，也最有可能将劳动争议在萌芽阶段解决掉。

（六）合理合法处理劳动关系

合理合法处理劳动关系，能有效预防劳动争议的发生并防止其扩大，也可将大的劳动争议降为小的劳动争议，降低企业损失，维护劳资双方良好的关系。合理合法处理劳动关系的重点是抓好劳动合同管理中的签订和变更工作、设计好薪酬结构、执行最低工资标准、依法支付加班费、依法执行工时制度、依法解除和终止劳动合同等。

（七）查找管理漏洞，进行改善

企业可从近年来发生的劳动争议案件着手分析，将劳动争议发生次数较多、影响较恶劣的方面，如劳动报酬、社会保险费缴纳等作为重点问题来抓，可有效降低风险事件的再次发生。

第二节　劳动争议的处理

一、劳动争议处理的范围

劳动争议处理的范围主要包括三个方面的内容，下面将以案例的形式进行阐述。

1. 因企业开除、除名、辞退职工和职工辞职、自动离职发生的争议

张某是某钢铁厂的技术员，由于受所在地城市规划的影响，该钢铁厂转型为电子企业。自从钢铁厂转产电子产品后，张某原来在劳动合同中规定的工作岗位就被取消了。企业在与张某协商变更工作岗位时，张某表示要到研发部去工作，可厂方认为，现在研发部开发的都是电子产品，张某的专业知识根本用不上，于是拒绝了张某的请求，同时告知张某厂方能为其提供的工作岗位只有销售员，张某对此拒绝接受。最后，厂方单方面作出了与张某解除劳动合同的决定。张某不满，认为自己的劳动合同还没有到期，厂方无权单方解除，遂向当地劳动争议仲裁委员会申请仲裁。

《劳动合同法》第四十条规定，有下列情形之一的，用人单位提前30日以书面形式通知劳动者本人或者额外支付劳动者一个月工资后，可以解除劳动合同：

（1）劳动者患病或者非因工负伤，在规定的医疗期满后不能从事原工作，也不能从事由用人单位另行安排的工作的；

（2）劳动者不能胜任工作，经过培训或者调整工作岗位，仍不能胜任工作的；

（3）劳动合同订立时所依据的客观情况发生重大变化，致使劳动合同无法履行，经用人单位与劳动者协商，未能就变更劳动合同内容达成协议的。

案例中的钢铁厂由于城市规划的需要进行了全面转型，属于客观情况发生了重大变化，该厂与劳动者原来签订的劳动合同无法继续履行，劳动者面临着调整工作岗位问题，厂方与劳动者须就劳动合同中工作岗位这一条款进行变更。如果双方在这一变更问题上能够协商一致，劳动合同自然继续履行，但若协商不一致，厂方可以单方面解除劳动合同，但是厂方需要按规定支付给张某经济补偿金。如厂方未提前30日通知张某，应额外支付1个月的工资。

2. 因执行国家有关工资、保险、福利、培训、劳动保护的规定发生的争议

赵某于2010年9月受聘于一家私营化工企业。双方在合同中约定：赵某月薪2 000元，企业不承担任何保险和福利费用。合同签订后不久，赵某得知企业应当为劳动者缴纳社会保险费，于是赵某向企业提出要求为自己办理社会保险手续并缴纳各项社会保险费，企业以双方合同对此有约定为由，拒绝了赵某，赵某不服，向劳动争议仲裁委员会提请仲裁。

《劳动法》第七十二条规定，用人单位和劳动者必须依法参加社会保险，缴纳社会保险费。同时，《劳动法》第二条规定，在中华人民共和国境内的企业、个体经济组织和与之形成劳动关系的劳动者，适用本法。

因此，为劳动者申报办理社会保险登记并缴纳社会保险费，是法律规定企业应尽的一项义务。企业这种不为劳动者申报办理社会保险登记并缴纳社会保险费的做法，显然违法，企业以双方有约定为由的辩解于法无据。

胡某与某企业签订了为期 6 年的劳动合同，在合同执行了 4 年的时候，企业出资 9 000 元送胡某进行专项业务培训，双方签订了培训协议作为劳动合同的附件，其中规定：胡某培训结业后在企业服务的年限不得少于 3 年，原劳动合同的期限也随之延长，若结业 3 年内胡某要求解除劳动合同，应承担相应的赔偿责任。胡某结业后，在企业工作了一年就提出要求解除劳动合同，经过多次交涉，企业最终同意解除劳动合同，但提出要胡某赔偿企业为其支付的 9 000 元培训费后方能办理有关手续。双方僵持不下，遂向劳动争议仲裁委员会申请仲裁。仲裁委员会受理后，经过多次调解，企业与胡某最终达成协议，胡某赔偿企业 6 000 元培训费，双方解除劳动合同。

这是一起因履行培训协议而发生的劳动争议。《劳动合同法》第二十二条规定，用人单位为劳动者提供专项培训费用，对其进行专业技术培训的，可以与该劳动者订立协议，约定服务期。劳动者违反服务期约定的，应当按照约定向用人单位支付违约金。违约金的数额不得超过用人单位提供的培训费用。用人单位要求劳动者支付的违约金不得超过服务期尚未履行部分所应分摊的培训费用。

3. 因履行劳动合同发生的争议

何某在一家机加工公司从事加工工作，平时爱好写作，写的文章经常在公司的内部刊物或外部相关杂志上发表。公司领导得知这一情况后，决定调他到办公室做文员，但需要经过一个月的试用期方能正式调岗。何某对公司再次对其约定试用期这一做法心存疑问，于是他找到公司相关领导，得到的答复是因为从车间到办公室，岗位变化较大，且公司对办公室文员岗位要求严格，所以必须通过试用期才可以正式调岗做文员。

《劳动合同法》第十九条规定，同一用人单位与同一劳动者只能约定一次试用期。根据这一规定，案例中公司认为调换后岗位变化较大，必须经过试用期的说法是不合理的。

二、劳动争议处理的方式

劳动争议发生后，当事人应当协商解决；不愿协商或者协商不成的，可以向本企业劳动争议调解委员会申请调解；调解不成的，可以向劳动争议仲裁委员会申请仲裁。当事人也可以直接向劳动争议仲裁委员会申请仲裁，对仲裁裁决不服的，可以向人民法院提起诉讼。

（一）协商解决

《劳动争议调解仲裁法》第四条规定，发生劳动争议，劳动者可以与用人单位协商，也可以请工会或者第三方共同与用人单位协商，达成和解协议。

劳动争议发生后，当事人就争议事项进行协商，使双方消除矛盾，找出解决争议的方法。当然，协商解决并不是解决劳动争议的必经程序，不愿协商或者协商不成的，当事人有权申请调解或仲裁。

《劳动争议调解仲裁法》第三条规定，解决劳动争议，应当根据事实，遵循合法、公正、及时、着重调解的原则，依法保护当事人的合法权益。

企业必须把握如下四大原则，做好劳动争议的协商解决工作。

1. 合法

以事实为依据，以法律为准绳，遵守《宪法》《民法典》《劳动法》《劳动合同法》等法律法规。

2. 公正

维护正义，维护员工合法权益，防止徇私舞弊，防止因处理不公平导致员工关系恶化。

3. 及时

发生劳动争议后，及时与员工进行沟通，尽快处理，防止劳动争议升级，防止错过仲裁、诉讼时限导致双方合法权益难以维护。

4. 协商

能够通过协商达成一致的劳动争议首先要进行协商、沟通，避免劳动争议仲裁或诉讼的发生。

此外，《工会参与劳动争议处理试行办法》规定，发生集体劳动争议，用人单位工会应当及时向上级工会报告，依法参与处理。工会参与处理集体劳动争议，应积极反映职工的正当要求，维护职工合法权益。

因集体劳动争议导致停工、怠工的，工会应当及时与有关方面协商解决，协商不成的，按集体劳动争议处理程序解决。

（二）调解解决

劳动争议调解是指企业劳动争议调解委员会对发生的劳动争议，在查明事实、分清是非、明确责任的基础上，依照国家劳动法律法规，以及依法制定的企业规章和劳动合同，通过民主协商的方式，推动双方互谅互让、达成协议、消除争议的一种行动。

《劳动争议调解仲裁法》第三条规定，解决劳动争议，应当根据事实，遵循合法、公正、及时、着重调解的原则，依法保护当事人的合法权益。

劳动争议调解虽然不是劳动争议处理的必经程序，但却是最及时、最有效、最经济、最能减少不良影响的方式。因此在现实中，发生劳动争议后，企业应优选调解解决这一方式。

1. 劳动争议的调解组织

企业可以设立劳动争议调解委员会（以下简称调解委员会），调解委员会负责调解本企业发生的劳动争议。劳动争议发生后，当事人可以向本企业调解委员会申请调解。

调解委员会由职工代表、企业代表、企业工会代表组成。其中，职工代表由职工代表大会（或者职工大会，下同）推举产生，企业代表由企业负责人指定，企业工会代表由企业工会委员会指定。

调解委员会组成人员的具体人数由职工代表大会提出并与企业负责人协商确定，企业代表的人数不得超过调解委员会成员总数的 1/3。

调解委员会主任由企业工会代表担任。没有成立工会组织的企业，调解委员会的设立及其组成由职工代表与企业代表协商决定。

调解委员会调解劳动争议应当遵循当事人双方自愿原则，经调解达成协议的，签订调解协议书，双方当事人应当自觉履行；调解不成的，当事人在规定的期限内，可以向劳动争议仲裁委员会申请仲裁。

2. 劳动争议的调解原则

（1）自愿原则。劳动争议调解委员会应当依照法律法规，遵循双方当事人的意愿进行调解。自愿是进行调解的本质和前提，如果一方不愿调解，则调解程序就无法启动。如果当事人在调解过程中不能达成共识、取得一致，任何人不得强迫当事人接受调解协议。

（2）民主协商原则。在调解劳动纠纷时，主要依据法律法规，运用民主讨论、说服教育的方法，摆事实、讲道理，做深入细致的思想工作，在双方认识一致的前提下，动员其自愿协商后达成协议，反对强迫命令、用权势压服的做法。

（3）平等原则。劳动争议双方享有平等的法律地位，具有平等的权利和义务，双方在适用法律上一律平等。

（4）自由选择原则。如果当事人选择调解，应当及时进行调解；如果当事人在调解过程中选择申请仲裁，应当积极支持当事人进行仲裁。

3. 劳动争议的调解步骤

（1）企业劳动争议调解委员会收到劳动争议协调申请后，应及时指派调解委员对争议进行全面调查，做好笔录并签名或盖章。

（2）调解委员会主任主持召开有争议双方当事人参加的调解会议，有关单位和个人可以参加调解会议以协助解决争议。简单的争议可由调解委员会指定 1 ~ 2 名调解委员进行调解。

（3）调解委员会应听取双方当事人对争议事实和理由的陈述，在查明事实、分清是非的基础上，依照有关劳动法律、法规、企业规章制度和劳动合同，耐心疏导，公正调解。

（4）经调解达成协议的，调解委员会应拟订一式三份的调解协议书，协议书应写明双方当事人的姓名（单位、法定代表人）、职务、争议事项、调解结果及其他需说明的事项，并由调解委员会主任及双方当事人签名或盖章，并加盖调解委员会印章。协议书签订后，对双方当事人均具有约束力，双方当事人应自觉履行协议内容。

（5）调解不成的，应作好记录，并在调解意见书上说明情况，由调解委员会主任签名、盖章，并加盖调解委员会印章，调解意见书一式三份。

（6）调解委员会调解劳动争议，应当自当事人申请调解之日起 30 日内结束。到期未结束的，视为调解不成。对企业劳动争议调解委员会的调解工作时间加以限制，可以督促调解委员会提高工作效率，及时调解，避免久拖不决，使劳动者错过了通过仲裁、诉讼等其他途径解决劳动争议的时机。

下面是一个有关劳动争议调解的案例，供参考。

马某于 2019 年 10 月进入某公司工作。2022 年 9 月劳动合同到期后，公司与马某协商调换其工作岗位，并续订了 3 年期的劳动合同。马某到新岗位后，长时间不适应工作，经常出现错误，公司对其培训后仍然无法胜任工作。随后，公司决定将马某辞退，但不愿意支付经济补偿金。

马某向企业劳动争议调解委员会提起调解申请，经过调解后，公司同意在 1 个月内向马某支付经济补偿金，双方当事人和调解员均在调解协议书上签字确认。

1 个月过后，马某仍未收到公司的经济补偿金。为了维护自己的合法权益，马某想申请劳动争议仲裁，但又觉得程序烦琐，希望持调解协议书直接向法院提起诉讼。

法律解析：

经过企业劳动争议调解委员会调解达成一致签订的调解协议书对双方当事人具有约束力，当事人应当履行。

《劳动争议调解仲裁法》第十六条规定，因支付拖欠劳动报酬、工伤医疗费、经济补偿或者赔偿金事项达成调解协议，用人单位在协议约定期限不履行的，劳动者可以持调解协议书依法向人民法院申请支付令，人民法院应当依法发出支付令。

本案中，公司与马某就经济补偿事项达成了调解协议，但公司在协议约定期限内未履行，马某可以持调解协议书依法向人民法院申请支付令，无须走劳动争议仲裁和诉讼的程序。

鉴于调解协议书不具备强制执行力的特点，用人单位与劳动者达成调解协议后，为了有效执行，可以立即向依法设立的仲裁机构申请仲裁立案，将双方书面调解协议书转换为具有强制执行力的仲裁调解书。若一方当事人不履行仲裁调解书，另一方当事人可以依照《民事诉讼法》的有关规定向人民法院申请强制执行。

（三）劳动争议仲裁

劳动争议仲裁是指劳动争议仲裁委员会对用人单位与劳动者之间发生的劳动争议，在查明事实、明确是非、分清责任的基础上，依法作出的裁决活动。劳动争议仲裁具有较强的专业性，其程序与司法程序相比较为简单和及时。在我国，劳动争议仲裁是处理劳动争议的中间环节，也是劳动争议诉讼的前置程序。

1. 劳动争议仲裁时效

当事人发现自身合法劳动权益受侵害时，一定要及时进行协商调解，协商调解不成应及时申请仲裁，否则超过法律规定时效，将很难得到赔偿。

（1）仲裁时效期间起始时间确定。《劳动争议调解仲裁法》第二十七条规定，仲裁时效期间从当事人知道或者应当知道其权利被侵害之日起计算。此条款表明劳动争议仲裁时效期限的起始时间可分为两类，即当事人知道其权利被侵害之日和当事人应当知道其权利被侵害之日，具体说明如图 9–1 所示。

但是需要指出的是，对于劳动关系存续期间因拖欠劳动报酬发生争议的，员工提出仲裁申请的不受上述仲裁时效期间起始时间的限制，即此情形下的仲裁时效期间起始时间不以“当事人知道或者应当知道其权利被侵害之日”为准，而是在劳动关系终止后，以劳动关系终止之日算起。

（2）仲裁时效中断处理。仲裁时效中断是指在劳动争议仲裁进行过程中，因相关法定事由出现而使得已经履行的仲裁时效中断，而在时效中

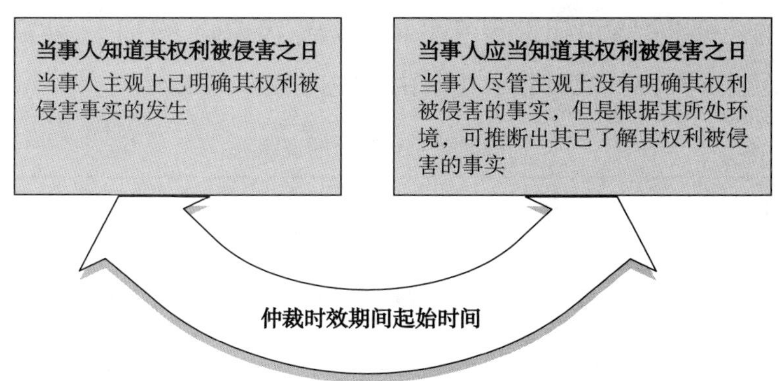

图 9-1　仲裁时效期间起始时间说明

断事由消除后，重新计算仲裁时效的情形。对于仲裁时效中断事由的认定及仲裁时效中断后的处理，根据《劳动争议调解仲裁法》第二十七条的有关规定，仲裁时效是因当事人一方向对方当事人主张权利，或者向有关部门请求权利救济，或者对方当事人同意履行义务而中断，从中断时起，仲裁时效期间重新计算。具体仲裁时效中断事由的说明见表 9-2。

表 9-2　仲裁时效中断事由的说明

仲裁时效中断事由类别	事由的说明	示例
当事人一方向对方当事人主张权利	当事人对对方当事人作出的相关处理有异议而明确要求对方履行相关义务，以维护个人合法权益	员工对用人单位作出的罚款决定不认同，向用人单位提出申诉
当事人一方向有关部门请求权利救济	当事人就劳动争议向相关部门请求权利救济，以维护个人合法权益	员工就薪酬争议向用人单位所在区域的劳动保障行政部门反映情况，要求解决争议
对方当事人同意履行义务	对方当事人同意履行相关义务或同意提出的相关要求	用人单位向员工承诺在一周内补发所欠的加班工资

（3）仲裁时效中止处理。仲裁时效中止是在劳动争议仲裁进行过程中，因法定事由的出现而导致仲裁时效计算停止，并在时效中止事由消除后，继续计算仲裁时效的情形。对于仲裁时效中止法定事由的认定及仲裁时效中止后的相关处理，《劳动争议调解仲裁法》第二十七条规定，因不可抗力或者有其他正当理由，当事人不能在规定的仲裁时效期间申

请仲裁的，仲裁时效中止。从中止时效的原因消除之日起，仲裁时效期间继续计算。具体仲裁时效中止事由的说明见表 9–3。

表 9–3　　仲裁时效中止事由的说明

仲裁时效中止事由类别	事由的说明
不可抗力	《民法典》第一百八十条将不可抗力规定为“不能预见、不能避免且不能克服的客观情况”，如发生地震、洪水等
其他正当理由	1.《劳动人事争议仲裁办案规则》第二十八条规定，无民事行为能力或者限制民事行为能力劳动者的法定代理人未确定，当事人不能在规定的仲裁时效期间申请仲裁的，仲裁时效中止 2.《关于贯彻执行〈中华人民共和国劳动法〉若干问题的意见》第 89 条规定，劳动争议当事人向企业劳动争议调解委员会申请调解，从当事人提出申请之日起，仲裁申诉时效中止 3.《关于贯彻执行〈中华人民共和国劳动法〉若干问题的意见》第 90 条规定，劳动争议仲裁委员会的办事机构对未予受理的仲裁申请，应逐件向仲裁委员会报告并说明情况，仲裁委员会认为应当受理的，应当及时通知当事人，当事人从申请至受理的期间应视为时效中止 4. 法定代理人死亡、丧失代理权 5. 劳动争议当事人因患重大疾病而影响权利行使等

仲裁庭裁决案件，应当自仲裁委员会受理仲裁申请之日起 45 日内结束。案情复杂需要延期的，经报仲裁委员会主任或者其委托的仲裁院负责人书面批准，可以适当延期并书面通知当事人，但是延长的期限不得超过 15 日。

2. **劳动争议仲裁原则**

劳动争议仲裁委员会仲裁劳动争议，应遵循以下四项原则。

（1）先行调解原则。先行调解原则要求仲裁委员会或仲裁庭在裁决前，首先应进行调解，不经调解一般不得裁决。先行调解是仲裁的必经程序，但当事人拒绝调解或调解无效的，应及时裁决。

（2）回避原则。回避原则是指仲裁委员会成员或仲裁员在仲裁劳动争议案件时，具有法定回避情况不宜参加本案审理，或当事人认为仲裁员具有法定回避情节，可能影响公正裁决的，都应自动回避。

（3）少数服从多数原则。为保证裁决的客观公正性，《劳动人事争议仲裁办案规则》第五十二条规定，裁决应当按多数仲裁员的意见作出，少数仲裁员的不同意见应当记入笔录。

（4）一次裁决原则。一次裁决是指任何一级劳动争议仲裁委员会的裁决都是最终裁决，当事人不服裁决的，不能向上一级仲裁委员会再次申请仲裁，只能在规定的期限内向人民法院提起诉讼。实行一次裁决原则是为了及时解决劳动争议。

3. 劳动争议仲裁案件受理情形

劳动争议仲裁案件受理情形主要包括以下三种：

（1）发生争议后，直接向仲裁委员会申请仲裁的；

（2）发生争议后，本企业没有调解委员会的；

（3）发生争议后，经企业调解委员会调解不成的。

符合上述三种情况，又符合法律规定受案范围的劳动争议，双方当事人都有权向仲裁委员会申请仲裁。

4. 劳动争议仲裁地点

《劳动争议调解仲裁法》第二十一条规定，劳动争议仲裁委员会负责管辖本区域内发生的劳动争议。劳动争议由劳动合同履行地或者用人单位所在地的劳动争议仲裁委员会管辖。双方当事人分别向劳动合同履行地和用人单位所在地的劳动争议仲裁委员会申请仲裁的，由劳动合同履行地的劳动争议仲裁委员会管辖。

此法律条款明确回答了用人单位选择仲裁地点需考虑的三个问题。

（1）需向什么机构提交劳动争议仲裁申请？“劳动争议仲裁委员会负责管辖本区域内发生的劳动争议”，即用人单位需向具有相应管辖权的劳动争议仲裁委员会提交劳动争议仲裁申请。

（2）需向什么地点的劳动争议仲裁委员会提交仲裁申请？“劳动争议由劳动合同履行地或者用人单位所在地的劳动争议仲裁委员会管辖”，即用人单位可向劳动合同履行地的劳动争议仲裁委员会提交仲裁申请，也可向本单位所在地的劳动争议仲裁委员会提交仲裁申请。

（3）争议双方分别向不同劳动争议仲裁委员提出仲裁申请时应如何

处理?“双方当事人分别向劳动合同履行地和用人单位所在地的劳动争议仲裁委员会申请仲裁的，由劳动合同履行地的劳动争议仲裁委员会管辖”，即争议双方向不同的劳动争议仲裁委员会提交仲裁申请时，劳动合同履行地的劳动争议仲裁委员会优先接受申请。

下面是一个有关劳动争议仲裁地点的案例，供参考。

某猎头公司总部设在甲地，并分别在乙地、丙地设立了分公司。2019 年 8 月，家住乙地的童某接受猎头公司乙地分公司的聘请做猎头顾问，并签订了为期两年的劳动合同。在 2021 年 8 月童某的劳动合同期满时，由于其工作出色，公司总部表示愿意安排其到丙地分公司做副经理，并提供 80 万元的安家费。童某对总部提出的建议表示同意，于是同总部续签了为期两年的劳动合同。2022 年 1 月，由于公司战略调整，童某与总公司产生劳动争议，并经过多次协商后未达成一致，于是 2022 年 3 月童某回到乙地，并向乙地劳动争议仲裁委员会提出仲裁申请。

乙地劳动争议仲裁委员会认为，根据《劳动争议调解仲裁法》的规定，其对此案不具管辖权，故将本案移送给丙地劳动争议仲裁委员会。

公司总部得知后，对丙地劳动争议仲裁委员会提出异议。公司表示童某与公司签订的劳动合同已注明一旦发生劳动争议，应向甲地的劳动争议仲裁机构提出仲裁申请，因此，丙地的劳动争议仲裁机构没有管辖权。而童某则表示丙地是劳动合同的履行地，因此，应该由丙地劳动争议仲裁委员会管辖。

法律解析：

本案涉及甲地、乙地和丙地三地，其中，甲地是用人单位总部的所在地，乙地是员工户籍所在地以及初次签订劳动合同后的合同履行地，而丙地是双方续签劳动合同后的合同履行地。

本案中，乙地劳动争议仲裁委员会将案件移送给丙地劳动争议仲裁委员会的做法是合法的。但是需要明确的是，乙地劳动争议仲裁委员会移送案件的依据是《劳动争议调解仲裁法》对于仲裁地点选择的规定，而非公司与童某签订劳动合同中的约定内容。这是因为劳动争议仲裁地点的选择是法定的，而不是由争议双方协商确定的。

如果童某未向乙地的劳动争议仲裁委员会提交仲裁申请，而是向丙地劳动争议仲裁委员会提交仲裁申请，那么丙地劳动争议仲裁委员会应当受理。当然，若童某向甲地劳动争议仲裁委员会提交仲裁申请，甲地劳动争议仲裁委员会也应当受理。

5. 劳动争议仲裁当事人

一般情况下，用人单位和劳动者为劳动争议仲裁的双方当事人。在劳务派遣用工的情况下，用工单位或劳务派遣单位与劳动者发生劳动争议的，用工单位和劳务派遣单位为共同的一方当事人。

6. 劳动争议仲裁申请材料

用人单位申请劳动争议仲裁的，一般应向劳动争议仲裁委员会提交以下材料：

（1）仲裁申请书；

（2）营业执照副本复印件；

（3）法定代表人（主要负责人）身份证明书；

（4）有委托代理人的，需提交“授权委托书”一份，注明委托事项；

（5）证据及证据清单，一般应包括证明存在劳动关系的资料，如劳动合同书、工作证、厂牌、工卡、工资表（单）、入职登记表、押金收据、社会保险缴费清单、暂住证、考勤记录、奖惩通知、解除（终止）劳动合同的通知（证明）等。

（四）诉讼

劳动争议诉讼是指劳动争议当事人不服劳动争议仲裁委员会的裁决，在规定的期限内向人民法院提起诉讼，人民法院依照民事诉讼程序，依法对劳动争议案件进行审理的活动。

劳动争议的诉讼还包括当事人一方不履行仲裁委员会已发生法律效力的裁决书或调解书，另一方当事人申请人民法院强制执行的活动。

在我国现行的法律体系中，劳动争议实行先裁后审制度，即劳动争议仲裁是劳动争议诉讼的前置程序，对于未经过仲裁的劳动争议诉讼案件，人民法院不予受理。

1. 劳动争议诉讼的前置程序

先裁后审主要包括两种情形，即确实经过仲裁前置程序的情形和视为经过仲裁前置程序的情形。

（1）确实经过仲裁前置程序的情形。确实经过仲裁前置程序的情形即劳动争议当事人向劳动争议仲裁委员会提出了仲裁申请，劳动争议仲裁委员会对劳动争议当事人申请的案件作出了裁决。在此情形下，当劳动争议当事人对裁决结果不满意时，可向人民法院提出诉讼。具体说明见表 9–4。

表 9–4　劳动争议诉讼提起情形说明

情形	情形说明	相关法律
劳动争议当事人对终局裁决结果不满	1. 劳动者对终局裁决结果不满意时，即可根据《劳动争议调解仲裁法》第四十八条规定，在收到仲裁裁决书之日起 15 日内向人民法院提起诉讼 2. 用人单位有证据证明终局裁决结果存在下述问题时，可根据《劳动争议调解仲裁法》第四十九条的规定，在收到仲裁裁决书之日起 30 日内向劳动争议仲裁委员会所在地的中级人民法院申请撤销裁决： （1）适用法律、法规确有错误的； （2）劳动争议仲裁委员会无管辖权的； （3）违反法定程序的； （4）裁决所根据的证据是伪造的； （5）对方当事人隐瞒了足以影响公正裁决的证据的； （6）仲裁员在仲裁该案时有索贿受贿、徇私舞弊、枉法裁决行为的。 仲裁裁决被人民法院裁定撤销的，当事人可以自收到裁定书之日起 15 日内就该劳动争议事项向人民法院提起诉讼	《劳动争议调解仲裁法》第四十七条规定，下列劳动争议，除本法另有规定的外，仲裁裁决为终局裁决，裁决书自作出之日起发生法律效力： （1）追索劳动报酬、工伤医疗费、经济补偿或者赔偿金，不超过当地月最低工资标准 12 个月金额的争议； （2）因执行国家的劳动标准在工作时间、休息休假、社会保险等方面发生的争议

续表

情形	情形说明	相关法律
劳动争议当事人对非终局裁决结果不服	劳动争议当事人对于非终局裁决的劳动争议案件的仲裁裁决不服时，可在收到仲裁裁决书后的一定时间内向人民法院提出诉讼	《劳动争议调解仲裁法》第五十条规定，当事人对规定的终局裁决以外的其他劳动争议案件的仲裁裁决不服的，可以收到仲裁裁决书之日起 15 日内向人民法院提起诉讼

（2）视为经过仲裁前置程序的情形。视为经过仲裁前置程序的情形是指劳动争议当事人向劳动争议仲裁机构提出仲裁申请，但劳动争议仲裁机构对相关案件不予受理或未在规定时间内作出裁决的情形。在此情形下，劳动争议当事人可依据《劳动争议调解仲裁法》第二十九条、第四十三条的相关规定向人民法院提出诉讼。

《劳动争议调解仲裁法》第二十九条规定，劳动争议仲裁委员会收到仲裁申请之日起 5 日内，认为符合受理条件的，应当受理，并通知申请人；认为不符合受理条件的，应当书面通知申请人不予受理，并说明理由。对劳动争议仲裁委员会不予受理或者逾期未作出决定的，申请人可以就该劳动争议事项向人民法院提起诉讼。

第四十三条规定，仲裁庭裁决劳动争议案件，应当自劳动争议仲裁委员会受理仲裁申请之日起 45 日内结束。案情复杂需要延期的，经劳动争议仲裁委员会主任批准，可以延期并书面通知当事人，但是延长期限不得超过 15 日。逾期未作出仲裁裁决的，当事人可以就该劳动争议事项向人民法院提起诉讼。仲裁庭裁决劳动争议案件时，其中一部分事实已经清楚，可以就该部分先行裁决。

2. 劳动争议诉讼的原则与举证责任

（1）劳动争议诉讼的原则。人民法院审理劳动争议案件适用《民事诉讼法》所规定的诉讼程序，遵循司法审判中的一般诉讼原则，如以事实为依据、以法律为准绳的原则，独立行使审判权的原则，回避原则，着重调解原则等。

此外，根据劳动争议案件的特殊性，还应体现有关单位密切配合的原则。

在处理劳动争议诉讼案件时，当事人应当遵循诚实信用原则，有责任对自己提出的主张提供证据。

（2）劳动争议举证责任。劳动争议举证责任是劳动争议当事人对其提出的主张负有收集或提供证据的义务，并承担运用该证据证明其主张的案件事实成立的责任。在劳动争议仲裁过程中，劳动争议当事人一般按照“谁主张谁举证”的原则承担举证责任，但是对于一些特殊的案件，其举证责任由用人单位承担。

对于劳动争议举证责任的承担者及其举证要求，《劳动争议调解仲裁法》和《劳动人事争议仲裁办案规则》分别作出了明确规定。

《劳动争议调解仲裁法》第六条规定，发生劳动争议，当事人对自己提出的主张，有责任提供证据。与争议事项有关的证据属于用人单位掌握管理的，用人单位应当提供；用人单位不提供的，应当承担不利后果。

《劳动人事争议仲裁办案规则》第十三条规定，当事人对自己提出的主张有责任提供证据。与争议事项有关的证据属于用人单位掌握管理的，用人单位应当提供；用人单位不提供的，应当承担不利后果。

第十四条规定，法律没有具体规定、按照本规则第十三条规定无法确定举证责任承担的，仲裁庭可以根据公平原则和诚实信用原则，综合当事人举证能力等因素确定举证责任的承担。

第十六条规定，当事人因客观原因不能自行收集的证据，仲裁委员会可以根据当事人的申请，参照民事诉讼有关规定予以收集；仲裁委员会认为有必要的，也可以决定参照民事诉讼有关规定予以收集。

1）劳动关系建立争议举证责任。实行“谁主张谁举证”的举证原则，即主张劳动关系成立的一方对劳动关系成立负举证责任，如主张方可通过提供劳动合同、工资发放（领取）凭证、社保缴纳凭证等证明劳动关系的建立。

当劳动者已证明其为用人单位提供劳动，即证明其与用人单位已建立劳动关系的，如用人单位对劳动者的主张不予认同，主张劳动关系不成立的，必须提交反驳证据。

劳动者与用人单位未签订劳动合同，但主张存在劳动关系时，可提供工资发放（领取）凭证、社保缴纳凭证、用人单位发放的工作证等身份证明证件、劳动者填写的登记表、考勤记录等作为证据，根据《劳动和社会保障部关于确立劳动关系有关事项的通知》的有关规定，工资支付凭证或记录、社保缴费记录、劳动者填写的“登记表”和“报名表”等招用记录、考勤记录由用人单位提供。

2）劳动关系解除争议举证责任。对于劳动者主张解除劳动关系的，劳动者需提供证据证明其辞职原因属实，但与争议事项有关的证据属于用人单位掌握管理的，用人单位应当提供。

对于用人单位主张解除或终止劳动关系，用人单位需提供证据证明其解除或终止劳动关系行为的合法性。

3. 劳动争议诉讼案件受理情形

当出现下列情形，当事人不服劳动争议仲裁机构作出的裁决，依法向人民法院提起诉讼的，人民法院应当受理：

（1）劳动者与用人单位在履行合同过程中发生的纠纷；

（2）劳动者与用人单位之间没有订立书面劳动合同，但已形成劳动关系后发生的纠纷；

（3）劳动者退休后，与尚未参加社会保险统筹的原用人单位因追索养老金、医疗费、工伤保险待遇和其他社会保险费而发生的纠纷。

另外，当劳动争议仲裁委员会以当事人申请仲裁的事项不属于劳动争议为由，作出不予受理的书面裁决、决定或者通知，或者劳动争议仲裁委员会为纠正原仲裁裁决错误重新作出裁决，劳动争议当事人对仲裁裁决不服的，可依法提起诉讼，人民法院应当受理。

4. 劳动争议诉讼时效

劳动争议诉讼时效是指相关权利人在法定期间内不行使权利至法定期间届满丧失胜诉权的制度，即权利人未在法定时限内提起诉讼的，法律对其权利不予保护。对于劳动争议诉讼时效，《劳动争议调解仲裁法》第四十八条规定，劳动者对本法第四十七条规定的仲裁裁决不服的，可以自收到仲裁裁决书之日起 15 日内向人民法院提起诉讼。

第四十九条规定，用人单位有证据证明本法第四十七条规定的仲裁裁决有下列情形之一，可以自收到仲裁裁决书之日起 30 日内向劳动争议仲裁委员会所在地的中级人民法院申请撤销裁决：

（1）适用法律法规确有错误的；

（2）劳动争议仲裁委员会无管辖权的；

（3）违反法定程序的；

（4）裁决所根据的证据是伪造的；

（5）对方当事人隐瞒了足以影响公正裁决的证据的；

（6）仲裁员在仲裁该案时有索贿受贿、徇私舞弊、枉法裁决行为的。

人民法院经组成合议庭审查核实裁决有上述规定情形之一的，应当裁定撤销。

仲裁裁决被人民法院裁定撤销的，当事人可以自收到裁定书之日起 15 日内就该劳动争议事项向人民法院提起诉讼。

第五十条规定，当事人对本法第四十七条规定以外的其他劳动争议案件的仲裁裁决不服的，可以自收到仲裁裁决书之日起 15 日内向人民法院提起诉讼；期满不起诉的，裁决书发生法律效力。

在处理劳动争议诉讼案件时，当事人一定要对诉讼范围和时效予以重点关注，防止因诉讼不属于法定范围被驳回或者诉讼超过法定时效，自身的合法权益无法得到保护的情况发生。

三、劳动争议处理的工作要点

（一）劳动争议处理原则

处理劳动争议，应当根据事实，遵循合法、公正、及时、着重调解的原则，依法保护劳动争议当事人的合法权益。

（二）劳动争议处理注意事项

1. 协商解决的注意事项

劳动争议发生后，双方当事人可以就争议事项进行协商，使双方消除矛盾，找出解决争议的方法。当然，协商解决并不是解决劳动争议的必经程序，不愿协商或者协商不成的，当事人有权申请调解或仲裁直至诉讼程序。

2. 调解解决的注意事项

劳动争议发生后，当事人可以向本企业的劳动争议调解委员会申请调解，企业可以设立劳动争议调解委员会。调解委员会负责调解本企业发生的劳动争议。

（1）《劳动争议调解仲裁法》第十一条规定，劳动争议调解组织的调解员应当由公道正派、联系群众、热心调解工作，并具有一定法律知识、政策水平和文化水平的成年公民担任。

（2）《劳动争议调解仲裁法》第十六条规定，因支付拖欠劳动报酬、工伤医疗费、经济补偿或者赔偿金事项达成调解协议，用人单位在协议约定期限内不履行的，劳动者可以持调解协议书依法向人民法院申请支付令。人民法院应当依法发出支付令。

3. 劳动仲裁的注意事项

（1）《劳动争议调解仲裁法》第十七条规定，劳动争议仲裁委员会按照统筹规划、合理布局和适应实际需要的原则设立。省、自治区人民政府可以决定在市、县设立；直辖市人民政府可以决定在区、县设立。直辖市、设区的市也可以设立一个或者若干个劳动争议仲裁委员会。劳动争议仲裁委员会不按行政区划层层设立。

（2）《劳动争议调解仲裁法》第十八条规定，国务院劳动行政部门依照本法有关规定制定仲裁规则。省、自治区、直辖市人民政府劳动行政部门对本行政区域的劳动争议仲裁工作进行指导。

（3）《劳动争议调解仲裁法》第二十四条规定，当事人可以委托代理人参加仲裁活动。委托他人参加仲裁活动，应当向劳动争议仲裁委员会提交有委托人签名或者盖章的委托书，委托书应当载明委托事项和权限。

（4）《劳动争议调解仲裁法》第二十五条规定，丧失或者部分丧失民事行为能力的劳动者，由其法定代理人代为参加仲裁活动；无法定代理人的，由劳动争议仲裁委员会为其指定代理人。劳动者死亡的，由其近亲属或者代理人参加仲裁活动。

（5）《劳动争议调解仲裁法》第三十三条规定，仲裁员有下列情形之一，应当回避，当事人也有权以口头或者书面方式提出回避申请：

1）仲裁员是本案当事人或者当事人、代理人的近亲属的；

2）仲裁员与本案有利害关系的；

3）仲裁员与本案当事人、代理人有其他关系，可能影响公正裁决的；

4）仲裁员私自会见当事人、代理人，或者接受当事人、代理人的请客送礼的。

4. 劳动争议诉讼注意事项

（1）劳动争议发生后，当事人不能直接向法院提起诉讼，必须先经过劳动争议仲裁程序。劳动争议当事人对仲裁裁决不服的，可以自收到仲裁裁决书之日起 15 日内向人民法院提起诉讼。

（2）《劳动争议调解仲裁法》第四十九条规定，用人单位有证据证明仲裁裁决有下列情形之一，可以自收到仲裁裁决书之日起 30 日内向劳动争议仲裁委员会所在地的中级人民法院申请撤销裁决：

1）适用法律法规确有错误的；

2）劳动争议仲裁委员会无管辖权的；

3）违反法定程序的；

4）裁决所根据的证据是伪造的；

5）对方当事人隐瞒了足以影响公正裁决的证据的；

6）仲裁员在仲裁该案时有索贿受贿、徇私舞弊、枉法裁决行为的。

人民法院经组成合议庭审查核实裁决有以上规定情形之一的，应当裁定撤销。仲裁裁决被人民法院裁定撤销的，当事人可以自收到裁定书之日起 15 日内就该劳动争议事项向人民法院提起诉讼。

（3）《劳动争议调解仲裁法》第五十一条规定，当事人对发生法律效力的调解书、裁决书，应当依照规定的期限履行。一方当事人逾期不履行的，另一方当事人可以依照民事诉讼法的有关规定向人民法院申请执行。受理申请的人民法院应当依法执行。

（三）劳动争议处理的证据

发生劳动争议时，劳动争议处理的证据主要包括劳动合同、员工手册和其他证据。

1. 劳动合同

劳动合同是劳动争议处理中的主要证据。劳动合同中一般都明确了各方的权利和义务等内容，因此，劳动合同应该以书面形式订立。

2. 员工手册

企业应尽可能地制定比较翔实的员工手册，与劳动合同相互补充。员工手册应该包括员工的不当行为、工作要求以及员工相关的福利等内容。同时，员工手册的相关内容要遵守法律和行政法规的要求。

3. 其他证据

用于劳动争议处理的证据还包括解聘函、工资签收单、病假的证明材料、医院的处方等。其中，解聘函一般应提前 30 天送达员工，诉讼的时效与解聘函有直接关系，是劳动争议的有效证据之一。

本章自测题

1. 劳动争议主要有哪几类？
2. 企业如何合理预防劳动争议的发生？
3. 简述劳动争议的预防措施。
4. 劳动争议有哪几个方面的处理范围？
5. 简述企业劳动争议的处理方式。